Astrologia do Sexo

Megan Skinner

Astrologia do Sexo

Um jeito fácil
de encontrar o amor dos seus sonhos!

Tradução:
RITA LUPPI

Editora
Pensamento
SÃO PAULO

Título do original: *The Complete Idiot's Guide to Sextrology.*

Coordenação editorial: Denise de C. Rocha Delela e Roseli de S. Ferraz
Preparação de originais: Melania Scoss
Revisão: Maria Aparecida Salmeron

Dados Internacionais de Catalogação na Publicação (CIP)
(Câmara Brasileira do Livro, SP, Brasil)

Skinner, Megan
Astrologia do sexo : um jeito fácil de encontrar o amor dos seus sonhos! / Megan Skinner ; tradução Rita Luppi. — São Paulo : Pensamento, 2010.

Título original: *The complete idiot's guide to sextrology*
ISBN 978-85-315-1674-0
1. Astrologia 2. Astrologia e sexo I. Título.

10-05815 CDD-133.5864677

Índices para catálogo sistemático:
1. Astrologia : Guias para a vida amorosa 133.5864677

O primeiro número à esquerda indica a edição, ou reedição, desta obra. A primeira dezena à direita indica o ano em que esta edição, ou reedição, foi publicada.

Edição	Ano
1-2-3-4-5-6-7-8-9-10-11	10-11-12-13-14-15-16

Direitos de tradução para o Brasil adquiridos com exclusividade pela
EDITORA PENSAMENTO-CULTRIX LTDA.
Rua Dr. Mário Vicente, 368 — 04270-000 — São Paulo, SP
Tel. (11) 2066-9000 — Fax (11) 2066-9008
e-mail: pensamento@cultrix.com.br
http://www.pensamento-cultrix.com.br
que se reserva a propriedade literária desta tradução.
Foi feito o depósito legal.

Conteúdos à primeira vista

Sumário

Introdução

A astrologia do sexo é um ramo relativamente novo da astrologia tradicional. A prática e o conhecimento da astrologia do sexo — como os astros influenciam nossa vida sexual e amorosa — atraíram primeiramente a atenção do público nos anos 1960 e 1970, com a publicação de uma série de livros de astrologia, escritos por Linda Goodman, que se tornaram *best-sellers*, mais notadamente *Sun Signs* e *Love Signs*. Talvez, pela primeira vez, a astrologia se tornou mais que uma arte mística complicada — ou, no outro extremo, um simplista horóscopo de jornal. A astrologia tornou-se compreensível e pessoal — falava de você e de seus relacionamentos. Embora amenos quando comparados aos padrões atuais — os livros de Goodman tocavam apenas de leve no tema sexo —, eles mudaram a estrutura da astrologia dentro da cultura popular e fizeram-na convidativa e acessível a todos.

Ainda adolescente, descobri um exemplar do livro *Sun Signs*, de Goodman, quando trabalhava como *babá* na casa de uma vizinha. Ele despertou em mim a emoção própria das coisas ilícitas [...] estava enfiado embaixo do sofá! Fui imediatamente fisgada. Li tudo sobre o meu signo astrológico, o dos meus amigos, da minha família e, naturalmente, do meu namoradinho. O livro de Goodman, juntamente com o deliciosamente divertido folheto *Bedside Astrologer*, da revista *Cosmopolitan*, foram minha primeira incursão pela astrologia. Este *Guia Completo* segue essa tradição, ao mesmo tempo que traz a astrologia do sexo para o século XXI.

O objetivo deste livro é dar a você, leitor, o máximo de informação possível sobre as interações dos astros e como elas afetam seus relacionamentos e sua vida sexual. A astrologia do sexo está fundamentada na ciência da astrologia. A abordagem é divertida, mas também informativa. Vamos examinar a personalidade sexual de cada amante zodiacal, partindo de vários pontos de vista astrológicos, e dar uma ideia de como as pessoas podem interagir umas com as outras. Também incluímos uma seção sobre almas gêmeas para ajudar você a compreender as ligações que o destino lhe reservou.

Este livro está equipado para ajudá-lo a entender melhor seu "eu" sexual, a ser um amante melhor e a encontrar os relacionamentos dos seus sonhos!

Como usar este livro

Embora não seja necessário ter em mãos o seu mapa astral para utilizar plenamente este livro, isso ajudaria bastante. No final deste livro, no Apêndice B, há uma lista de serviços astrológicos, em inglês, *online*; vários deles oferecem serviços gratuitos ou mediante uma pequena taxa.

A **Parte 1**, "**Está nos Astros**", introduz as bases da astrologia do sexo, levando você através dos doze Amantes do Zodíaco, por elemento, signo solar e ascendente.

A **Parte 2**, "**A Lua e a Intimidade**", examina cada signo lunar e como eles se relacionam com a intimidade emocional e a felicidade duradoura do casal.

A **Parte 3**, "**Vênus e Marte: O Elo Sexual**", conduz você através da localização de Vênus e de Marte no mapa do casal, e ajuda a compreender sua dinâmica sexual e compatibilidade de relacionamento.

A **Parte 4**, "**Sintonia entre o Casal**", inclui os detalhes mais refinados da astrologia do sexo, incluindo a química sexual, por intermédio dos aspectos astrológicos, e como as casas astrológicas revelam o que, provavelmente, vocês vão experimentar juntos.

A **Parte 5**, "**Almas Gêmeas: Compreenda sua Ligação Divina**", dá um passo adiante na astrologia do sexo ao examinar as almas gêmeas e as ligações do destino, por meio da localização dos astros.

Extras

Além de ajudar você a compreender e aprender mais sobre a astrologia do sexo, incluímos os extras, com o objetivo de oferecer uma compreensão mais abrangente da sua astrologia do sexo, para que sua jornada pelos astros seja ainda mais agradável e para ajudá-lo a evitar potenciais armadilhas e desapontamentos. Os extras aparecem em destaque, nos seguintes quadros:

Amantes cósmicos

Suculentos petiscos astrológicos sobre amantes famosos: alguns maliciosos, outros agradáveis! Celebridades sensuais e ligações de almas gêmeas.

Alerta estelar!

Você vai querer prestar atenção a estas dicas da astrologia do sexo sobre o que deve evitar nas suas relações estelares; elas impedirão que você se magoe.

Caro astrólogo do sexo...

Para ajudar você a compreender melhor suas necessidades astrológicas específicas do sexo, incluímos algumas das perguntas mais frequentes em astrologia do sexo.

Relações celestiais

Aqui, você obterá uma visão interna dos astros e como eles se relacionam com a sua vida amorosa e sexual.

Agradecimentos

A autora deseja agradecer aos seguintes membros da sua equipe de astrologia do sexo, os quais, cada um a seu modo, ajudaram a tornar este livro uma realidade: Cecelia Finnigan, cuja sublime habilidade e refinamento editorial foram essenciais para dar vida à astrologia do sexo e mantê-la no caminho; C. J. Chaney, pelo seu suporte técnico e gráfico, e úteis percepções quanto à libido masculina; Andrea Hurst, agente dos sonhos, amiga e apoio na redação; Tiffany Hall e Darcy Pease, por suas percepções e apoio à escrita; e por último, mas não menos importante, Divanna Vadree, por toda sua paciência, apoio e sábio aconselhamento.

Não foi mencionado o nome de vários amigos, membros da família, clientes e colegas que partilharam suas visões sobre sua própria astrologia do sexo — obrigada a todos vocês!

Marcas registradas

Todos os termos mencionados neste livro que são conhecidos (ou que suponho serem conhecidos) como marcas registradas ou marcas de serviços foram devidamente colocados com iniciais maiúsculas. A Alpha Books e Penguin Group (USA) Inc. não podem atestar a exatidão dessa informação. O uso de um termo neste livro não tem a intenção de afetar a validade de qualquer marca registrada ou marca de serviço.

Parte 1

Está nos Astros

A astrologia do sexo é um ramo da astrologia que enfoca especificamente nossa vida amorosa, romântica e sexual. Por que você tem tanta atração pelos leoninos? Por que os capricornianos enlouquecem você? Os astros têm as respostas, se você souber como perguntar!

Examinar os Doze Amantes do Zodíaco, do impulsivo ariano ao intuitivo pisciano, revelará o que agrada e o que não agrada a cada signo astrológico — assim como o que eles realmente querem na cama!

Capítulo 1

O que é Astrologia do Sexo?

Neste Capítulo

- A astrologia desenvolveu-se e se tornou uma ciência sofisticada
- A astrologia do sexo investiga a dinâmica sexual da astrologia
- Existem oito fundamentos da astrologia do sexo
- A astrologia do sexo é divertida e fácil de estudar
- Você pode ser o seu próprio astrólogo do sexo

A astrologia do sexo, em sua natureza, é similar à astrologia do amor e do relacionamento. É um ramo da astrologia que se concentra especificamente na atração potencial entre os doze signos do zodíaco. A astrologia do sexo faz a equação do amor astrológico dar um passo adiante ao examinar as necessidades e desejos sexuais de cada signo astrológico. A astrologia do sexo vai ajudar você a compreender sua natureza sexual mais profunda e também a do seu amante!

Os Doze Signos do Zodíaco

Áries	O Amante Impulsivo	21 de março a 20 de abril
Touro	O Amante Sensual	20 de abril a 21 de maio
Gêmeos	O Amante Volúvel	21 de maio a 22 de junho
Câncer	O Amante Carinhoso	22 de junho a 23 de julho
Leão	O Amante Dramático	23 de julho a 22 de agosto
Virgem	O Amante Perspicaz	22 de agosto a 22 de setembro
Libra	O Amante Elegante	22 de setembro a 23 de outubro
Escorpião	O Amante Misterioso	23 de outubro a 22 de novembro
Sagitário	O Amante Aventureiro	22 de novembro a 22 de dezembro
Capricórnio	O Amante Sério	22 de dezembro a 21 de janeiro
Aquário	O Amante Ambivalente	21 de janeiro a 19 de fevereiro
Peixes	O Amante Intuitivo	19 de fevereiro a 21 de março

As datas para cada signo podem variar em alguns dias, dependendo do ano.

Caro astrólogo do sexo...

"Sou um grande fã da astrologia! Geralmente, confiro minha previsão astrológica *online* e fico sempre surpreso ao ver o quanto ela é informativa. Também verifico o que está acontecendo com a minha amada. Contudo, alguns dos meus amigos acham que sou meio esquisitão por fazer isso. Alguma sugestão?"

Caro observador das estrelas, é claro que você considera a astrologia instrutiva. As pessoas têm utilizado a ciência da astrologia por séculos para compreender tudo, desde dinheiro e potencial na carreira, até vida amorosa e sexual! Desfrute seu talento e tudo o que está aprendendo sobre si mesmo e sobre a sua parceira!

Astrologia: Da Antiguidade até os Dias de Hoje

Desde os primórdios da humanidade, as pessoas olham para o céu e se surpreendem com os astros e como essas esferas misteriosas afetam suas vidas. De certo, nos tempos antigos os observadores das estrelas não focavam basicamente suas vidas sexuais e amorosas! Para os antigos, a ciência da astrologia era usada para aprender a sobreviver. Como os planetas afetavam o clima e as colheitas? Os astros pressagiavam um nascimento favorável ou uma aliança poderosa?

Lembre-se de como a vida era antes de *Sex and the City* ser um fenômeno cultural e de serem inventadas as tecnologias modernas, como telefones celulares, mensagens de texto e encontros pela Internet. Enquanto hoje a astrologia está disponível para todos, no mundo antigo as pessoas tinham de sair de suas vilas e viajar léguas, a pé ou a cavalo, para encontrar alguém hábil em calcular horóscopos! Embora os povos antigos vissem a *astrologia* como uma forma de magia, os astrólogos eram, na verdade, os homens e mulheres cultos e sábios do seu tempo.

Os astrólogos modernos ainda são muito sábios — agora talvez mais do que nunca —, pois têm uma riqueza de informações à sua disposição, o que seria inimaginável para seus antigos colegas. Ao longo dos séculos, a astrologia desenvolveu-se e se tornou uma ciência sofisticada. Hoje existem milhares de *websites* e numerosos livros *best-sellers* dedicados à astrologia, e por uma boa razão: as pessoas querem saber o que os astros reservam para elas!

> **Relações celestiais**
>
> Através dos séculos, a astrologia tem sido associada com o oculto. A palavra "oculto" significa segredo ou mistério. A ciência da **Astrologia** estuda os mistérios da vida por meio do conhecimento dos astros.

> **Caro astrólogo do sexo...**
>
> "Sou um pouco amadora em astrologia, mas gostaria de obter uma leitura profissional. Estou especialmente interessada na minha compatibilidade astrológica com o meu namorado. Como posso encontrar um bom astrólogo?"
>
> Boa pergunta! Obter uma referência é provavelmente a melhor maneira de começar, mas se você não conseguir uma, existem associações profissionais de astrólogos que poderão lhe indicar a direção certa. Procure ter uma breve entrevista com o astrólogo em vista a fim de obter uma melhor ideia acerca dos antecedentes e da metodologia dele. É importante você ser específica a respeito do que está procurando; assim, obterá o tipo de leitura que deseja.
>
> Embora muitos astrólogos sejam autodidatas, existe uma série de escolas de astrologia e de programas de credenciamento. Uma das mais respeitadas é a American Federation of Astrologers (AFA) — uma organização mundial que oferece cursos ininterruptamente e fornece certificados.

Assim em Cima, como Embaixo

A astrologia calcula as posições exatas dos planetas e outros globos galácticos, e os seus movimentos através dos céus num momento específico. O mapeamento dos astros no momento do nosso nascimento nos proporcionará um diagrama funcional e evolutivo da nossa vida. Nosso mapa astrológico mostra os padrões cósmicos que pertencem à nossa experiência de vida — portanto: assim em cima, como embaixo. No sentido espiritual, a astrologia reflete a jornada da nossa alma nesta existência.

> **Alerta estelar!**
>
> Destino é aquilo que você não pode mudar. O livre-arbítrio é o exercício da escolha e tem uma grande influência na moldagem do seu destino.

A astrologia não prevê o futuro. Contudo indica o potencial para determinadas experiências — algumas de natureza universal e outras singularmente pessoais.

A astrologia revela a atuação do destino em nossa vida, embora o livre-arbítrio determine grande parte dos resultados. Você pode apresentar fortes afinidades astrológicas com outra pessoa, mas as escolhas que cada um de vocês faz decidem, em última análise, o resultado dessa experiência — individual e conjunta.

O Sexo e os Astros

A astrologia fornece muitos vislumbres dos diversos elementos da vida: carreira, família, filhos, dinheiro, espiritualidade, etc. A astrologia do sexo, contudo, se concentra especificamente na vida amorosa e sexual. Por exemplo:

- Quais signos fornecem os melhores amantes?
- Como você pode ser um amante melhor para seu parceiro?
- Qual signo é a sua melhor combinação sexual?
- O que motiva você a dormir com alguém ou escolher alguém para ser seu amante?
- Por que você é atraído por alguns signos mais do que por outros?

Em astrologia do sexo, tudo se concentra na compatibilidade astrológica. Como vocês se relacionam um com o outro no amor, no romance e no sexo? Examinar a dinâmica de suas relações estelares pode fornecer ferramentas importantes para você compreender a si mesmo e ao seu amante, e o que realmente deseja e necessita nos seus relacionamentos e na cama.

A astrologia do sexo revela as zonas erógenas astrológicas, bem como as técnicas de sedução para manter seu amante cativo. Também descreve como seus astros se alinham, de modo a oferecer a melhor experiência possível de relação sexual! Pode também ajudar você a determinar quais as probabilidades de sua relação ser um encontro sexual efêmero, mais profundo ou duradouro.

Relações celestiais

"Você precisa beijar muitos sapos antes de encontrar seu príncipe — ou princesa!" Embora esse antigo adágio seja verdadeiro, o conhecimento da astrologia do sexo pode encurtar o processo!

Os Oito Fundamentos da Astrologia do Sexo

As bases e alicerces da astrologia do sexo são expressos em oito fundamentos. Cada um deles examina um aspecto específico da astrologia do sexo, as diferentes formas de compreender os signos astrológicos e as maneiras pelas quais os signos se relacionam sexualmente.

Os Oito Fundamentos da Astrologia do Sexo

Fundamento	Tema
1: Os Elementos	Energias sexuais básicas
2: As Qualidades	Personalidade sexual e motivações sexuais
3: Os Signos Solares/Ascendentes	Essência sexual e bem-estar sexual
4: As Luas	Intimidade emocional e necessidades sexuais
5: Vênus e Martes	Energias masculina e feminina
6: Os Aspectos	Graus de atração sexual entre os signos
7: As Casas	Campos de experiência
8: Os Nodos Lunares	Almas gêmeas e as relações do destino

Aprenda esses oito fundamentos e verá surgirem temas sexuais que o ajudarão a entender como você e seu amante atuam. As seções seguintes detalham como funcionam esses fundamentos.

Fundamento 1: Os Elementos

Existem quatro elementos em astrologia: Fogo, Ar, Água e Terra. Na astrologia do sexo, cada elemento tem sua própria personalidade sexual, que se manifesta de diferentes modos em cada um dos signos astrológicos. Os elementos refletem as necessidades e desejos mais básicos de um indivíduo. Você pode pensar nos elementos desta maneira: eles são as bases energéticas a partir das quais cada signo funciona.

Os Signos e seus Elementos

Fogo	Ar	Água	Terra
Áries	Gêmeos	Câncer	Touro
Leão	Libra	Escorpião	Virgem
Sagitário	Aquário	Peixes	Capricórnio

O primeiro elemento é o *Fogo*. Os signos de Fogo — Áries, Leão e Sagitário — são expansivos e extremamente apaixonados. Têm fortes impulsos sexuais e não hesitam em expressar suas necessidades. Também estão encantados consigo mesmos! Os tipos de Fogo valorizam sua independência e necessitam de muito espaço para explorar as oportunidades e aventuras que veem ao seu redor. São mais compatíveis com outros signos de Fogo ou com seu elemento oposto, o Ar.

Alerta estelar!

Os signos de Fogo e de Água não se misturam facilmente! Os signos de Fogo consideram os de Água muito sensíveis e emotivos. Por outro lado, os signos de Água consideram os de Fogo sexualmente dominantes e insensíveis às suas necessidades mais profundas.

Os signos de Terra e de Ar formam uma combinação desafiadora. Os signos de Terra consideram os de Ar sexualmente desapegados e muito impessoais. Os signos de Ar consideram os de Terra muito conservadores e limitados pela própria necessidade de segurança.

O segundo elemento é o *Ar*. Os signos de Ar — Gêmeos, Libra e Aquário — são intelectuais, individualistas e curiosos sobre a vida. Requerem muito estímulo e estão permanentemente impacientes por novas formas de autoexpressão. Na cama, o Ar pode ser um pouco desapegado e, até mesmo, indiferente às vezes. Como os de Fogo, os signos de Ar têm problemas em relação aos compromissos! Os signos de Ar são mais compatíveis com outros de Ar ou com seu elemento oposto, o Fogo.

O terceiro elemento é a *Água*. Os signos de Água — Câncer, Escorpião e Peixes — são emotivos, intuitivos e preocupados com a segurança. Românticos e apaixonados, os signos de Água buscam o que há de mais sublime nas suas experiências amorosas. Têm imaginação fértil e essa vida fantasiosa pode respingar nos seus encontros sexuais. Os signos de Água são mais compatíveis com outros signos de Água ou com seu elemento oposto, a Terra.

O quarto elemento é a *Terra*. Os signos de Terra — Touro, Virgem e Capricórnio — são estáveis e muito práticos. Vivem no aqui e agora. Buscam segurança, e o importante para eles é aquilo que é tangível e real. São telúricos e táteis, e consi-

Relações celestiais

Os signos de Fogo e de Ar representam a energia masculina, e os signos de Água e de Terra representam a energia feminina. A energia masculina é a energia yang, que representa a parte extrovertida e agressiva da natureza humana. A energia feminina é o princípio yin, representando os aspectos receptivos e nutrizes da natureza humana.

derados os mais sensuais de todos os elementos! Os signos de Terra se dão melhor com outros signos de Terra ou com seu elemento oposto, a Água.

Fundamento 2: As Qualidades

As qualidades, que também são chamadas de "modalidades", são: cardinal, fixo e mutável. As qualidades são a força impulsora de cada signo astrológico. Representam o que motiva cada signo e a forma pela qual cada um expressa suas necessidades e desejos básicos. Cada qualidade inclui quatro signos do zodíaco e um elemento. Todo signo do zodíaco tem uma qualidade e um elemento. Por exemplo, Áries é Fogo e cardinal; Touro é Terra e fixo.

Os Signos e suas Qualidades

Cardinais	Fixos	Mutáveis
Áries	Touro	Gêmeos
Câncer	Leão	Virgem
Libra	Escorpião	Sagitário
Capricórnio	Aquário	Peixes

A primeira qualidade é *cardinal*. Os signos cardinais são Áries, Câncer, Libra e Capricórnio. Essa qualidade é ativa, agressiva e impulsionadora. Os signos cardinais são orientados para objetivos e altamente motivados. Também podem ser insistentes! Vão atrás do que querem e esperam que você faça o mesmo. Embora algumas vezes sejam mandões, eles inspirarão você quanto ao seu próprio senso de realização.

A segunda qualidade é *fixo*. Os signos fixos são Touro, Leão, Escorpião e Aquário. A qualidade fixa é determinada, capaz de rápida recuperação e intensa. Essa qualidade também é extremamente teimosa. Os signos fixos estão determinados a manter o *status quo* e evitar a mudança sempre que possível. Embora necessitem estar no controle e não gostem de ser desafiados, esses signos são sempre confiáveis.

A terceira qualidade é *mutável*. Os signos mutáveis são Gêmeos, Virgem, Sagitário e Peixes. A qualidade mutável é flexível e orientada tanto para a investigação quanto para o crescimento. Os signos mutáveis buscam oportunidades nas quais sejam capazes de aprender e evoluir. Florescem

> **Relações celestiais**
>
> Os elementos (Fogo, Ar, Terra e Água) e as qualidades (cardinal, fixo e mutável) são os indicadores-chave dos temas e motivações sexuais básicos para o seu signo astrológico e o de seus amantes!

quando lhes é oferecida uma gama de opções, mas podem às vezes se sentir esmagados pelas múltiplas possibilidades da vida. Embora careçam de persistência, esses signos estão sempre abertos às novas experiências.

Fundamento 3: Os Signos Solares e os Ascendentes

Em astrologia, nosso Sol representa nosso verdadeiro "eu" e nossa essência singular. Também denota o sentido de propósito e o bem-estar. Compreender o signo do seu Sol ajudará você a encontrar o amante certo para o seu coração e o seu espírito. Também o ajudará a descobrir o melhor parceiro para o sexo, pois os signos solares também representam os doze tipos sexuais distintos. Os signos solares também mostram a você como seu amante se relaciona com a essência sexual dele. Proporcionam-lhe indícios da forma que sua paixão tomará quando vocês se unirem.

O Ascendente, ou signo em ascensão, é o signo astrológico que estava surgindo no horizonte no momento em que você nasceu. Em sua expressão, os Ascendentes são similares ao Sol — ambos simbolizam como você se expressa para o mundo exterior —, mas o Ascendente reflete mais especificamente seu estilo de expressão e como os outros perceberão você. Eis uma boa maneira de compreender a diferença entre os dois: o Sol é a sua essência e o Ascendente é a roupagem que você usa.

Fundamento 4: A Lua

Embora a compatibilidade entre os signos do Sol e do Ascendente seja importante para a astrologia do sexo, a relação mais profunda tem mais a ver com o modo pelo qual os signos da Lua dos amantes se relacionam. Na astrologia, a Lua representa as emoções e a personalidade interior. Sua Lua está na raiz daquilo que motiva você, e ela reflete suas necessidades e desejos mais profundos. Na astrologia do sexo, colocamos muita

> **Alerta estelar!**
>
> Não é apenas o signo do Sol que determina a compatibilidade do relacionamento de vocês. O signo da Lua e as localizações de Vênus e Marte também são componentes importantes da astrologia do sexo.

ênfase no signo lunar porque ele está relacionado ao seu potencial de intimidade com o parceiro — e porque ele também dita sua harmonia cotidiana e o bem-estar da relação de vocês. Os signos lunares também refletem a maneira pela qual os indivíduos provavelmente vão se relacionar com a fidelidade sexual, inclusive as atitudes para com o sexo casual e compromissado.

Fundamento 5: Vênus e Marte

Vênus e Marte têm muito a ver com nossa equação astrológica de amor e sexo. Vênus representa a natureza feminina. É o planeta do relacionamento e simboliza o prazer e a beleza, e a estética mais romântica do amor. Marte representa a natureza masculina. Marte é o planeta da ação, representando a expressão da paixão e do desejo. É a força impulsionadora da nossa natureza sexual.

Vênus atrai e Marte persegue! Esses planetas representam a dança cósmica — certo, nesse caso é mais um tango apaixonado — entre a energia masculina e a feminina. Ao comparar sua Vênus e seu Marte com os de seu parceiro, vocês se compreenderão melhor e serão capazes de prever a dinâmica e compatibilidade sexual mútua.

Fundamento 6: Os Aspectos

Os aspectos são os diferentes graus entre os signos astrológicos. Na astrologia do sexo, os aspectos se relacionam à química sexual entre os signos do zodíaco e examinam os graus de ardor sexual que vocês experimentarão juntos!

Oposições	Sexualmente escaldante
Conjunções	Sexualmente quente
Trígonos	Sexualmente morno
Sextis	Sexualmente quase frio
Quadraturas	Sexualmente frio
Quincunces	Sexualmente gélido

Os aspectos difíceis são:

- Quadraturas: 90 graus entre os signos
- Quincunces: 150 graus entre os signos

- Oposições: 180 graus entre os signos
- Conjunções: de 0 a 5 graus entre os signos

Quadraturas e quincunces são sempre difíceis e sexualmente frios! Embora as conjunções e oposições sejam desafiadoras, elas podem ser bem estimulantes e sexualmente quentes!

Os aspectos suaves são:

- Sextis: 60 graus entre os signos
- Trígonos: 120 graus entre os signos

Esses aspectos são harmoniosos e sexualmente muito compatíveis. Às vezes, contudo, podem ser até compatíveis demais! Com esse nível de facilidade e conforto, vocês precisam se precaver contra o tédio sexual.

Caro astrólogo do sexo...

"Sou uma aquariana solteira e me vejo continuamente atraída por homens de Leão. Isso é espantoso porque acho os leoninos muito dramáticos e arrogantes. O que você pensa disso?"

Não há grandes mistérios na sua situação, aquariana. Leão é o seu signo oposto. Em astrologia do sexo, os opostos se atraem! Eles também espelham os "eus" ocultos um do outro. Embora os relacionamentos de signos opostos possam ser desafiadores, eles também constituem combinações amorosas estimulantes.

Fundamento 7: As Casas

Existem doze casas em astrologia, e cada uma representa uma área específica da vida. Por exemplo, a Segunda Casa representa o dinheiro e as posses, e a Nona Casa, a espiritualidade, as viagens e a educação superior.

As casas são importantes para a astrologia do sexo porque representam os campos de atuação nos quais seus relacionamentos provavelmente se desenrolarão. Olhando para as suas casas astrológicas, e onde os planetas de cada um de vocês caem no mapa do outro, vocês obterão uma forte indicação sobre como será sua experiência conjunta — e também o que vão aprender um com o outro.

Alerta estelar!

Na astrologia do sexo, as casas que você deverá prestar especial atenção são: a Primeira, que representa seu relacionamento consigo mesmo; a Sétima, que representa seu relacionamento com os outros; e a Oitava, que representa a intimidade mais profunda e a união sexual.

Mandala astrológica universal

Ascendente Escorpião

A mandala astrológica universal mostra as doze casas astrológicas e o signo regente de cada uma. Seu mapa individual de nascimento, baseado no dia, hora e local em que você nasceu, mostra o signo do seu Ascendente (ou em ascensão) e determina sua mandala astrológica natal. Por exemplo, se você tem Escorpião em ascensão, Escorpião regerá sua Primeira Casa; Sagitário será o regente da sua Segunda Casa; Capricórnio, da Terceira; e assim por diante, ao longo dos signos do zodíaco.

Para maiores informações sobre como obter seu mapa de nascimento, veja o Apêndice B.

Relações celestiais

A mandala astrológica universal indica as casas astrológicas e o regente natural de cada uma, começando com Áries, na Primeira Casa; Touro, na Segunda; Gêmeos, na Terceira; e assim por diante, através de cada casa e dos doze signos do zodíaco.

Fundamento 8: Os Nodos Lunares

Os Nodos Lunares não são planetas, mas pontos astrológicos que representam o karma e o destino. Os Nodos Lunares refletem a evolução da alma e o desejo de crescimento nesta existência. Em astrologia do sexo, os nodos se relacionam com as ligações de uma alma com a outra. Fortes ligações entre Nodos Lunares indicam um relacionamento de almas gêmeas.

Tenha em mente que, embora profundos, os relacionamentos de almas gêmeas não são necessariamente fáceis ou bem-aventurados! Na verdade, o oposto é quase sempre verdadeiro — porque as ligações de almas gêmeas refletem um karma passado em comum e os assuntos pendentes que precisam ser resolvidos. Em última análise, os Nodos Lunares indicam as experiências de crescimento mútuo e as lições que vocês estão destinados a aprender um com o outro. (Para maiores informações, veja os Capítulos 14, 15 e 16.)

Amantes cósmicos

A *Bíblia* nos conta a história de Adão e Eva, que foram amantes e enfrentaram uma escolha mítica: conhecimento ou bem-aventurança? Todo relacionamento sempre envolve escolhas. A questão é: você evitará os riscos ou escolherá crescer e evoluir?

Como Começar

Se você está se sentindo um pouco sobrecarregado com todos os detalhes e elementos da astrologia do sexo — não fique assim! Explorar a astrologia do sexo é como assar um bolo de camadas. Primeiro, você mistura os diferentes ingredientes e, em seguida, adiciona uma camada em cima da outra — uma de cada vez! Mesmo os astrólogos experientes estão sempre aprendendo e incorporando novas informações ao longo do caminho. A astrologia do sexo é uma ciência séria, mas é importante você se divertir e se dar muita liberdade para aprender e poder crescer em experiência e compreensão.

Para começar, veja apenas um dos fundamentos de cada vez. Você pode escolher entre os diferentes fundamentos e ir e voltar à medida que aprende. Talvez queira adquirir primeiro uma visão dos diferentes signos, observando seus elementos e qualidades. Em seguida, veja os Signos do Sol e do Ascendente, o que lhe fornecerá muitas informações sobre a essência sexual de cada signo. Depois incorpore os signos da sua Lua, Vênus e Marte, as casas e aspectos relacionados a eles — sem ordem específica, mas em função do seu interesse.

Também pode começar a verificar suas ligações de almas gêmeas, enquanto aprende os outros componentes da astrologia do sexo. Você construirá seu conhecimento da ciência na medida em que vai combinando novas peças ao longo do caminho.

Obtenha seu Mapa Astrológico Natal

Como muitos outros elementos da vida moderna, a astrologia incorporou a alta tecnologia. Antigamente (cerca de dez anos atrás!), os astrólogos desenhavam o mapa à mão. Esse processo era complicado e envolvia muitos cálculos matemáticos. Agora temos os computadores e *softwares* de astrologia que fazem o trabalho por nós — graças aos céus!

A nova tecnologia está disponível tanto para os astrólogos amadores quanto para os profissionais. Combinada à riqueza de informações atualmente disponível para a astrologia, a ciência tornou-se acessível a todos. Agora você pode ser o seu próprio astrólogo do sexo!

É fácil obter seu mapa astrológico. Alguns *websites* de astrologia também oferecem o serviço de graça ou mediante uma pequena taxa. Para obter seu mapa, você precisa saber a data, a hora e o local do seu nascimento. (Obs.: você não precisa do seu mapa completo para utilizar este livro.) No Apêndice B, incluímos alguns serviços de astrologia *online*, em inglês, para ajudá-lo a começar; e você encontra todos os seus planetas e outras localizações notáveis dos astros ao utilizar as *efemérides*, as quais pode aprender a ler no Apêndice C.

Relações celestiais

Uma efeméride é uma lista diária dos planetas e suas localizações astrológicas, por signo e grau.

Caro astrólogo do sexo...

"Quero saber mais a respeito dos meus aspectos astrológicos, mas como fui adotado, não sei a hora exata do meu nascimento. Ainda assim posso obter meu mapa natal completo?"

Sem a hora exata do seu nascimento, você não pode calcular seu mapa astrológico completo. Porém, não se desespere — você pode encontrar todos os seus planetas e outras localizações notáveis dos astros, utilizando uma efeméride *online* ou informando sua data de nascimento num *website* de astrologia.

O Mínimo que Você Precisa Saber

- A astrologia do sexo examina sua vida amorosa e sexual por meio dos astros.
- Você pode ser o seu próprio astrólogo do sexo!
- Os oito fundamentos da astrologia do sexo (elementos; qualidades; signos do Sol e do Ascendente; Lua; Vênus e Marte; aspectos; casas; e Nodos Lunares) ajudarão você a compreender seu relacionamento com cada signo astrológico.
- A astrologia do sexo também fornece indicações importantes sobre as ligações de almas gêmeas.

Capítulo 2

Os Signos Solares e os Ascendentes de Fogo

Neste Capítulo

- Áries, Leão e Sagitário são os signos de Fogo
- O impulsivo Áries, o Carneiro
- O dramático Leão
- O aventureiro Sagitário, o Arqueiro

Os signos de Fogo se movem rapidamente. São independentes, espontâneos e extremamente apaixonados. Têm egos bastante inflados e também podem ser autocentrados. Os signos de Fogo gostam realmente de fazer as coisas do seu jeito! Otimistas, enérgicos e criativos, os signos de Fogo estão quase sempre rodeados de muito divertimento! Esse tipo gosta de estar por cima — na cama e em tudo o mais! Todos esses fogosos traços de caráter estão plenamente demonstrados nos relacionamentos românticos — e no quarto de dormir.

Áries, o Carneiro: O Amante Impulsivo

21 de março a 20 de abril

Elemento: Fogo

Planeta regente: Marte

Qualidade: Cardinal

Energia: Masculina

Signos compatíveis: Fogo e Ar

Palavras-chave: Independente, determinado, concentrado num objetivo

Cor: Vermelho

Gema: Diamante

Zonas erógenas: Cabeça, rosto, couro cabeludo, cabelo

Como reconhecer um ariano: Atente para a intimidante "postura de poder" do Carneiro. Os Carneiros se mantêm eretos e com a cabeça erguida — a melhor coisa para avaliar a competição, meu querido, e o mundo, que eles desejam conquistar! São geralmente encontrados em academias de ginástica — o bar de muitos Carneiros —, exercitando seus bíceps, tríceps, glúteos — e egos!

Arianos famosos: Alec Baldwin, Jennifer Garner, Bette Davis, Warren Beatty, Sarah Jessica Parker, Mariah Carey, Steve McQueen, Marlon Brando.

Tudo sobre Áries

Áries é o primeiro signo do zodíaco, o primeiro signo solar de Fogo e o primeiro signo da primavera [no hemisfério norte]. Se você está pressentindo algo aqui, então está na pista certa! Os Carneiros gostam de ser os primeiros em tudo que fazem. Eles vêm em primeiro lugar em suas próprias vidas e querem vir em primeiro lugar na nossa vida também. O signo de Áries representa os inícios, e os Carneiros são impacientes por novas oportunidades que os impelirão avante na vida. Ao mesmo tempo, não são bons em levar adiante ou terminar aquilo que começaram.

> **Relações celestiais**
>
> Regido por Marte (o "planeta da ação"), os Carneiros florescem na atividade física. São sobreviventes — até mesmo guerreiros em seu âmago. Para um ariano, geralmente é ele contra o mundo. Os Carneiros adoram uma boa luta e sempre fincarão o pé naquilo em que acreditam.

Sua natureza está mais para deixar de lado o que é conhecido e lançar-se em algo novo.

> **Amantes cósmicos**
>
> "Stella!"* Nos seus primeiros papéis no cinema, o ariano Marlon Brando personificava a energia sexual do Carneiro, em estado bruto.

Temerários na vida e no amor, os Carneiros assumem riscos. Têm vontade forte e podem ser muito agressivos quando é o caso de obter o que querem — e normalmente querem tudo na hora! Cheios de recursos e muito empreendedores, são líderes natos. Não hesitam em assumir o comando e são geralmente os primeiros a se atirar e obter resultados.

Esses amantes impulsivos são regidos pelos instintos: os Carneiros agem primeiro e pensam depois! Têm emoções ardentes, frustram-se facilmente e podem se zangar rapidamente. Contudo, superam seus rompantes bem depressa e é difícil guardarem ressentimento.

Os Carneiros são independentes e autoconfiantes. Podem tomar conta de si mesmos. Às vezes são tão confiantes em si mesmos que nos irritam. Não gostam de ser controlados e precisam de espaço para ser quem são. Ao mesmo tempo, darão de presente a você espaço e liberdade para você ser quem é; e, caracteristicamente, apoiarão você em qualquer coisa que faça. Os Carneiros são motivadores poderosos!

> **Caro astrólogo do sexo...**
>
> "Estou namorando um ariano e, no começo do nosso relacionamento, ele não tirava as mãos de cima de mim! Agora levo muito tempo para conseguir a atenção dele. Alguma sugestão?"
>
> Depois do ímpeto inicial de atenção, os Carneiros podem rapidamente começar a supor que a conquista está garantida. Para renovar o interesse do seu namorado, talvez você precise recuar um pouco. Deixe que ele a persiga mais uma vez, e esteja pronta para os fogos de artifícios sexuais.

Áries no Amor e na Luxúria

Não existe muito mistério em um ariano apaixonado. Os Carneiros são abertos e honestos em seus sentimentos e, se um ariano quiser namorar você, você saberá —, pois ele lhe dirá. Você também saberá disso porque será perseguido, com uma paixão ardente e visível. Carneiros apaixonados

* "Stella!" era uma das exclamações mais sonoras e frequentes do personagem interpretado por Marlon Brando no filme *Um bonde chamado desejo*. (N. da T.)

são inflexíveis! Você pode contar com constantes telefonemas e mensagens de texto. Talvez eles até apareçam na sua porta sem avisar!

Os Carneiros gostam de conquistar novos territórios. No amor, esse território bem que pode ser você! Eles amam o frêmito da caçada, e se entediam muito facilmente. Esperarão que você seja tão espontâneo quanto eles; e jamais planejam com antecedência.

Os Carneiros têm impulsos sexuais fortes e são amantes destemidos. São vigorosos e apaixonados. Com um ariano, nunca se trata apenas de sexo — é um desempenho de corpo inteiro! Sejam homens ou mulheres, os fogosos Carneiros são muito audaciosos quanto a levar você para a cama e farão o possível para que você caia de amores por eles.

O lado mandão dos arianos aparece no quarto de dormir. Eles gostam de estar no comando e ficam impacientes se não tiverem suas necessidades atendidas. Porém, uma vez esfriado o fogo da relação sexual, eles não sabem muito bem o que fazer com você! Um ariano é ótimo na fase de excitação, mas o aconchego posterior pode deixá-lo frio.

> **Alerta estelar!**
>
> Se a sua ideia de uma noite romântica é vocês ficarem em casa às voltas com um DVD, então Áries não é para você. Tente escalar montanhas, tomar lições de asa-delta ou, até mesmo, aprender a voar!

Geralmente, os Carneiros não são muito versados nas nuances mais refinadas do ato sexual. Seu lance é ir direto ao ponto e ser direcionado para resultados! Os Carneiros precisam de alguma ajuda para tornar você feliz e satisfeito na cama. Por outro lado, talvez tenham muita vontade de aprender!

A Refinada Arte da Sedução Astral: Áries

O segredo de seduzir arianos é deixá-los serem os perseguidores. No jogo de amor do ariano, quanto menos disponível você estiver, mais o seu ariano vai querer você! Não há nada mais sensual para o ariano que a autoconfiança. Para mantê-lo alerta (e, consequentemente, mantê-lo na sua vida), você precisa deixar claro que pode cuidar de si mesmo e viver sem ele. Estratégia: não chame por ele, deixe que ele chame você!

O Melhor e o Pior dos Amantes de Áries

Em seu melhor aspecto, o amante ariano é um parceiro estimulante e apaixonado. Os Carneiros inspiram em você possibilidades com as quais nunca sonhou. Também podem ser fortes aliados em ajudar você a realizar seus maiores desejos. Sempre honesto e direto, o amante ariano nunca jogará sujo nem enganará você. No relacionamento certo, os Carneiros são parceiros devotados e excitantes.

Não há outra maneira de dizer: o seu amante ariano é dado ao egoísmo. Em seus piores momentos, é irrefletido e não considera as necessidades dos outros. Precisa ser lembrado que você existe — e suas necessidades, vontades e desejos — e, em seguida, lembrado uma vez mais. A lição do ariano na vida — e no amor — é aprender a equilibrar suas próprias necessidades com as necessidades dos outros.

> **Relações celestiais**
>
> O que excita sexualmente o ariano: corpos fortes e mentes independentes, intensidade física, experimentação e sexo atlético e imediato — e, para os Carneiros, relações de uma só noite não estão fora de questão!

Leão: O Amante Dramático

23 de julho a 22 de agosto

Elemento: Fogo

Planeta regente: Sol

Qualidade: Fixo

Energia: Masculina

Signos compatíveis: Fogo e Ar

Palavras-chave: Criativo, leal, otimista

Cor: Ouro brilhante

Gemas: Rubi e peridoto

Zonas erógenas: Parte alta das costas, coluna vertebral

> **Alerta estelar!**
>
> A fidelidade, assim como a lealdade, é importante para os leoninos. A boa notícia é que eles têm um grande potencial para relacionamentos firmes e duradouros. A notícia não tão boa é que os leoninos podem ser ciumentos e territoriais. Gostam de estar no controle e podem ser arrogantes quanto às próprias necessidades.

Como reconhecer um leonino: Procure um homem, ou uma mulher, vistoso, bem vestido e com um olho no espelho! Os leoninos geralmente têm uma cabeleira vasta e membros compridos e bem torneados. Eles são facilmente reconhecidos pela sua exuberância natural e pela vontade de partilhar cada pequeno detalhe de suas vidas! Você saberá o que está se passando na vida amorosa deles, com quem estão saindo e por quê, o que estão fazendo no trabalho e tudo a respeito dos seus muitos dramas pessoais.

Leoninos famosos: Mick Jagger, Jennifer Lopez, Robert DeNiro, Madonna, Sean Penn, Martha Stewart, Ben Affleck, Jacqueline Kennedy Onassis.

Tudo sobre Leão

Os leoninos são as verdadeiras divas do zodíaco! O cartão de visita de Leão é o drama, que é cultivado aonde quer que vá.

Regidos pelo Sol — o centro do sistema solar —, os leoninos adoram ser o foco da atenção. Procuram os holofotes e as oportunidades em que podem brilhar. De caráter vívido e colorido, os leoninos têm personalidade magnética — e as pessoas querem fazer parte da vida deles.

Os leoninos são ambiciosos por natureza. O signo de Leão rege a fama, e os leoninos têm personalidade criativa e sonhos grandiosos. São compelidos a partilhar seus talentos com o mundo e necessitam ser reconhecidos pelos seus dotes individuais e contribuições singulares.

Caro astrólogo do sexo...

"Sou uma leonina batalhadora, com uma carreira voltada para os negócios. Qual o problema? Tenho um desejo secreto de constituir carreira em artes cênicas. Comecei recentemente a ter aulas de teatro e de canto. Meu marido acha que sou maluca só de pensar em ir atrás das minhas aspirações. Socorro!"

Certamente você está procurando alguma forma de expressão criativa — afinal, é leonina! Faça com que seu marido veja como as suas aspirações são importantes para o seu senso de realização. Provavelmente, não levará muito tempo para ele notar como isso acrescentará dramaticidade sexual e tempero ao relacionamento de vocês! Talvez, em breve, ele próprio lhe dirá para correr em busca disso!

Os leoninos têm um talento especial para fazer com que os outros se sintam especiais. Eles oferecem graciosamente a proteção da realeza aos seus favoritos, e sua generosidade principesca é inigualável. Ao mesmo tempo, esperam que você lhes preste tributos de realeza, tornando-os parte integrante da sua vida. Qualquer outra coisa será... digamos, inaceitável!

Os leoninos são otimistas. Seu copo raramente está semivazio — está cheio de vida e prestes a transbordar! Eles são bravos e corajosos, e veem o melhor em todo mundo. Embora os outros possam tirar proveito dos leoninos em consequência disso, eles são resistentes e capazes de se recuperar rapidamente de uma derrota. É preciso muito esforço para deixar um leonino desanimado!

Leão no Amor e na Luxúria

Romance! Paixão! Excitamento! Um leonino apaixonado pode ser dramático ao extremo. Tem grandes emoções e raramente hesita em expressá-las. Seja o que for que esteja acontecendo em sua vida, os relacionamentos satisfatórios são o elemento básico da felicidade de um leonino.

> **Relações celestiais**
>
> O que excita um leonino: brincar de luta, brinquedos e adereços, exibicionismo, gravar vídeos, posições variadas e criativas; e, sim, — para os leoninos — tamanho não importa!

Os rituais de namoro do leonino podem ser extravagantes. São grandes doadores e inundarão você de presentes, como uma forma de demonstrar afeição. Adeptos da vida social e sempre divertidos, esses amantes dramáticos têm um imenso *savoir-faire*. Os leoninos apaixonados agem de modo insinuante e encantam você a ponto de fazer com que você tire as próprias calças — literalmente!

Ao mesmo tempo, são incapazes de ocultar os próprios sentimentos e são vulneráveis no amor. São criaturas orgulhosas e, a despeito de toda a força e pose, tendem a ser inseguros. Seus egos frágeis as tornam pessoas que não conseguem lidar com qualquer tipo de rejeição, e seus sentimentos são facilmente magoados. Quando não estão no seu melhor dia, os leoninos são excessivamente carentes e requerem muito do tempo e da atenção do parceiro.

Adoram uma boa folia na cama! Mas você pode contar que, primeiro, eles montarão o cenário. Talvez escolham lençol de cetim, coberto com pétalas de rosas, e muitas velas, para criar o clima certo; ou então abram um champanhe francês bem caro. Sexo com um leonino é certamente uma experiência teatral, e eles vão querer não só mimar como seduzir você. Os leoninos também gostam de aparecer sempre bem vestidos, de modo que sempre haverá algum tipo de preparação apurada. As mulheres de Leão talvez gostem de vestir *négligés* sensuais ou — grrr! — salto agulha, enquanto os homens sempre dedicam um tempo para cuidar da aparência.

> **Relações celestiais**
>
> Hollywood é uma cidade leonina! Não é coincidência que muitos dos astros de cinema mais sensuais e provocantes sejam leoninos. Se você quer dramaticidade e entretenimento sexual, um leonino é o parceiro certo.

Uma vez superadas todas as teatralidades externas, você pode esperar por uma verdadeira paixão por parte dos leoninos. São excitantes parceiros de cama. São divertidos e brincalhões, e podem ser muito criativos sexualmente! Os leoninos são companheiros de cama generosos. Seu objetivo é agradar, e quanto mais feliz você ficar, mais felizes eles ficarão.

No entanto, apesar de todas essas atitudes apaixonadas, eles podem ser muito vulneráveis quanto ao próprio desempenho sexual. Alguns elogios e sussurros de admiração, e mesmo alguns aplausos sinceros não prejudicarão! Dentro ou fora do quarto, o orgulho do leonino está sempre em risco.

> **Amantes cósmicos**
>
> *Material Girl!* Madonna é a quintessência do Leão! Os leoninos têm paixão por holofotes, gosto pela lascívia e fraqueza por *lingerie* sensual.

A Refinada Arte da Sedução Astral: Leão

A chave para seduzir um leonino é fazer com que ele se sinta especial e apreciado. Para atingir essa meta, você precisa ser criativo. Primeiro passo: apele para a natureza romântica dele. Segundo passo: paparique-o bastante! Terceiro passo: um leonino gosta de se divertir; assim, planeje um encontro excitante para vocês dois. Quarto passo: faça com que ele se sinta a pessoa mais importante da sua vida (pelo menos no momento!). Estratégia: chegue trazendo presentes e faça elogios em todas as oportunidades.

O Melhor e o Pior dos Amantes de Leão

Em seu melhor aspecto, os amantes de Leão são uma força poderosa e positiva na vida dos parceiros. São muito divertidos, eternos otimistas e têm um grande coração. Os leoninos são ótimos incentivadores e encorajam você entusiasticamente em tudo o que lhe traga felicidade. São parceiros leais e devotados, e permanecem com você nos tempos bons e nos ruins.

No pior aspecto, os amantes de Leão são envolvidos com eles mesmos e carentes. Embora queiram fazer você feliz, tendem a ser inflexíveis quando se trata das próprias necessidades. O gosto do leonino por um drama pode ser tão extremo que talvez você se veja dizendo: "Basta!". A vaidade é a ruína do leonino, e o aprendizado da humildade é sua lição de vida. Os leoninos devem perceber que o mundo nem sempre gira ao redor deles!

Sagitário, o Arqueiro: O Amante Aventureiro

22 de novembro a 22 de dezembro

Elemento: Fogo

Planeta regente: Júpiter

Qualidade: Mutável

Energia: Masculina

Signos compatíveis: Fogo e Ar

> **Alerta estelar!**
>
> Sociáveis e extrovertidos, os Arqueiros dão vida a qualquer festa. O lema do sagitariano é "Vamos comer, beber e nos divertir, e que se dane o amanhã!"

Palavras-chave: Expansivo, idealista, entusiasmado

Cor: Púrpura

Gema: Turquesa

Zonas erógenas: Coxas, quadris, nádegas

Como reconhecer um sagitariano: Os Arqueiros têm um modo engraçado de entrar num ambiente. Parecem portar o grande estilo de entrada do "signo de Fogo" — cabeça alta, peito estufado, andar vigoroso —, mas preste atenção! De forma desajeitada, tropeçarão em você, neles mesmos ou no tapete, e se desculparão rindo, para, em seguida, entreter o grupo com uma história divertida a caminho do bar ou da mesa do bufê.

Sagitarianos famosos: Brad Pitt, Jane Fonda, Teri Hatcher, Woody Allen, Britney Spears, Bette Midler, Frank Sinatra, Mark Twain.

Tudo sobre Sagitário

O sagitariano vive a grandeza e tem um enorme apetite pela vida. Para eles, a vida é uma mesa de bufê, com as mais variadas e tentadoras oportunidades — e o Arqueiro deseja liberdade para explorar todas elas! Esses indivíduos independentes estão sempre no encalço de novas aventuras e ressentem-se de qualquer tipo de restrição. O mote do Arqueiro na vida e no amor é: "Mais, mais, mais!"

O signo de Sagitário representa aquele que busca a verdade e a sabedoria mais elevada. Os sagitarianos adoram aprender e viajar; e o seu conhecimento é tipicamente obtido por meio de uma combinação de experiências variadas de vida e treinamento acadêmico formal. Filósofos por natureza, os Arqueiros anseiam por compreender seu propósito na vida e, às vezes, até mesmo o próprio significado da existência!

O planeta regente de Sagitário é Júpiter, o que tem a maior órbita nos céus. Os Arqueiros são pessoas de visão ampla. Não se importam com detalhes ou as praticidades mundanas — há muito a fazer! O sagitariano é versátil e multitalentoso; contudo, esses jogadores alegres podem ser irresponsáveis quando se trata de completar tarefas ou manter em dia suas obrigações. Apesar de ser um notável pau pra toda obra, o sagitariano muitas vezes não domina nenhuma habilidade.

Os Arqueiros têm uma opinião sobre praticamente todos os assuntos! Esse signo não é conhecido por sua modéstia ou tato. São frequentemente muito inteligentes e podem ser extremamente articulados. Têm ideias fixas e são passionais quanto às suas crenças. Os Arqueiros oscilam entre utilizar sua sabedoria para inspirar os outros ou, simplesmente, ser argumentativos e dar conselhos morais.

Caro astrólogo do sexo...

"Sou sagitariano e, recentemente, me decidi e pedi em casamento minha namorada de longa data. Agora, com todo esse planejamento do casamento — bolos, vestidos, arranjos de flores —, estou me sentindo sobrecarregado e começando a perder a coragem! O que devo fazer?"

Parabéns pelo casamento vindouro, sagitariano! O que você provavelmente está sentindo são dois desafios bastante tradicionais do sagitariano: fobia de comprometimento e incapacidade de lidar com o excesso de detalhes. Sugestão: deixe que ela vá em frente e planeje o casamento com o qual sempre sonhou; então, relaxe e aproveite as festividades. E olhe para isso dessa forma — seu casamento será uma aventura inteiramente nova!

Sagitário no Amor e na Luxúria

É fácil se apaixonar pelos sagitarianos, amantes da alegria e do flerte. Porém, é difícil capturar seus corações. Sagitário é o signo dos solteiros, seja homem ou mulher; e eles são notórios por seu medo do compromisso. Quando o jogo começa a ficar sério, o até então carinhoso e divertido sagitariano pode repentinamente se tornar rabugento e arredio.

Frequentemente, os Arqueiros se sentem desconfortáveis com suas emoções e são desajeitados quando se trata de expressar seus sentimentos. São mais propensos a mostrar sua afeição por meio de atos do que de palavras. Os sagitarianos raramente fazem algo que não querem fazer, portanto, se estão dispondo de tempo para você, é porque realmente querem!

Relações celestiais

O escritor e humorista Mark Twain era sagitariano! Os Arqueiros são bons contadores de histórias e entretêm você com os relatos das suas muitas escapadas.

Amantes cósmicos

Brad Pitt, sagitariano e símbolo sexual, como muitos do seu signo, é um cigano em seu coração. Os Arqueiros andam pelo mundo, procurando novas experiências. Faça sua mala e tenha seu passaporte à mão!

Um sagitariano amará você por conta da sua independência e autossuficiência. Não importa quão enamorado esteja, seu amante sagitariano necessitará de muito espaço e liberdade para respirar. Ele também aprecia a honestidade, por isso, quanto mais direto você for a respeito do que quer, mais ele o apreciará.

Com um sagitariano, a busca do prazer é sempre uma aventura. Dentro ou fora de casa, no andar de cima ou no de baixo — diga a hora e o lugar, e eles estarão lá — e em cima de você! Seu encontro com o mundano Sagitário pode ser naquele bistrô francês, no outro lado da cidade, mas também pode ser em Londres, Roma ou Istambul! Seja qual for o lugar, você estará prestes a ter uma relação amorosa excitante e estimulante.

Como todos os signos de Fogo, Sagitário tem um forte impulso sexual. Os Arqueiros são criaturas sensuais e raramente se envergonham de explorar novas possibilidades na cama. O sexo com esse signo é normalmente quente e apaixonado, e eles são amantes entusiasmados e versáteis. Gostam de desfrutar de um bom momento e é raro dedicarem um segundo pensamento ao amanhã.

O amor do sagitariano pela liberdade também se aplica à sua vida sexual. Os Arqueiros não necessitam estar profundamente apaixonados para fazer sexo, nem se limitam necessariamente a ter relações sexuais com uma só pessoa. Não importa se o relacionamento de vocês durou bastante ou se acabou em uma noite, o sagitariano respeitará você pela manhã e apreciará genuinamente o que vocês partilharam.

A Refinada Arte da Sedução Astral: Sagitário

Seduzir um sagitariano não é difícil: esse buscador do prazer está sempre pronto a viver bons momentos. Ele é atraído por personalidades expansivas e pessoas que o façam rir. Os Arqueiros também amam pessoas humanitárias, de modo que você pode casualmente mencionar sua viagem à África, como voluntário do Corpo da Paz, ou o serviço que você presta na cozinha comunitária local. Adicione um pouco de lisonja e ele estará no papo! Estratégia: marque presença e vá em frente!

O Melhor e o Pior dos Amantes de Sagitário

A vida com os sagitarianos é sempre uma aventura! Os Arqueiros estimularão você a pensar de uma nova maneira e expandirão seu mundo. Vivazes e alegres, serão uma força positiva e motivadora na sua vida. Seu amante de Sagitário também vai inspirar você a finalmente comprar aquela passagem de avião e investir naquela aventura com a qual sempre sonhou. Em seu melhor aspecto, os sagitarianos são sábios e intuitivos, com uma riqueza de conhecimentos que adoram compartilhar.

> **Relações celestiais**
>
> O que excita um sagitariano: corpos bem malhados, mentes profundamente penetrantes, preliminares luxuriosas, e comidas e bebidas tentadoras. Lambuze seu corpo com chocolate e deixe as luzes acesas!

Em seu pior aspecto, os amantes de Sagitário são esquivos e é difícil obrigá-los a se definirem. Seu medo do compromisso pode se tornar predominante e os sentimentos românticos terem curta duração. Impetuosos e opiniosos, os sagitarianos tornam difícil para você pronunciar-se. Os Arqueiros também ficam tão envolvidos nas suas muitas atividades que se esquecem de retornar os telefonemas que você lhes fez! Na vida, a lição de Sagitário é aprender a dar continuidade aos compromissos.

O Mínimo que Você Precisa Saber

- Os signos de Fogo são Áries, Leão e Sagitário.
- O impulsivo Áries busca a ação e se entedia facilmente.
- O dramático Leão busca a atenção e o reconhecimento.
- O aventureiro Sagitário busca as oportunidades de crescimento.

Capítulo 3

Os Signos Solares e os Ascendentes de Ar

Neste Capítulo

- Gêmeos, Libra e Aquário são signos de Ar
- O volúvel Gêmeos
- A elegante Libra, a Balança
- O ambivalente Aquário, o Aguadeiro

Os signos de Ar são intelectuais, conceituais e muito versáteis. Orgulham-se de suas naturezas altamente individualistas e muitas vezes vivem a vida de acordo com seus próprios e singulares termos. São idealistas e mantêm os olhos no cenário mais amplo. A maior parte da arte e da tecnologia atuais nasceu nos cérebros férteis dos geminianos, librianos e aquarianos.

Os signos de Ar vivem cercados de amigos, que os inspiram intelectual e criativamente. Embora alguns membros dos signos de Ar possam considerar um desafio assumir um compromisso de longo prazo, estão sempre instigando os pensamentos do parceiro e são companheiros de cama inspiradores. E, na maioria das vezes, são dados a experimentos sexuais!

Gêmeos: O Amante Volúvel

21 de maio a 22 de junho

Elemento: Ar

Planeta regente: Mercúrio

Qualidade: Mutável

Energia: Masculina

Signos compatíveis: Ar e Fogo

Palavras-chave: Curioso, inquieto, espontâneo

Cor: Amarelo

Gema: Alexandrita e ágata

Zonas erógenas: Mãos, tronco, ombros

> **Alerta estelar!**
>
> Os geminianos são notáveis fofoqueiros, portanto pense duas vezes antes de confiar a eles um segredo!

Como reconhecer um geminiano: É difícil não ser notado! Ele entrará num ambiente rodopiando como um dervixe, cheio de atividade. Tem um físico rijo e abundância de energia nervosa. Travesso, o geminiano adora atiçar a fogueira para manter as coisas interessantes. Fala, fala e fala constantemente, gesticulando com as mãos para frisar um ponto e obter nossa atenção.

Geminianos famosos: Colin Farrell, Nicole Kidman, Mary Kate e Ashley Olsen, Bob Dylan, Angelina Jolie, John F. Kennedy, Johnny Depp.

Tudo sobre Gêmeos

O símbolo desse signo é, naturalmente, os gêmeos, o que reflete sua natureza dual. Às vezes, os geminianos parecem ter uma personalidade dividida! Num minuto estão inteiramente com você, mas, em seguida, dirigem-se para qualquer outra pessoa ou alguma outra nova experiência. Esses amantes volúveis são facilmente distraídos e sempre incansáveis na busca por novos excitamentos. Embora cativar a afeição deles possa ser algo frustrante, a vida com um geminiano nunca será tediosa!

Gêmeos é regido pelo planeta Mercúrio, que representa a mente e o intelecto. Os geminianos adoram descobrir novas coisas — e devem se precaver para não ficar viciados em informações! Podem estar tão apegados ao momento que se esquecem de ver o cenário mais amplo. Eles florescem na variedade e têm talento para uma multiplicidade de tarefas. Leem jornal, recebem fax, assistem ao noticiário na tevê, comem sanduíche e falam com você ao celular — tudo ao mesmo tempo! São alegres e nos entretêm. Não surpreende que estejam sempre no topo das listas de convidados no mundo todo. Extremamente amigáveis, os geminianos são borboletas sociais — voando alegremente de uma reunião para outra. É o signo representante da comunicação, e os geminianos adoram se comunicar! Têm uma inteligência aguçada e rápida, e são conversadores estimulantes.

Um geminiano tem tantas facetas que é difícil conhecê-lo, e muito menos compreendê-lo. Ele pode ser um complicado quebra-cabeça — ou, no caso de ter uma inclinação mais romântica, uma charada sublime —, apenas esperando para ser decifrado! A mente dos geminianos está em constante movimento e, como resultado, sua personalidade parece se modificar abruptamente. Espere o inesperado: os geminianos são verdadeiros camaleões, com a capacidade de se misturar em muitos ambientes diferentes.

Amantes cósmicos

O ator Johnny Depp é geminiano. Esse pirata velhaco é cativante e adora bancar o menino mau. Para Gêmeos, o bom é muitas vezes equivalente a tedioso... e o mau é extremamente excitante!

Gêmeos no Amor e na Luxúria

Gêmeos gosta da *ideia* de estar amando. São afetivos e podem ser deliciosamente românticos, no momento. Também costumam ser muito ousados e impulsivos quando se trata de buscar o objeto de seu desejo. Porém, a realidade de uma relação sustentável é sempre uma proposta intimidadora. Os geminianos gostam de manter abertas suas opções de relacionamento.

Divertidos e brincalhões, são como as crianças ao expressar suas afeições. São charmosos e frequentemente têm um lampejo maroto no olhar. Para Gêmeos, flertar é uma arte! Embora esses amantes sejam parceiros interessantes e excitantes, rapidamente perdem o interesse se as coisas se tornarem monótonas. Quando se trata de intimidade emocional, os geminianos podem ser distantes e desapegados. Quando se trata de lembrar os compromissos, podem convenientemente desenvolver uma perda de memória de curto prazo! A simples verdade: não importa quão sinceras sejam as nossas intenções, Gêmeos tem uma tendência a ser volúvel.

Alerta estelar!

A fidelidade sexual é um problema para esse signo. Na busca de novidade e excitação, eles costumam ser jogadores sexuais. Talvez flertem com o perigo e sejam irresponsáveis em suas escolhas sexuais.

Os geminianos são amantes versáteis e podem ser muito flexíveis quando se trata de satisfazer seus desejos mais íntimos. São curiosos na vida — e na cama! Frequentemente, adotam a experimentação sexual. Se você gosta de jogos sexuais, o geminiano dirá: "Quando começamos?" Se você quer jogar vestido a rigor ou experimentar dramatizações, o geminiano dirá: "O que você quer que eu seja?" Seja qual for a fantasia sexual do parceiro, os geminianos vão ajudá-la a se tornar realidade!

A curiosidade é uma parte considerável da equação sexual do geminiano. Ele fica fascinado não apenas pelo corpo do parceiro, mas também pela mente dele! A conversa é um prelúdio importante para o sexo; a comunicação verbal pode realmente excitá-los! Contudo, o divertimento com um geminiano não termina com o sexo. Eles entretêm você com sua sagacidade e charme, e querem brincar durante a noite toda.

Caro astrólogo do sexo...

"Estou namorando uma geminiana e acho que ela realmente me compreende. Mas, toda vez que saímos juntos, ela fica flertando com outros homens! Quando trago esse assunto à baila, ela diz que eu estou exagerando. Sou inseguro ou estou certo em ficar preocupado?"

Gêmeos são namoradores inatos! Frequentemente, é a forma de expressarem sua natureza enérgica e extrovertida. É provável que sua geminiana de espírito livre não vá mudar, a despeito do que você diga ou faça. Avalie a intensidade da afeição dela pela maneira como se comporta diante de você e com você. Se você necessita de uma devoção sincera, procure uma namorada taurina ou do signo de Câncer; Gêmeos provavelmente não é o signo certo para você.

A Refinada Arte da Sedução Astral: Gêmeos

A chave para seduzir um geminiano é saber que ele precisa sentir curiosidade. Nada atinge mais rapidamente a libido do geminiano do que uma conversa sensual e brilhante. Sussurre suas fantasias sexuais nos ouvidos de um geminiano e provoque-o com sua vontade de brincar, e você rapidamente obterá a atenção dele! Lembre-se, eles gostam de variedade e detestam o tédio. Estratégia: massageie as maciças órbitas mentais deles com uma conversa interessante e apimentada, com alusões sexuais.

Relações celestiais

O que excita o geminiano: esses adeptos cósmicos do *swing* gostam de amantes versáteis e imaginativos, e do fruto proibido — inclusive exibicionismo, provocação, sexo rapidinho e sexo bizarro, ao estilo circense.

O Melhor e o Pior dos Amantes de Gêmeos

A vida com um geminiano é garantidamente um passeio na montanha-russa, cheio de altos e baixos. Em seu melhor aspecto, os amantes geminianos transformarão você em uma parte integrante dessa viagem excitante. São parceiros divertidos e estimulantes, e manterão você sempre alerta. O geminiano ensinará seu parceiro a se tornar mais espontâneo e flexível, e a viver no presente.

Em seu pior aspecto, os amantes geminianos são inconstantes e completamente desagradáveis! Sua falta de foco costuma deixar você maluco, e a necessidade que têm de estimulação constante pode levar você à desatenção. Talvez você também se canse pelo fato de seu geminiano encaixá-lo nos mais variados interesses dele. Às vezes, você vai precisar dizer: "Oláá! Lembra-se de mim?" A lição de Gêmeos na vida e no amor é aprender a ser consistente.

Libra, a Balança: O Amante Elegante

22 de setembro a 23 de outubro

Elemento: Ar

Planeta regente: Vênus

Qualidade: Cardinal

Energia: Masculina

Signos compatíveis: Ar e Fogo

Palavras-chave: Refinado, romântico, diplomático

Cores: Azul, rosa

Gemas: Opala e turmalina

Zonas erógenas: Pescoço, parte inferior das costas

Como reconhecer um libriano: Os librianos são conhecidos por sua beleza física. Têm boa estrutura óssea, pernas longas e andar leve. Repare no ar culto que usam em tudo o que fazem e tocam — seja ao organizar suas vidas num palácio ou num apartamento de um só cômodo — ou quando decidem quais ingredientes usar no jantar. Sua classe e inteligência ficam evidentes em todos os detalhes.

Librianos famosos: Gwyneth Paltrow, Will Smith, Brigitte Bardot, John Lennon, Kate Winslet, Susan Sarandon, Christopher Reeve, F. Scott Fitzgerald.

Tudo sobre Libra

Os librianos procuram o extraordinário em tudo o que fazem! Sempre românticos, amam nada mais do que a experiência de estar apaixonados, e se sentem mais felizes quando estão num relacionamento. Por meio do inevitável equilíbrio que uma parceria requer, os librianos aprendem muito sobre si mesmos. Contudo, não são fáceis quando se trata de escolhas num relacionamento. Podem ser extremamente seletivos e buscam perfeição em seus parceiros e companheiros de cama.

O símbolo de Libra é uma balança, que representa o equilíbrio dos opostos. Os librianos têm a capacidade de ver ambos os lados na maioria das situações e podem ser grandes juízes e diplomatas. No entanto, seu processo de tomada de decisão costuma ser interminável, com eles gastando muito tempo e energia ao pesar e medir cada opção concebível. E uma vez tomada a decisão, guardam para si as outras opiniões. O calcanhar de aquiles de Libra é a indecisão!

Os librianos tendem a agradar as pessoas. Esses amantes elegantes lutam pela harmonia e ficam infelizes no caos ou na desarrumação.

Os confrontos fazem com que se sintam extremamente desconfortáveis, e farão de tudo para manter a paz. Como resultado, sempre comprometem as próprias necessidades para deixar todos os outros felizes. A maioria dos librianos se beneficiaria com um treinamento de assertividade! Mesmo quando conseguem se autoafirmar, costumam sentir remorso e se desculpam profusamente.

Relações celestiais

Regido por Vênus, o planeta da beleza e do prazer, os librianos têm uma estética profundamente refinada. Por natureza, têm um forte sentido de estilo. Você verá esse traço na coleção de arte dos librianos, nas suas casas belamente decoradas e na forma como se apresentam.

Amantes cósmicos

Heroína literária e "arrojada deusa do sexo", Bridget Jones é provavelmente de Libra! A mente romântica de Bridget fica perpetuamente frustrada em sua busca pelo Sr. Ideal, mas, mesmo sob as circunstâncias mais adversas, ela nunca aceita o segundo melhor.

Como em todos os signos de Ar, os librianos são mentalmente ágeis e altamente verbais. A balança representa a justiça, e os librianos são corretos ao abordar a vida. Nada incendeia mais sua indignação do que uma injustiça. São mais amantes do que lutadores, mas esses distintos oradores proporcionam um bom debate quando se trata de questões de cunho ético.

Libra no Amor e na Luxúria

O foco central da vida dos librianos é a procura da alma perfeita. Muitas vezes fazem listas mentais, sublinhando as características e os traços de personalidade do parceiro ideal. Quando a realidade não se encaixa em suas expectativas, ficam profundamente desapontados. Os librianos geralmente vivenciam um cabo de guerra entre seus ideais e a realidade da situação, e procuram constantemente reconciliar esses dois lados.

Seja homem ou mulher, o libriano apaixonado costuma ser muito amável. Quando se trata de fazer a corte, é romântico e antiquado. Acredita sinceramente em encontros verdadeiros, planejados com antecedência e completos, com jantar seguido de balé ou ópera (ou algum outro evento cultural). Apareça e esteja pronto na hora marcada, e bem vestido para a ocasião! Embora os librianos se orgulhem da própria flexibilidade, se você se atrasar, eles vão considerar seu atraso uma descortesia romântica. Maneiras indelicadas ou comportamentos rudes fazem com que eles esfriem.

Os librianos podem ser tanto sedutores quanto sensuais, ainda que permaneçam remotos e inacessíveis. A combinação resultante é genuinamente desconcertante! Eles são muito sedutores quando querem e, por sua vez, gostam de ser seduzidos. Para Libra, a sedução é uma arte. Esperam que o sexo seja uma experiência rara; ao mesmo tempo, porém, são sempre tímidos ao expressar suas necessidades sexuais. Não gostam de se apressar ou ser pressionados a ir para a cama, e se deliciam com as preliminares. Toques de leve, flerte e um *tête-à-tête* romântico são um bom começo. Beijar é muito importante para Libra, não importa a duração do relacionamento.

Relações celestiais

O regente de Libra, Vênus, também é conhecido como "Afrodite", na mitologia grega. Essa deusa sensual era uma tentadora e sedutora que atraía tanto os homens quanto os deuses.

Caro astrólogo do sexo...

"Sou uma libriana apaixonada pelo meu marido, até que a morte nos separe. No entanto, honestamente, ele é um palerma total! Prefere vegetar diante da TV, vendo programas esportivos, do que fazer qualquer outra coisa que eu considere interessante. Socorro!"

Uma das suas muitas dádivas, libriana, é sua capacidade de se comprometer. Embora você queira uma mudança total no seu marido, a realidade é que você talvez precise ceder um pouco. Sugestão: planeje uma noite de programas esportivos, vocês dois juntos — sim, juntos — e, em seguida, uma noite de namoro, para que vocês focalizem as necessidades de ambos. Deixe explícito o acordo de troca! Isso deve trazer de volta o equilíbrio tão necessário ao relacionamento de vocês.

Alerta estelar!

Eis os sete pecados de quem namora um libriano: 1) indisponível; 2) inculto; 3) mal-educado; 4) vulgar; 5) desatencioso; 6) mal vestido e 7) tedioso!

Como em todos os signos de Ar, os librianos são voltados para o intelecto. Você deve estimular a mente deles tanto quanto estimula o corpo. Lerem juntos histórias eróticas na hora de dormir costuma funcionar bem para dar vida às fantasias de Libra! Os librianos são sensíveis às nuances mais refinadas do ato amoroso e buscam beleza na paixão sexual. Para Libra, o prazer deveria ser lento e duradouro.

A Refinada Arte da Sedução Astral: Libra

Embora Libra esteja sempre procurando um misterioso e indefinível Parceiro Ideal, para cativar seu interesse — e levá-lo para a cama —, você terá de usar de muita classe. A chave está na apresentação: corteje-o fielmente, cerque-o de beleza, permita que ele saiba que você o admira e certifique-se de respeitar suas sensibilidades mais íntimas. Estratégia: dois ingressos para um espetáculo de arte, um jantar romântico e um exemplar do *Kama Sutra* — embrulhado em papel pardo, por discrição, é claro!

O Melhor e o Pior dos Amantes de Libra

No seu melhor aspecto, o amante libriano é um parceiro devotado e cuidadoso. Valoriza o tempo e a atenção do parceiro, e dará tanto quanto recebe. Adora manter um relacionamento e se reunirá a você a cada passo do caminho. Inteligente e culto, o libriano incrementa a vida de um parceiro com sua refinada estética, e você também virá a respeitar seu senso de ética e justiça.

No pior aspecto, seu amante de Libra é indeciso e passivo quanto às próprias necessidades. Pergunte a um libriano o que ele quer que você faça — ou mesmo aonde quer ir jantar — e ele, provavelmente, perguntará o que *você* quer. Insista para que ele tome uma decisão e ele é capaz de vacilar interminavelmente. Isso é frustrante e você pode se ver resmungando "Decida já!". A lição de Libra na vida é aprender a se ater às próprias decisões.

Relações celestiais

O que excita um libriano: corpos esculturais, boa aparência, preliminares prolongadas, provocações com a língua, mordidas de amor e erotismo. Europeus cultos também vão muito bem!

Aquário, o Aguadeiro: O Amante Ambivalente

21 de janeiro a 19 de fevereiro

Elemento: Ar

Planeta regente: Urano

Qualidade: Fixo

Energia: Masculina

Signos Compatíveis: Ar e Fogo

Palavras-chave: Excêntrico, inspirador, inovador

Cor: Violeta

Gema: Ametista

Zonas erógenas: Pernas, joelhos, tornozelos

Como reconhecer um aquariano: Atenção, fiscal da moda! Os Aquarianos são frequentemente localizados pela escolha de uma indumentária bastante excêntrica e amalucada. Os homens podem variar desde o paletó para receber visitas em casa, ao estilo Hugh Hefner, até as roupas do *nerd* total: camisa branca engomada, com bolsos com lapela! As mulheres talvez usem uma saia *hippie* e sandálias papete — ou então sapato de salto agulha e um estola extravagante!

Aquarianos famosos: Oprah Winfrey, John Travolta, Jennifer Aniston, Yoko Ono, Paul Newman, Mikhail Baryshnikov, Ellen DeGeneres, Virginia Woolf.

Tudo sobre Aquário

O excêntrico aquariano tem a mente de um sabichão intelectual e o coração de um *hippie* amante da liberdade! A individualidade é a chave para decifrar sua natureza, e nada entristece tanto esses espíritos livres do que a complacência ou a convenção. Embora os Aguadeiros representem um verdadeiro desafio quando se trata de compromissos de longo prazo, tornam-se inspirados amigos e companheiros de cama, e estão sempre cheios de surpresas!

Regidos por Urano — sempre lembrado como o planeta dos abalos sísmicos —, os Aguadeiros adoram sacudir as coisas! Originais e sempre à frente do seu tempo, os aguadeiros são rebeldes e transgressores das regras. Não hesitam em chocar! Podem despertar você para novas ideias e inspirar possibilidades com as quais você nunca sonhou. Algumas vezes, contudo, você descobre que o comportamento deles é inapropriado, a ponto de dar nos nervos, ou apenas uma mera esquisitice!

Os Aguadeiros são pensadores inovadores e desabrocham por meio da estimulação intelectual. Geralmente são bem versados em assuntos tão diversos quanto política, física quântica e música *hip-hop*. Costumam ser altamente críticos e suas habilidades analíticas cortam como uma faca. Às vezes, seus elevados padrões intelectuais e seu brilhantismo inato fazem com que você se sinta intelectualmente inadequado.

> **Alerta estelar!**
>
> Embora muitos Aguadeiros conservem as amizades por toda a vida, são essencialmente solitários. Em consequência, talvez pareçam distantes e desapegados. Pode ser difícil conhecer um Aquariano num nível mais profundo, e eles geralmente têm poucas relações íntimas.

Cristais, colares de contas, medicina vibracional... Sim, senhor! Muitos aquarianos estão sintonizados com as práticas da Nova Era. Alinham seus chakras e desafiam as crenças tradicionais do parceiro. Esse signo é altamente intuitivo e também sensível às energias. Os Aguadeiros costumam encontrar a paz e a felicidade por meio da meditação ou por outras práticas espirituais que lhes permitam entrar em comunhão com o próprio "eu" mais elevado.

Aquário no Amor e na Luxúria

Para o independente aquariano, a intimidade emocional é muitas vezes a fronteira final. Seu intelecto sobrenatural, em combinação com sua real necessidade de liberdade, pode fazer com que esses amantes ambivalentes mudem de direção a toda hora. A despeito de quanto estejam curiosos quanto à aura cativante que cerca você, mesmo os Aguadeiros apaixonados provavelmente ficarão esquivos.

> **Amantes cósmicos**
>
> "Faça assim!" Jean-Luc Picard, o sensual capitão da nave Enterprise, da série *Jornada nas Estrelas*, é um aquariano na mente e na sensibilidade. Esse amante cósmico aderiu aos mais elevados ideais e padrões, enquanto derretia o coração de muitas das fãs da série!

Aquário rege o campo da alta tecnologia, e a Internet é a forma natural de eles se conectarem. Os Aguadeiros são frequentemente atraídos pelos encontros *online*, pois permite que persigam suas opções românticas a distância (e com desapego). Não é comum encontrar um aquariano nas salas de bate-papo de namoro ou conhecê-los através de seus *blogs* ou *websites* pessoais.

> **Caro astrólogo do sexo...**
>
> "Sou aquariana e escolhi propositalmente ficar solteira por alguns anos. Recentemente comecei a sair com um homem interessante e excitante — mas, como lutei pela minha independência, o fato de desistir da minha liberdade me deixa preocupada. O que fazer?"
>
> Num relacionamento certo, seu parceiro dá espaço para você ser independente, cultivar seus talentos e explorar seus sonhos. Por que não esperar e ver se esse "homem interessante e excitante" acrescenta algo à sua vida, em vez de se retirar? A parceria de signos solares corretos poderia dar todo o potencial espiritual e emocional que você quer — sem a menosprezar.

No começo de um relacionamento, os Aguadeiros costumam ser cavalheiros em armaduras reluzentes. Seja homem ou mulher, o aquariano adora socorrer e bancar o herói. Contudo, sua couraça emocional pode ser bem grossa. Tendo socorrido você, não sabem exatamente o que fazer com você! Um aquariano apaixonado fará lances súbitos e inesperados. Adora surpreender, e você nunca vai saber bem o que esperar!

De início, o aquariano pode parecer reservado e sexualmente distante. Porém, sob esse exterior frio, costuma viver um amante inovador. Para Aquário, no que se refere ao desejo sexual, nenhuma regra se aplica! Atrás de portas fechadas, esse nobre salvador transforma-se num verdadeiro jogador sexual. Em geral, os Aguadeiros estão abertos para a maior parte das experiências sexuais — mesmo as práticas nas fronteiras da excentricidade.

Aquário pode chocar você na cama! O gosto deles varia do brincalhão ao aventureiro, e da estranheza à vulgaridade.

Uma advertência: mesmo nas circunstâncias mais lascivas, a libido de Aquário pode esquentar e esfriar. No quarto, talvez você encontre os aspectos taciturnos, autocentrados e retraídos desse signo. Pode haver ocasiões em que o seu Aguadeiro esteja sexualmente distante. Tome uma iniciativa e você ouvirá o proverbial: "Estou com dor de cabeça!" Não se preocupe — esses humores passam rapidamente. Dê-lhe tempo, e logo ele voltará a ser como era antes.

A Refinada Arte da Sedução Astral: Aquário

Tudo bem em ser sexualmente agressivo com os aquarianos. Na verdade, os Aguadeiros gostam de ser perseguidos e ficam lisonjeados com essa atenção. Porém, um conselho: faça isso de modo casual! Esses amantes ambivalentes se sentirão pouco à vontade se você tiver demasiadas expectativas. Nada esfria mais os Aguadeiros do que a carência. Estratégia: fale do livro ganhador do último prêmio Pulitzer, que você está lendo, enquanto desinteressadamente vai despindo-o!

> **Relações celestiais**
>
> O que excita o aquariano: sexo virtual, fantasia, troca de papéis, máscaras, posições extravagantes e preliminares incomuns. A experiência sexual perfeita para os Aguadeiros é... sem vínculos!

O Melhor e o Pior dos Amantes de Aquário

No seu melhor aspecto, o amante de Aquário admirará a singularidade e aceitará as complexidades do parceiro. Os Aguadeiros darão liberdade para você ser você mesmo e o apoiarão a explorar as suas aspirações mais elevadas. Também abrirão sua mente para possibilidades ilimitadas. Não importa qual o desenlace do relacionamento romântico de vocês, seu amante de Aquário permanecerá um amigo fiel!

No pior aspecto, seu amante de Aquário é cheio de complexidades irritantes. Num minuto está ardente; no seguinte, frio. Os Aguadeiros podem ser emocionalmente distantes e arredios quando se trata de compromissos. Talvez você também se canse da necessidade constante que eles têm de intelectualizar e bancar os críticos. A lição de Aquário, na vida e no amor, é aprender a explorar as próprias emoções tanto quanto explora a própria mente.

O Mínimo que Você Precisa Saber

- Os signos do Ar são Gêmeos, Libra e Aquário.
- O volúvel geminiano busca a variedade e a diversidade.
- O elegante libriano busca o extraordinário.
- O ambivalente aquariano busca a liberdade de ser singular.

Capítulo 4

Os Signos Solares e os Ascendentes de Água

Neste Capítulo

- Câncer, Escorpião e Peixes são os signos de Água
- O carinhoso Câncer, o Caranguejo
- O misterioso Escorpião
- O intuitivo Peixes

Os signos de Água são sensíveis, emotivos e voltados para os sentimentos. Também são, com frequência, bastante sensitivos. Eles são os amigos e amantes que sabem como você está se sentindo e o que precisa antes mesmo de *você* saber. Os signos de Água nem sempre estão sintonizados com o mundo, embora, tipicamente, sejam muito conectados com os próprios ritmos básicos. Esses amantes têm necessidades emocionais fortes e desejam uma ligação profunda com você — dentro e fora do quarto. Os signos de Água são excelentes na refinada arte do romance e da sedução!

Câncer, o Caranguejo: O Amante Carinhoso

22 de junho a 23 de julho

Elemento: Água

Planeta regente: Lua

Qualidade: Cardinal

Energia: Feminina

Signos compatíveis: Água e Terra

Palavras-chave: Humor instável, generoso, protetor

Cor: Prata

Gema: Pérola e pedra da lua

Zonas erógenas: Região do estômago, peito, seios

Como reconhecer um canceriano: Você encontrará os cancerianos em todas as estradas da vida, mas vai distingui-los pelo andar estranho, meio de lado, quando entram e saem de um aposento: um passo para a frente, um passo para trás. Geralmente, você também verá que, de pé, eles tendem a sustentar o peso todo numa só perna. Os Caranguejos têm o rosto arredondado, como a Lua, que reflete suas mudanças de humor e de emoção. As mulheres têm o corpo convidativo, curvilíneo ou macio, e os homens de Câncer talvez tenham algum excesso em torno da cintura.

> **Amantes cósmicos**
>
> A canceriana princesa Diana, como muitos membros da realeza antes dela, buscou o aconselhamento de astrólogos para poder compreender sua vida, seus relacionamentos e seu destino em potencial.

Cancerianos famosos: Pamela Anderson, Tom Cruise, Reese Whiterspoon, Robin Williams, Meryl Streep, Tom Hanks, princesa Diana, Harrison Ford.

Tudo sobre Câncer

"Você está se sentindo para baixo? Vamos, vou preparar o jantar e depois damos uma volta. Você vai se sentir melhor." Ah... cancerianos estão sempre ao seu lado quando você precisa deles! Os Caranguejos são carinhosos, antes de tudo. Seu amante de Câncer será amigo atencioso, pai/mãe, sócio — tudo num só. Contudo não é fácil lidar com um canceriano; pode ser teimoso, surpreendentemente obstinado e não suporta que se aproveitem dele!

O velho ditado "Águas calmas são profundas" é uma descrição adequada dos Caranguejos. São reservados e geralmente têm medo de revelar seu "eu" mais profundo. Regidos pela Lua — a qual representa os sentimentos e as emoções — esses seres da água são muito sensíveis.

As emoções dos Caranguejos são enormes e profundas, e seu humor pode mudar com as marés. Às vezes, a vulnerabilidade dos cancerianos faz com que se recolham em suas conchas para se proteger.

Na maioria dos assuntos, os Caranguejos são tradicionalistas e não gostam de se afastar de suas zonas de conforto.

Alerta estelar!

Os Caranguejos são intrometidos e gostam de bancar a mamãe ou papai nos seus relacionamentos. Acostume-se a ouvir "Querido, este casaco é suficientemente quente?" ou, "Benzinho, você se lembrou de pagar a fatura do cartão de crédito?".

Relações celestiais

Geralmente, os cancerianos são sensitivos. Suas capacidades mediúnicas ficam especialmente pronunciadas durante a Lua cheia, e frequentemente surgem visões nos seus sonhos.

Também são voltados para a segurança, e dinheiro costuma ser uma preocupação central. Não importa quanto tenham, os cancerianos temem nunca ter o suficiente. Gostam de se sentir no controle e se atormentam em relação ao futuro: fundos de pensão, pagamento de hipoteca, cuidado com os pais, etc. De fato, Câncer tende a se preocupar demais!

Os Caranguejos são profundamente enraizados e encontram sua verdadeira realização dentro do lar e da vida familiar. Sentem-se culpados se desapontam os outros e, em consequência, sempre se encarregam de assuntos em demasia. Têm dificuldade em delegar e, para eles, é difícil dizer "Não!". Esses amantes carinhosos negligenciarão frequentemente as próprias necessidades para tomar conta dos outros.

Câncer no Amor e na Luxúria

Os cancerianos apaixonados podem ser extremamente possessivos. São muito seletivos ao escolher um companheiro, mas, uma vez encontrado o parceiro certo, jamais vão querer largá-lo! Os Caranguejos gostam da segurança decorrente de estar comprometido numa relação. Toleram o processo de namoro e são sociáveis quando necessário. Na verdade, quando se soltam, podem ser muito divertidos e festejam dando o melhor de si! Porém, ficam mais felizes em casa, de pijamas, ao lado do amado e apreciando um bom filme e uma garrafa de vinho tinto de boa safra.

Seu relógio biológico é muito forte. E, à medida que os Caranguejos solteiros vão envelhecendo, o tique-taque pode tornar-se extremamente alto! Os cancerianos escolhem parceiros que partilharão seu desejo de ter filhos e constituir uma família. Querem um parceiro estável, para, com ele, sossegar; encontros de uma só noite, nem pensar!

> **Alerta estelar!**
>
> O canceriano adora comer — quase sempre por razões emocionais. Busca conforto na alimentação: macarrão com queijo, peru recheado, musse de chocolate, doces... tudo que lembre o lar e a boa comida da mamãe.

Os Caranguejos formam a clássica combinação de malícia e gentileza. Na superfície, talvez pareçam muito bonzinhos — porém, leve-os para o quarto, e o lado malicioso surgirá! Eles gostam dos aspectos carnais da intimidade física, tanto quanto da relação emocional e da entrega. Sexo, ou fazer amor — o termo preferido pelos Caranguejos — é importante para eles. Os cancerianos ficam bem irritados sem suas transas regulares!

> **Amantes cósmicos**
>
> Ícone sexual e garota da capa da revista *Playboy*, Pamela Anderson é canceriana. Olhe para além dos trajes de banho da série *Baywatch* e dos desinibidos maridos roqueiros, e você verá que, como a maioria dos cancerianos, o que torna mais feliz essa Caranguejа é a vida familiar.

Os cancerianos não são demasiadamente aventureiros no sexo, mas também não são tímidos! São amantes apaixonados e cuidadosos. Apreciam o romance: nada muito exagerado — providencie alguma música de John Coltrane, luzes de vela e uma massagem sensual — e, certamente, você liberará a paixão interna deles!

A Refinada Arte da Sedução Astral: Câncer

Câncer está à procura de um amante com o qual seja capaz de passar a vida toda. Para seduzir um canceriano, você precisa deixar que ele saiba que você será um parceiro estável e confiável.

Os cancerianos precisam sentir que você nunca os abandonará, mesmo depois do término da relação sexual. Falar-lhes de sua afeição pela família e permitir que eles vejam que você sabe lidar com dinheiro é um bom começo. Estratégia: convide-o para ir até a sua aconchegante e confortável casa... alimente-o bem... e o canceriano é todo seu!

O Melhor e o Pior dos Amantes de Câncer

No seu melhor aspecto, os cancerianos são parceiros amáveis e oferecem apoio. Os Caranguejos não costumam julgar e são bons ouvintes, dando suas opiniões apenas quando solicitados. (Bem, algumas vezes quando *não* solicitados, mas apenas se a vida amorosa ou a carreira do parceiro está realmente em risco!) Eles proporcionam a você um porto seguro em meio às suas tempestades emocionais. Os Caranguejos são generosos com as falhas — na vida e na cama!

No pior aspecto, os amantes de Câncer são extremamente sensíveis, emocionalmente vulneráveis e demasiado possessivos. Às vezes, seus humores sempre mutáveis são frustrantes, e é espantosa sua tendência de se ensimesmar. Os modos maternais do Caranguejo costumam ser controladores. Apesar de todas as boas intenções, podem ser excessivamente carentes. A lição deles na vida e no amor é aprender a equilibrar suas necessidades com as necessidades dos outros.

Alerta estelar!

O que excita o canceriano: um fundo de pensão confiável, sorvete, *chantilly* e... qualquer outro tipo de creme (de preferência espalhado pelo corpo todo!). Se for mulher, a preferência é por cuecas boxer, e não sungas. Os homens de Câncer apreciam os tops decotados, justinhos nos seios.

Caro astrólogo do sexo...

"Sou uma mulher de Câncer e acabei de fazer 30 anos —, contudo ainda não sou casada! Muitas das minhas amigas estão tendo filhos, e estou me sentindo deprimida e deixada para trás. Quero ter uma família, mas minha preocupação é nunca encontrar meu verdadeiro amor. Por favor, aconselhe-me."

Oh, meu Deus, canceriana! Trinta, e ainda solteira! Provavelmente, você deve sentir que isso é o fim do mundo. É típico dos cancerianos querer amor, família e segurança acima de tudo. Seu desafio, querida canceriana, é ser paciente. Você quer e precisa do parceiro certo, não um parceiro qualquer. Até lá, desfrute dos filhinhos de suas amigas — será uma boa prática para quando tiver os seus. E, canceriana... você os terá.

Escorpião: O Amante Misterioso

23 de outubro a 22 de novembro

Elemento: Água

Planeta regente: Plutão

Qualidade: Fixo

Energia: Feminina

Signos compatíveis: Água e Terra

Palavras-chave: Profundo, carismático, sexual

Cores: Vinho, preto

Gemas: Topázio, citrino

Zonas erógenas: Parte interna das coxas e órgãos genitais

Como reconhecer um escorpiano: Escorpiões viajam incógnitos — não querem ser reconhecidos! No entanto, isso não funciona; você sempre será capaz de distingui-los pela paixão e presença selvagem. Também os reconhecerá pelas feições pronunciadas, semelhantes a uma águia, e pelo olhar profundamente penetrante. Seu ar de sabedoria, e de conhecimento secreto, também é muitas vezes perturbador.

Escorpianos famosos: Whoopi Goldberg, Calista Flockhart, Ethan Hawke, príncipe Charles, Demi Moore, Julia Roberts, Leonardo DiCaprio, Martin Scorsese, Meg Ryan.

Tudo sobre Escorpião

O escorpiano pode ser descrito em três palavras: intenso, intenso e mais intenso! Regido por Plutão, o planeta que representa a transformação profunda, os Escorpiões desafiam você a pensar e evoluir de uma nova maneira. Esses amantes misteriosos são enigmáticos — cheios de curiosidade sexual, e com não menos fascínio!

Relações celestiais

Apesar de os astrônomos terem rebaixado Plutão, de planeta para planetoide, ou planeta-anão, sua significância na astrologia não mudou. Plutão ainda manda nos confins cósmicos, no que se refere a áreas da nossa vida que precisam ser transformadas.

Os Escorpiões são altamente carismáticos. Costumam ser bastante charmosos quando querem, e sua presença é sedutoramente hipnótica — até mesmo enfeitiçante! Escorpiões emitem uma aura de força e confiança, a qual — acrescida da intensidade deles — pode ser bastante poderosa. Geralmente provocadores, têm língua afiada e dizem as coisas tal como elas são. As palavras penetrantes do escorpiano ferem facilmente, e talvez magoem os sentimentos dos outros, mesmo sem intenção.

Os Escorpiões são excepcionalmente perceptivos. Têm detectores altamente sintonizados, e você perceberá que é praticamente impossível esconder algo deles. Por isso se tornam grandes detetives e terapeutas! Enxergam profundamente e querem penetrar no mais íntimo da nossa psique. Às vezes, deixam as pessoas nervosas por causa da sua capacidade de ler a mente delas e conhecer seus segredos — mesmo quando você não quer ser lido!

Ferozmente competitivos, os escorpianos gostam de vencer. Quando não conseguem do seu próprio jeito, podem se tornar desafiadores e agressivos. São inteligentes e frequentemente bem-sucedidos nos negócios. Furtivos e pacientemente tenazes, são grandes estrategistas. Igual aos grandes mestres do xadrez, cada movimento que fazem é calculado... e os três lances seguintes já estão aguardando na fila!

Escorpião no Amor e na Luxúria

Um Escorpião apaixonado é um sujeito impassível. É difícil interpretar esses amantes misteriosos ou saber o que realmente querem. Os escorpianos são como os notórios Dr. Jekyll e Mr. Hyde: num minuto estão em perseguição apaixonada e, no seguinte, tornam-se frios, distantes e retraídos.

Caro astrólogo do sexo...

"Estou saindo com uma mulher de Escorpião e ela está me deixando maluco com suas mensagens confusas. Partilhamos muita coisa e temos intensas conversas sobre tudo, desde basquetebol até espiritualidade, contudo sinto como se ela estivesse sempre tentando me seduzir! Embora tenhamos uma forte ligação física e o sexo seja surpreendente, depois da sedução, ela se torna distante."

Você está certo. O Escorpião sempre seduz de forma a ganhar e manter o controle. A cama é o local de poder e consequentemente onde eles se sentem mais no controle. Mas, se ela decidir confiar em você, você sentirá a mudança, de sedução para fazer amor. O sexo ainda será "surpreendente", mas se transformará em um encontro, em vez de um jogo de poder com o Amante Misterioso.

Apesar de os Escorpiões parecerem muito poderosos, no fundo são realmente muito sensíveis! Para eles, o conhecimento é igual ao poder — e, como uma forma de proteger o próprio coração, são cuidadosos quanto a se revelar. Os escorpianos têm dificuldade em ceder o controle, e você precisa ganhar a confiança deles antes que deixem você entrar. Costumam ser territoriais e possessivos no amor, e testarão você das formas mais variadas (inclusive jogos mentais). Embora o comportamento deles possa ser manipulador, na verdade é a maneira que têm de se manter seguros. Os Escorpiões sabem que, quando se apaixonam, é de um modo firme e profundo.

Você também precisa saber que o ciumento Escorpião não admite tranquilamente uma traição sexual ou afetiva, e procurará se vingar. Não há fúria pior do que a de um escorpiano traído.

Amantes cósmicos

James Bond, Batman e Sherlock Holmes poderiam ser amantes escorpianos. O que esses heróis sombrios têm em comum é o amor pelo mistério e pelo perigo.

Respire fundo! Sexo com um Escorpião será provavelmente pura paixão — crua e primitiva. É tão absorvente que, às vezes, eles esmagam o parceiro com a intensidade do seu desejo. Os Escorpiões esperam que você se entregue sem fingimento no quarto. Eles não se inibem e também não deixam que você os iniba. Costumam ser insistentes a fim de atender as próprias necessidades sexuais. É aí que os Escorpiões se sentem livres para explorar o próprio lado sombrio — e quanto a você, apenas use a imaginação!

Alguns escorpianos se empenham no sexo como um empreendimento espiritual. Para eles, o orgasmo não é apenas uma descarga sexual — é uma experiência mística! Talvez se dediquem ao tantra-yoga ou a outras disciplinas espirituais do sexo, como uma forma de canalizar suas energias sexuais mais elevadas por meio da ligação espiritual com o parceiro — e mesmo com o universo!

Em virtude de os Escorpiões serem passionais e intensos, as pessoas geralmente pensam neles como os maníacos sexuais do zodíaco! Porém, essa percepção raramente é verdadeira. Embora os escorpianos sejam muito sexuais, não são necessariamente promíscuos. Na situação e no relacionamento certo, são leais e monogâmicos.

A Refinada Arte da Sedução Astral: Escorpião

Nada é mais sensual para os Escorpiões do que o mistério — e a força. Necessitam de amantes que sejam profundamente eróticos e não tenham medo da própria paixão. Para seduzir o seu amante de Escorpião, você precisa deixá-lo curioso ao lhe mostrar seu próprio poder. Fazer-se de difícil também não fará mal: os escorpianos adoram perseguir o inatingível. Estratégia: a série completa dos DVDs de *Matrix*, uma coleção de objetos eróticos e um aviso de "Não perturbe!" na porta do quarto.

Relações celestiais

O que excita um escorpiano: amor secreto, mentes afiadas e corpos ávidos, pornografia, esmalte de unha preto, roupas de couro (muito couro!), venda nos olhos e a dramatização de fantasias sexuais — inclusive fingir que você é um estranho sensual em quem ele acabou de esbarrar!

O Melhor e o Pior dos Amantes de Escorpião

No seu melhor aspecto, seu amante de Escorpião estimulará você a explorar sua própria natureza emocional, sexual e espiritual. As percepções dele iluminam e são de uma sabedoria profunda. Um dos mais passionais amantes do zodíaco, o Escorpião preencherá as noites do parceiro com profundas — até mesmo místicas — relações sexuais. Quando os escorpianos conseguem obter nossa confiança, eles se tornam parceiros leais e amorosos.

No seu pior aspecto, seu amante de Escorpião desafiará você constantemente e acenderá seus sinais de alerta emocionais. Os escorpianos costumam ser vingativos e é frequente guardarem rancor. A falta de comunicação deles é tentadora: preferem ficar zangados e se sentirem incompreendidos a ter de falar de seus verdadeiros sentimentos. Ser o ouvinte das palavras ferinas de um escorpiano pode ser dolorido e magoar profundamente.

Peixes: O Amante Intuitivo

19 de fevereiro a 21 de março

Elemento: Água

Planeta regente: Netuno

Qualidade: Mutável

Energia: Feminina

Signos compatíveis: Água e Terra

Palavras-chave: Compassivo, impressionável, sacrificador

Cor: Verde-água

Gema: Água-marinha

Zonas erógenas: Pés, testa

Como reconhecer Peixes: Os piscianos têm uma constituição sonhadora e muitas vezes parecem perdidos no seu próprio mundo. Com frequência, dão a você uma dica da própria personalidade através da escolha dos sapatos. Chinelos graciosos ou botas de caminhada não enganam — o que você vê é o que obtém! O mesmo não pode ser dito sobre Peixes em outros aspectos. Eles têm olhos grandes e longas pestanas, mas é muito difícil ler o íntimo de suas almas.

Piscianos famosos: Bruce Willis, Drew Barrymore, Spike Lee, Elizabeth Taylor, Sharon Stone, Billy Crystal, Quincy Jones, Albert Einstein.

Tudo sobre Peixes

Os piscianos são almas românticas, intuitivas e poéticas. Têm uma grande imaginação e uma fantasia ativa. Criativos e artísticos, geralmente são visionários. No entanto... os piscianos prefeririam viver mais no belo mundo da fantasia do que enfrentar a realidade dura e fria. Quando a vida não combina com sua visão idealista, as lentes cor-de-rosa dos óculos do pisciano tornam-se azuis e ele resvala para o escapismo e a negação.

> **Relações celestiais**
>
> Regido pelo planeta Netuno — o deus mitológico dos mares —, os piscianos são esponjas do mar psíquicas e tendem a absorver tudo que ocorre ao seu redor.

Os piscianos não são ambiciosos demais. Na verdade, podem ser completamente preguiçosos! Não são guiados por desejos materiais e seu lema é “Ir a favor da maré”. São frequentemente chamados de “aéreos” porque nem sempre estão plantados no mundo real, nas atividades práticas do dia a dia. Enquanto vagueiam pela sua última aventura criativa, talvez não se lembrem de pagar as contas! Ficam muito felizes numa praia exótica, com um drinque na mão e sonhando acordado sobre o futuro.

> **Alerta estelar!**
>
> Os piscianos são notórios artistas do escapismo. Anseiam transcender a realidade ordinária e amam os estados alterados da consciência — portanto devem ficar atentos quanto a comportamentos que viciam.

Como todos os signos de Água, Peixes é guiado pelos sentimentos e tende à melancolia. No entanto, costuma ter boa índole e ser profundamente compassivo. É imensamente empático e generoso ao doar seu tempo e sua atenção. Os piscianos são os sacerdotes ou as altas sacerdotisas do zodíaco, oferecendo conselhos sensatos e espiritualizados, e cuidando dos necessitados. Essas almas antigas e sábias não se apressam a julgar. Entendem que há mais coisas neste mundo do que a maioria de nós jamais conhecerá.

Peixes no Amor e na Luxúria

Os piscianos apaixonados buscam o encantamento. Pense em Cinderela, uma provável pisciana, feliz em varrer cinzas e tecer fantasias românticas, enquanto seu príncipe não aparece para resgatá-la! A mensagem de Peixes é: "Por favor, resgate-me desta minha realidade triste e monótona!" Ele quer todos os acessórios do amor romântico e profundo — geralmente do tipo que vê nos seus filmes favoritos. No entanto, o amor não correspondido é um tema recorrente para ele. Peixes, no amor, frequentemente mira o inatingível!

Não obstante, quando encontram sua alma gêmea, os piscianos têm o dom do amor incondicional, enquanto ele durar. O romântico pisciano escreverá belos poemas para você, comporá uma canção de amor ou enviará e-mails românticos, falando de todas as possíveis coisas que vocês farão. Também tornam prioridade satisfazer todas as necessidades do parceiro. Os piscianos apaixonados costumam ser simbióticos. Algumas vezes sacrificam as próprias necessidades em favor das do parceiro. Os terapeutas têm um termo para esse comportamento: codependência!

Amantes cósmicos

A estrela de cinema Elizabeth Taylor é bem pisciana. Peixes se apaixona fácil e profundamente, mas nem sempre o amor dura: essa pisciana foi casada oito vezes!

Os piscianos são amantes muito atenciosos e, em geral, experientes. Esperam que você se entregue completamente... de corpo, mente e alma. Se você está querendo se unir a um deles, provavelmente achará a relação sexual uma experiência maravilhosa, transcendente — nos planos físico, emocional e também espiritual. As carícias dele tocarão você em seu âmago. O sexo com piscianos costuma ter até mesmo um efeito terapêutico, pois eles confortam você quanto aos seus medos mais profundos e o despertam para possibilidades sexuais ainda desconhecidas.

Caro astrólogo do sexo...

"Recentemente encontrei um pisciano *online*. A princípio, ele foi muito romântico e atencioso. Contudo, ultimamente sinto que está se tornando menos interessado. Por exemplo, ele insiste em manter seu perfil *online*, embora já estejamos namorando há vários meses."

Geralmente, no namoro e nos relacionamentos, os piscianos gostam mais da fantasia do que apreciar a realidade. Tome as rédeas da situação! Insista em que, se ele quiser continuar o namoro, precisa assumir um compromisso e abrir mão de outras possibilidades. Se ele não atender esse pedido, você saberá que é hora de seguir em frente — e você se livrará de muitos desapontamentos se cair fora imediatamente.

A vida sexual fantasiosa dos piscianos faria a maioria dos mortais se envergonhar — e algumas de suas histórias sexuais também o fariam! Talvez peçam a você para brincarem de jogos eróticos, e são especialmente sagazes no desempenho de papéis. Os piscianos raramente ficam chocados e acompanham qualquer fantasia do parceiro. No entanto, pode haver ocasiões em que você sente que seu amante de Peixes está usando o sexo como fuga ou então está imaginando outra pessoa na cama com ele! Alguns piscianos usam o sexo como uma maneira de fugir da realidade, assim como fazem com o álcool e as drogas.

Relações celestiais

O que excita um pisciano: voyeurismo, espelhos, natureza artística, nus fotográficos e uma grande quantidade de fantasia. Fetiche relacionado a sapatos e pés não está descartado!

A Refinada Arte da Sedução Astral: Peixes

Os piscianos são sedutores gentis; têm um jeito de se infiltrar silenciosamente sob nossa pele. Adoram ser seduzidos e se deleitarão com a atenção romântica que você lhes dedica e a fórmula mágica que lança sobre eles. "Romance" e "magia" são as palavras-chave de Peixes. Eles apreciam as nuances sutis da sedução. Conte-lhes suas mágoas e sussurre seus sonhos nos ouvidos desejosos dos piscianos. Experimente ler poesias de amor para eles ou tocar música romântica, e eles cairão avidamente sob o seu encanto sexual. Estratégia: luzes suaves de vela, a *Paixão Segundo São Mateus*, de Bach, coquetéis exóticos – e deixe as suas inibições do lado de fora do quarto!

O Melhor e o Pior dos Amantes de Peixes

No seu melhor aspecto, os piscianos são compassivos, amorosos e não fazem julgamentos. Eles encorajam você a atingir os seus mais elevados sonhos, trazem mágica para a sua vida cotidiana e inspiram visões criativas. A capacidade de Peixes de amar incondicionalmente tem um efeito curador, e você vai florescer sob a atenção devotada e cuidadosa deles.

No pior aspecto, os amantes de Peixes são hesitantes e cheios de contradições emocionais. Podem também ter um comportamento passivo-agressivo, relacionado à expressão de suas necessidades. A necessidade que têm de escapar da realidade, seja de que forma for, pode ser um obstáculo e fazer você se sentir pouco especial. Talvez você também se canse do fato de eles bancarem a vítima, em vez de lidarem com os próprios problemas. A lição de Peixes na vida e no amor é aprender a plantar seus sonhos na realidade.

O Mínimo que Você Precisa Saber

- Os signos de Água são Câncer, Escorpião e Peixes.
- O canceriano carinhoso procura segurança no longo prazo.
- O escorpiano misterioso busca a intensidade.
- O pisciano intuitivo busca a transcendência.

Capítulo 5

Os Signos Solares e os Ascendentes de Terra

Neste Capítulo

- Touro, Virgem e Capricórnio são os signos de Terra
- O sensual Touro
- O perspicaz Virgem
- O sério Capricórnio, a Cabra

Os signos de Terra se movem lentamente e não gostam de ser apressados — o que é muito atraente quando se trata de sexo! Contudo, quando se refere a outras áreas da vida, isso pode ser muito frustrante! Os signos de Terra são estáveis, práticos e voltados para a segurança. Também são amantes extremamente táteis e sensuais (humm!). Nos relacionamentos, costumam ser ótimos parceiros e amigos; ficam junto com você haja o que houver. Os signos de Terra procuram relacionamentos de longo prazo em que possam se assentar e ficar à vontade.

Touro: O Amante Sensual

20 de abril a 21 de maio

Elemento: Terra

Planeta regente: Vênus

Qualidade: Fixo

Energia: Feminina

Signos compatíveis: Terra e Água

Palavras-chave: Estável, determinado, teimoso

Cor: Verde

Gema: Esmeralda

Zonas erógenas: Pescoço e garganta

Como reconhecer um taurino: Repare na famosa falta de graciosidade do Touro à medida que ele cambaleia desajeitadamente para dentro de um aposento. Os taurinos têm o corpo sólido e abundância de cabelos, embora não necessariamente na cabeça! As taurinas têm corpo curvilíneo — um reflexo da influência de Vênus, que simboliza a beleza.

Ambos os sexos tendem à preguiça, especialmente quando se trata de exercitar o corpo — e sua compleição física demonstra isso.

Taurinos famosos: George Clooney, Audrey Hepburn, Cher, Barbra Streisand, Jerry Seinfeld, Michelle Pfeiffer, Jack Nicholson, Uma Thurman, Gary Cooper.

Tudo sobre Touro

Os taurinos habitam seu próprio fuso horário astrológico — em uma palavra, "lentos"! São conservadores em sua abordagem à vida e não gostam de despender energia desnecessária. Por que correr? Os Touros preferem desfrutar a vida. Mas não significa que sejam indiferentes ao sucesso — longe disso! A determinação e a perseverança dos taurinos fazem com que eles sobrepujem muito provavelmente os rivais mais velozes, e ganhem o jogo... e a nossa afeição!

> **Alerta estelar!**
>
> Embora pacientes e razoáveis, os Touros não gostam de ser pressionados. Tente obrigá-los a fazer alguma coisa que eles não queiram, e você esbarrará na famosa teimosia taurina!

Touro é um signo de Terra e está intimamente alinhado com a natureza. Em geral, os taurinos têm afinidade com animais pequenos e grandes, com jardinagem, com comidas orgânicas e também com a produção de vinhos. Não resistem à tentação quando se trata de boa comida. Frequentemente são *gourmets* e é típico deles gostar tanto de cozinhar quanto de comer. A despeito de sua forma ou tamanho, os Touros celebram o próprio corpo e tratam dele como um templo — sempre digno de veneração! Geralmente se sentem à vontade ao natural e não é incomum encontrá-los circulando despidos — na privacidade de suas próprias casas, é claro!

Regido por Vênus — o planeta do amor e da beleza —, o signo de Touro tende a se cercar de coisas bonitas. Esses amantes sensuais gostam de gastar dinheiro e não hesitam em ser indulgentes consigo mesmos na luxúria, que sentem merecer. Para os taurinos, desfrutar as riquezas da vida se traduz normalmente em adquirir o que o dinheiro pode proporcionar de melhor — às vezes, a ponto de se excederem.

Os taurinos adoram construir impérios e costumam ser muito bem-sucedidos nos negócios. Porém, é na companhia da família e dos amigos que ficam mais contentes. A comunidade é importante para o Touro. Geralmente, você vai encontrá-los em um papel de liderança, aconselhando e apoiando aos outros – seja na igreja, na escola ou na Associação Cristã de Moços local.

Relações celestiais

Os taurinos são altamente musicais e costumam ter belas vozes. Adoram cantar — seja no coro local ou no chuveiro — e talvez toquem diversos instrumentos musicais. Seu gosto musical tende ao clássico.

Touro no Amor e na Luxúria

Touro, no amor, é tudo ou nada. Em virtude de os taurinos se moverem lentamente, pode parecer que levam um bom tempo para escolher um potencial parceiro no amor. Porém, na realidade, em geral se apaixonam à primeira vista! Não é que sejam superficiais — de fato, não são —, mas sabem que podem confiar nos próprios instintos. No entanto, talvez levem algum tempo, o doce tempo taurino, para encaixar você na vida deles! E uma vez tendo escolhido o parceiro, um taurino preferirá se unir a ele para a vida toda. No zodíaco, os taurinos estão entre os amantes mais leais e devotados.

Relações celestiais

O que excita um taurino: beijos profundamente penetrantes, pele nua sobre pele nua, muito toque, velas perfumadas, massagens sensuais, dormir junto e café na cama.

Os estoicos Touros não se exaltam facilmente nem lidam bem com as complicações emocionais. O excesso de drama no relacionamento faz com que se sintam extremamente desconfortáveis, e raramente participam da agitação. Também não é da natureza taurina "destrinchar as coisas". Na verdade, eles não são muito bons na comunicação de seus sentimentos mais profundos. Mas aceitam você como você é, sem fingimento ou exibição, e geralmente sem restrições. E esperam o mesmo de você.

Como todos os signos de Terra, os taurinos são muito físicos. Tradução: gostam de fazer sexo — e muito! Os voluptuosos taurinos são táteis e muito sensuais. São também muito sensíveis a todos os estímulos sensoriais — paladar, audição, visão, olfato e, especialmente, tato. Adoram tanto acariciar quanto ser acariciados. O sexo com um taurino costuma ser lento e demorado, e provavelmente vai levar a noite inteira! Mais tarde, gostam também de se aconchegar, conforme a fogueira da relação sexual vai virando brasa.

Caro astrólogo do sexo...

"Sou um taurino divorciado e pai (em meio período) de duas adolescentes. Gostaria de me casar novamente, mas sempre me frustro na minha busca pela Parceira Ideal. Minha situação de pai parece desencorajar a maioria das moças que tenho encontrado. Alguma sugestão?"

Você está namorando as mulheres erradas, taurino! Existem muitas mulheres por aí que adorariam fazer parte da sua família. Procure suas pretendentes pelo signo solar delas. Você provavelmente encontrará o sucesso e a felicidade com uma mulher que ame o lar e a casa tanto quanto você. Outra taurina, uma capricorniana ou uma canceriana muito provavelmente aceitarão você — e suas filhas. Sua famosa perseverança colocará você no lugar certo na sua busca!

Embora sejam passionais na cama, os taurinos costumam não se interessar por nada sexualmente aventureiro. Talvez desejem tentar uma brincadeirinha de vez em quando, mas preferem se ater a rotinas confortáveis. Contudo, o sexo taurino, deliciosamente lento e sensual, mostrará a você que essas rotinas podem ser profundamente satisfatórias!

Amantes cósmicos

Seja homem ou mulher, o taurino é do tipo forte e silencioso. Como o sensual taurino George Clooney, a discrição calma e a latente sensualidade tornam os taurinos irresistíveis!

A Refinada Arte da Sedução Astral: Touro

Os taurinos não querem ser apressados na cama e gostam de sedução total. Um "algo mais" é permitir que sejam lentos e deliberados em sua busca. As preliminares do sexo e a atenção que você der ao estimular cada um dos sentidos de um taurino também funcionam muito bem. Estratégia: um pouco de vinho ou chocolate, para o paladar; perfume, loção pós-barba e velas aromáticas, para o olfato; música suave, para seus ouvidos sensíveis; lençóis de seda e pele nua e quente, para o tato; e você com seu corpo desnudo, para despertar completamente a libido dele.

O Melhor e o Pior dos Amantes de Touro

No seu melhor aspecto, seu amante taurino será uma força objetiva e estabilizadora na sua vida. Os Touros se deleitam nos relacionamentos fortes e são parceiros extremamente leais. Eles permanecem ao lado do parceiro. São generosos em relação ao próprio tempo, dinheiro e apoio. Vocês terão muitas noites de amor sensual... e muito mais aconchego depois!

No pior aspecto, os taurinos costumam ser passivos, lentos e até enfadonhos! São teimosos e resistentes quando se trata de falar sobre as próprias necessidades. Assim como o proverbial touro dentro de uma loja de porcelanas, os taurinos não têm refinamento ao lidar com os sentimentos mais profundos do parceiro. A lição de Touro na vida e no amor é aprender a ser mais sensível às necessidades dos outros.

Virgem: O Amante Perspicaz

22 de agosto a 22 de setembro

Elemento: Terra

Planeta regente: Mercúrio

Qualidade: Mutável

Energia: Feminina

Signos compatíveis: Terra e Água

Palavras-chave: Eficiente, preciso, solícito

Cor: Azul

Gema: Safira

Zonas erógenas: Região do estômago, parte inferior das costas, parte interna das coxas.

Como reconhecer Virgem: Se um estranho lhe oferece um lenço de papel quando você está com o nariz escorrendo ou uma aspirina para a sua dor de cabeça, você provavelmente encontrou um virginiano. As pessoas de Virgem vêm bem preparadas para qualquer emergência. São meticulosas com a própria aparência, desde a echarpe que combina perfeitamente com a cor dos olhos até os sapatos bem engraxados! Fisicamente, os homens virginianos tendem a ter um corpo magro, enquanto as mulheres têm um corpo cheio de curvas.

Virginianos famosos: Beyoncé, Adam Sandler, Sophia Loren, Keanu Reeves, Greta Garbo, Sean Connery, Ingrid Bergman, Bill Murray, Virginia Madsen.

Tudo sobre Virgem

Os virginianos desejam uma vida bem ordenada. São notórios perfeccionistas — e se preocupam com ninharias! Não conseguem se conter: é da natureza deles colocar pingos nos "ii" e cortar cada "t". Ao mesmo tempo, são parceiros prestativos e incentivadores. Querem que você seja bem-sucedido e dão o melhor de si para tentar ajudar você a alcançar uma vida bem ordenada, também!

Regidos pelo planeta Mercúrio (que representa a mente), os virginianos são altamente intelectuais e têm a necessidade de analisar tudo à sua volta. E são brilhantes na resolução de problemas. É para eles que você deve se voltar quando se trata de resolver o que fazer da sua vida ou como resolver os seus maiores dilemas. Porém, cuidado: os virginianos não só criticam como julgam, e ficam aborrecidos se você não levar a sério os conselhos deles.

Relações celestiais

Não entenda o termo "Virgem" de modo muito literal! Os virginianos têm uma natureza sexual forte. O aspecto virginal desse signo é sua abertura para uma maior sabedoria e para as experiências de vida.

A despeito dos seus modos críticos, os virginianos são sensíveis e deixam facilmente que seus sentimentos sejam feridos. São pessoas de bom coração e compreensivas com os mais necessitados. Os virginianos se realizam servindo e, com frequência, você vai encontrá-los como voluntários em alguma obra de caridade das vizinhanças. Arregaçam as mangas e trabalham arduamente sem qualquer reclamação! Sim, pode haver um toque de mártir na sua atitude solícita. Assim como Madre Teresa — do signo de Virgem —, às vezes os virginianos têm o desejo secreto de ser santos.

Os virginianos tendem a ser excessivamente preocupados — quer seja com o destino do planeta Terra ou com o valor nutricional do próprio almoço! Meticulosos para com as falhas, os virginianos fazem listas intermináveis como uma forma de se sentir no controle em todos os aspectos de suas vidas. São práticos e geralmente bastante frugais, no entanto adoram as coisas refinadas da vida. Porém, seu gosto é criterioso e suas indulgências tendem para o que é útil: conjunto de panelas de primeira linha ou um carro novo para substituir um modelo obsoleto.

Caro astrólogo do sexo...

"Tenho saído com uma virginiana e gosto realmente dela. De fato, penso que estou ficando apaixonado. Ela é sensual, inteligente e muito organizada. E este é o problema – eu sou meio relaxado. Fico apavorado só em pensar que ela venha à minha casa, pois a bagunça é grande. Você acha que há alguma esperança para nós?"

Acredite ou não, você pode justamente fazer com que o sonho da sua virginiana se realize! Esse signo adora perturbar os outros. Na verdade, é a sua forma de mostrar amor. Ela pode ser crítica no início, mas dê-lhe liberdade total para organizar o seu guarda-roupa — e esse relacionamento pode vir a ser uma parceria amorosa duradoura!

Virgem no Amor e na Luxúria

Os virginianos são cautelosos e extremamente reservados no amor e nos seus relacionamentos sexuais. Esses amantes perspicazes estudam todas as possibilidades do relacionamento e as consequências de suas escolhas. Espere que eles coloquem você na linha. Talvez façam muitas perguntas sobre você ou seus atos. Pode ser que, às vezes, você se sinta como se estivesse numa entrevista de emprego, e não num encontro amoroso! Mas não se deixe enganar. Atormentar você é em geral uma cortina de fumaça protetora atrás da qual os virginianos se escondem e escondem seus desejos mais profundos. Até mesmo quando estão comprometidos e apaixonados, os virginianos não expressam abertamente os seus sentimentos.

Alerta estelar!

Higiene perfeita, especialmente na cama, é importante para o virginiano. São hipersensíveis quanto à própria saúde e talvez até flertem com a hipocondria.

Amantes cósmicos

O virginiano é a mãe-Terra, ou o pai-Terra, que deseja nutrir os desejos mais profundos do parceiro. Se você duvida, olhe para a virginiana Sophia Loren. Essa mãe-Terra personifica os modos sensuais e adoráveis do signo de Virgem.

Pobres virginianos! Muitas vezes são vistos como sexualmente meticulosos ou mesmo puritanos. Embora tenham a reputação de ser ansiosos, essa característica raramente aparece na cama! Como todos os signos de Terra, eles são guiados pelos aspectos físicos e são profundamente sensuais. Talvez gostem de brincar de ser o bom menino, ou a boa menina, mas os virginianos não querem nada mais do que se render aos próprios desejos sexuais. De fato, quando os aparentemente modestos virginianos se entregam, são muito apaixonados!

Assim como são emocionalmente cautelosos, os virginianos, de início, podem ser reservados para expressar suas necessidades sexuais. Frequentemente têm muitas fantasias secretas sobre o amante ideal. Porém, quando essas fantasias se tornam realidade, eles costumam ficar tímidos, com a língua presa e um pouco exaltados! Por meio da relação sexual, eles podem escapar de suas mentes e entrar em seus próprios corpos. De fato, o sexo é uma maneira de eles descarregarem sua abundante energia nervosa. Uma vez que estejam à vontade com seus parceiros, o legendário refinamento sexual dos virginianos aflora e eles tornam-se amantes extremamente perceptíveis.

Os zelosos virginianos oferecem uma bela recompensa no quarto de dormir. Há combinação melhor do que amante sensual e perfeccionista? Certamente, todas as necessidades que você tiver serão atendidas! Apesar de todas as suas complicações, os virginianos são amantes generosos e calorosos. São parceiros monogâmicos e não toleram a infidelidade.

A Refinada Arte da Sedução Astral: Virgem

Embora os virginianos não admitam, na verdade querem ser seduzidos! Raramente tomam a iniciativa, de modo que cabe a você fazer o papel de sedutor. Você também terá de negociar algumas das complicações deles — isto é, mensagens confusas acerca do que querem (por um lado, render-se; por outro, o desejo de fazê-lo de maneira segura). Estratégia: planeje um encontro para vocês examinarem alguns documentos históricos na biblioteca, use óculos para parecer mais sério e, quando o virginiano menos esperar... envolva-o num beijo profundo e duradouro. O resto da história tem a ver com fazer amor!

O Melhor e o Pior dos Amantes de Virgem

No seu melhor aspecto, o amante de Virgem será um parceiro generoso e amoroso. Ajudará você a fazer uma sintonia fina dos detalhes da sua vida, e o colocará nos trilhos em todos os aspectos, desde as finanças até a rotina de cuidados com a saúde. Essa mãe-Terra, ou pai-Terra, preparará uma canja de galinha quando você estiver doente e permanecerá ao seu lado, a despeito das dificuldades ou problemas. Também será um amante atencioso e carinhoso!

No pior aspecto, o amante de Virgem é um detalhista. Até mesmo os modos amáveis de Virgem costumam ser exigentes, e talvez você se pegue revirando os olhos e dizendo: "Calma, meu bem!". A necessidade que eles têm de estar no controle e não correr riscos também pode ser frustrante. Seu amante virginiano talvez seja também hipersensível, e haverá ocasiões em que você não saberá o que esperar. A lição do virginiano na vida e no amor é aprender a relaxar, desfrutar e deixar fluir!

Relações celestiais

O que excita um virginiano: mentes criteriosas, monogamia, posição "papai e mamãe", brincar de submissão e de entrega, falar das fantasias e desejos secretos, e... muita higiene!

Capricórnio, a Cabra: O Amante Sério

22 de dezembro a 21 de janeiro

Elemento: Terra

Planeta regente: Saturno

Qualidade: Cardinal

Energia: Masculina

Signos compatíveis: Terra e Água

Palavras-chave: Prático, ambicioso, disciplinado

Cores: Vermelho escuro e marrom

Gema: Granada

Zonas erógenas: Costas, coluna vertebral e joelhos

Como reconhecer um capricorniano: As Cabras comandam naturalmente qualquer ambiente com sua atitude confiante, determinada e controladora. Seu corpo é magro e firme, e as feições são fortes. Adoram exercitar o corpo e a mente: são aqueles que ficam lendo o jornal enquanto caminham na esteira ergométrica! Embora os capricornianos tenham aparentemente pouco tempo para a vaidade ou para se ocupar com o vestuário, costumam ser vaidosos quanto à aparência — especialmente do corpo. Mas não espere que eles admitam isso!

Capricornianos famosos: Nicolas Cage, Jim Carrey, Diane Keaton, David Bowie, Elvis Presley, Faye Dunaway, Howard Stern, Dolly Parton, Cary Grant.

Tudo sobre Capricórnio

As Cabras são fortes e estoicas, extremamente práticas e sua abordagem da vida não admite tolices. Têm personalidade forte e gostam de estar por cima e no controle. Embora normalmente reservadas — dificilmente você as verá dançando em cima de uma mesa —, são criaturas muito sexuais e se tornam parceiras estáveis e confiáveis.

O símbolo de Capricórnio é a cabra — uma metáfora, pelo fato de ela subir a montanha lenta e cautelosamente, um passo seguro de cada vez, bem apoiado nos cascos. Os ambiciosos capricornianos são voltados para a carreira, embora raramente atinjam o sucesso de um dia para o outro. Eles trabalham arduamente para alcançar sua realização. São orientados para objetivos e disciplinados quanto a atingir os seus sonhos. Sua arma secreta — e maior virtude — é a paciência suprema.

Os capricornianos se concentram geralmente nas aparências externas, e sua reputação é muito importante para eles. Tendem a ser conservadores, por natureza, e raramente chegam a extremos. Os capricornianos são com frequência alpinistas sociais e gostam de impressionar os outros com seu bom-senso para os negócios. A segurança financeira também é seu foco central. As Cabras são frugais — alguns diriam até avarentas — e investem muito cuidadosamente. Serão donas de suas próprias moradias, e suas posses — mesmo aquelas destinadas a impressionar — serão práticas, e não frívolas.

> **Alerta estelar!**
>
> Capricórnio é regido por Saturno, o planeta que representa as estruturas e os limites. Para esses amantes sérios sobra pouco tempo para o divertimento e as frivolidades. Os capricornianos talvez precisem ser lembrados de que tanto trabalho e nenhum divertimento podem torná-los muito enfadonhos.

Os capricornianos gostam de jogar de acordo com as regras. Embora costumem ser chefes duros, tendem a ser mais severos consigo mesmos. Aqueles que nasceram sob esse signo quase sempre têm um ar natural de autoridade. As Cabras no papel de liderança, em geral, dão o melhor de si e se superam. É aí que a natureza generosa dos capricornianos aflora, especialmente quando se trata de ajudar e inspirar os outros a alcançar os próprios objetivos.

Capricórnio no Amor e na Luxúria

Pragmático na vida e no amor, o capricorniano não é um amante espontâneo. Também não é muito romântico! Raramente é efusivo: não fala abertamente de seus sentimentos e não é excessivo nas suas demonstrações. Seja homem ou mulher, não escreve poemas de amor nem surpreende você com uma estonteante viagem a Paris — a menos que coincida com uma viagem de negócios! Mesmo no amor, ele tende a ser emocionalmente reservado.

Os capricornianos querem parceiros que compartilhem sua necessidade de equilíbrio e controle. Apreciam a força e a modéstia, e também quem é sério quanto à própria vida e carreira. Secretamente, contudo, as Cabras têm uma afinidade com a beleza física. Também apreciam a abertura sexual — e até mesmo a coragem. Apesar de não se entregarem livremente, gostam de elogios e não são imunes à adulação. De fato, vão regalar-se com os elogios que você fizer!

Amantes cósmicos

O garboso ator de cinema Cary Grant, como muitos capricornianos, passa a impressão de perpetuamente sereno e no controle. Contudo, eles também têm um lado tolo! Divertem-se com palhaçadas e provavelmente têm também um senso de humor bastante seco — ou então sexualmente atrevido.

Quando encontram seu amante certo, os capricornianos tornam-se calmos e ponderados em sua atividade. Dizer que, no amor, as Cabras são obstinadas é falar pela metade! Correm atrás do que querem e raramente são atiradas para fora da trilha por algum obstáculo — mesmo se o objeto de sua afeição ficar indiferente, de início. Os capricornianos são tradicionalistas em seus compromissos e gostam de parcerias seguras.

No filme *Uma Secretária de Futuro*, a personagem Tess McGill pergunta: "Tenho cabeça para negócios

Relações celestiais

Capricórnio está associado ao deus pagão Pã, com seus cascos e chifres. Diz-se que os sons da flauta de Pã enfeitiçam os seres humanos, fazendo com que cedam aos próprios desejos e necessidades básicas. Pã/Capricórnio reflete o lado libidinoso e sexual da Cabra.

e corpo para pecar. Há algo de errado com isso?". Ela deve ser capricorniana! Quando você está com um capricorniano no quarto, pode ver que a reserva deles cai por terra e a notória cabra atrevida aparece. Nada choca realmente um capricorniano — em geral, quando você está indo, eles já foram e já voltaram! Muitos estiveram próximos ao bloqueio sexual uma ou duas vezes, e geralmente trazem para o quarto de dormir mais do que uma quantidade razoável de perícia.

Caro astrólogo do sexo...

"Sou capricorniana e trabalhei arduamente para alcançar minha posição bem-sucedida de executiva em uma empresa. Estou saindo com um homem que é menos bem-sucedido do que eu, embora seja um trabalhador incansável — para dizer francamente: ele é mecânico! Tenho certeza de que ganho mais dinheiro do que ele, e não sei se meus amigos respeitariam o trabalho dele. Você acha que eu posso ser feliz nesse relacionamento?"

Hum, hum, capricorniana. Sua identificação com a carreira e sua posição financeira e social, típicas de Capricórnio, podem interferir no caminho para o verdadeiro amor. Vocês dois trabalham arduamente e ambas as carreiras são dignas de respeito! Deixe um pouco de lado a sua carreira atarefada e dê uma chance a esse relacionamento!

Assim como todos os signos de Terra, o Capricórnio é sensual, tátil e sintonizado com seus sentidos físicos mais profundos. A relação sexual com esse signo tende a ser apaixonada e intensamente física. Geralmente, os capricornianos têm como meta satisfazer todos os nossos desejos sexuais e insistem que também atendamos às necessidades sexuais deles. Fazem aflorar o seu lado animal, encorajando você a ser você mesmo e correr atrás do que quer na cama. Também a resistência sexual do capricorniano é lendária! Uau! É preciso dizer mais?

A Refinada Arte da Sedução Astral: Capricórnio

Não subestime a aparência séria dos capricornianos. São criaturas muito sexuais! Para vencer o exterior algumas vezes resistente de seu amante de Capricórnio, atice-o com a sua reservada, embora irrestrita, sexualidade! As Cabras adoram elogios, especialmente a respeito do seu jeito para os negócios. Também se deleitam com um senso de humor direto e flertam com toques sexuais

Relações celestiais

O que excita o capricorniano: físicos insinuantes, dramatizações, uniformes, executivos, doutores e bibliotecários. O homem capricorniano se excita com saltos altos, cinta-liga e espartilho. Para as mulheres, camisa branca engomada e um corpo rijo e teso por baixo.

lascivos. Estratégia: programe uma "reunião de negócios" em sua casa, abra um vinho e vá desnudo abrir-lhe a porta.

O Melhor e o Pior dos Amantes de Capricórnio

No seu melhor aspecto, seu amante de Capricórnio será um parceiro estável e incentivador, digno de seu amor e respeito. Ele vai respeitar e encorajar você a atingir suas metas pessoais e profissionais. Emocionalmente equilibrado, com seu amor estável, esse amante dará a você um chão firme onde pisar e preencherá todas as suas necessidades sexuais. Uma vez compromissado, o capricorniano costuma permanecer a vida toda ao lado do parceiro!

No seu pior aspecto, seu companheiro de Capricórnio será emocionalmente avarento e controlador. Também pode ser absolutamente enfadonho! A necessidade do amante capricorniano de sempre querer jogar segundo as regras pode ser tediosa e talvez você se sinta ignorado por causa da idolatria dele pelo trabalho — 24 horas por dia, sete dias por semana. A lição de Capricórnio na vida e no amor é equilibrar o trabalho com o divertimento.

O Mínimo que Você Precisa Saber

- Os signos da Terra são Touro, Virgem e Capricórnio.
- O sensual taurino busca o conforto e o calor da família.
- O perspicaz virginiano busca a ordem e a segurança.
- O sério capricorniano busca a estabilidade e o sexo.

Capítulo 6

Descubra os Desejos do Coração: Como o Sol e o Ascendente de cada Parceiro se Alinham com os do Outro

Neste Capítulo

- Fogo com Fogo, ou com Ar, estão sexualmente sintonizados
- Fogo com Terra, ou com Água, não se misturam facilmente
- Água com Água, ou com Terra, são sexualmente sublimes
- Ar com Terra, ou com Água, pode ser um desafio

Você conhece o seu signo solar; agora é hora de ver como ele se alinha com o do seu amante! Juntamos aqui os signos do zodíaco para que você possa ver como vocês se afinam no amor, no sexo e no relacionamento. Compreender como seu signo solar e seu Ascendente se combinam — ou não — vai ajudar você a descobrir o amante certo que satisfaça os desejos do seu coração (e as suas necessidades físicas também, pois cada signo tem os próprios desejos e vontades sexuais!).

Essas ligações são fundamentais para a compatibilidade do seu relacionamento, e oferecem importantes percepções sobre você mesmo, seu amante e o que vocês experimentam juntos na vida — e na cama. Você também será capaz de determinar se é mais provável sua ligação ser uma luxúria passageira ou estar destinada à longevidade!

Quando Fogo encontra Fogo

Juntos, dois signos de Fogo estão sexualmente em sincronia. Ao mesmo tempo, os signos de Fogo estão comprometidos consigo mesmos — e, quando juntos, podem ser altamente inflamáveis! Embora também haja, com certeza, muita paixão, grande parte desse fogo pode se extinguir rapidamente. Os relacionamentos entre signos de Fogo costumam ser difíceis de sustentar, e as ligações duradouras dependem da vontade de vocês de fazerem algumas concessões.

Entre **Áries e Áries**, o sexo é agressivo e urgente para ambos porque eles são ótimos amigos e amantes apaixonados. No entanto, talvez deem cabeçadas na hora de determinar quem terá as necessidades atendidas em primeiro lugar.

> **Amantes cósmicos**
>
> Como em muitos signos de Fogo, o casal de astros do cinema Ben Affleck, leonino, e Jennifer Garner, ariana, partilham o amor por filmes de ação e por bancar os super-heróis!

Entre **Áries e Leão**, é pura paixão animal. Embora ambos sejam impetuosamente leais, haverá momentos em que vocês competem por atenção e tentam sobrepujar um ao outro.

Há um amor cósmico e uma combinação sexual entre **Áries e Sagitário** — sem mencionar que é uma grande festa! Vocês conquistam um ao outro, particularmente no que diz respeito à necessidade mútua de independência.

Drama sexual e de relacionamento define **Leão e Leão**. Voam faíscas, mas vocês precisarão controlar seus egos já na entrada do quarto.

É a luxúria que encontra a luxúria, entre **Leão e Sagitário**. Nenhum de vocês se esconde sexualmente, e haverá fogos de artifício à medida que vocês exploram mútua e voluntariamente seus lados selvagens. Esse relacionamento é feito para durar.

> **Alerta estelar!**
>
> Relacionamentos do mesmo signo podem funcionar, dependendo do signo e do elemento. Apesar da sexualidade de Fogo, dois arianos, dois leoninos ou dois sagitarianos têm egos fortes e podem acabar competindo. A chave nesses relacionamentos é um respeitar as necessidades do outro.

Entre **Sagitário e Sagitário**, o sexo é entusiástico, descomplicado e há basicamente muito divertimento! Com ambas as agendas lotadas, porém, talvez vocês tenham de se contentar com sexo por telefone!

Quando Fogo encontra Ar

Os signos de Fogo e de Ar procuram excitação sexual e oportunidades de aprender e experimentar. Esses dois elementos se encontram em cada passo do caminho quando se trata de divertimento e criatividade na cama. Também são altamente criativos quando se trata de evitar compromissos! Esperem muito drama, à medida que Ar sopra as chamas dos mais profundos desejos de Fogo.

É um furacão o romance entre **Áries e Gêmeos**. Vocês estão sexualmente sintonizados quanto à experimentação e à necessidade de independência. Vai durar? Muito possivelmente.

Entre **Áries e Libra**, é amor à primeira vista. Áries é o agressor sexual, e a romântica Libra adora ser perseguida. Funciona — e divirtam-se!

O sexo é selvagem e hilariante entre **Áries e Aquário**. Vocês estão em busca de maior liberdade sexual e independência. Esse encontro de amor está destinado a durar.

Leão adora drama e Gêmeos só fica feliz quando traz isso à tona. O desejo circula a toda entre **Leão e Gêmeos**. Vocês formam uma parceria sexual dinâmica e excitante.

Os românticos **Leão e Libra** partilham o amor dentro de um relacionamento. Vocês são felizes por preencher as necessidades sexuais um do outro. Ousamos dizer: "Destino?"

Aquário traz à tona a excentricidade sexual de Leão; Leão acende o fogo escondido de Aquário. Juntos, **Leão e Aquário** encontram geralmente o equilíbrio certo no relacionamento.

Amantes da liberdade, **Sagitário e Gêmeos** gostam de correr riscos sexuais. Seus olhos se encontram ao cruzar a multidão... e o resto é história. É um encaixe cósmico total.

Sagitário fica curioso com a sofisticação de Libra; Libra se encanta com o mundanismo de Sagitário. O que começa como um caso ardente entre **Sagitário e Libra** pode, muito rapidamente, tornar-se bastante sério.

Sagitário e Aquário respeitam a necessidade de liberdade sexual um do outro. Esse é um casal cósmico, pois vocês se vinculam na busca por um maior significado na vida.

Quando Fogo encontra Água

Imagine fogos de artifício incandescentes debaixo de uma chuva forte e você terá um quadro dos signos de Fogo e de Água juntos. O Fogo acha que as maneiras sensíveis e emotivas da Água encharcam sua chama sexual. Por sua vez, a Água se evapora com a arrogância e a falta de nutrição emocional de Fogo. É preciso muita paciência e compreensão para fazer essa combinação funcionar.

> **Amantes cósmicos**
>
> O sagitariano Brad Pitt e a geminiana Angelina Jolie têm astros que estão bem alinhados quando se trata de excitação e aventura sexual. Mas, como são dois signos cautelosos com os compromissos, não se sabe se isso vai durar.

Embora Áries possa inspirar, durante um tempo, o lado malcriado de Câncer, **Áries e Câncer** raramente vão ficar juntos. Os cancerianos precisam de mais segurança do que a que Áries está disposto a oferecer.

O sexo é desinibido entre **Áries e Escorpião**. No entanto, costuma acabar rápido — e assim é qualquer relacionamento em potencial! Enfim, vocês são muito teimosos para isso funcionar.

> **Caro astrólogo do sexo...**
>
> "Sou uma ariana apaixonada por um homem de Escorpião. Temos uma ótima relação sexual, mas também discutimos — e muito! Tenho a impressão de que ele está competindo comigo e tentando controlar nosso relacionamento. Devo continuar ou cair fora?"
>
> É verdade que você possa ter uma relação sexual intensa com seu amante de Escorpião, ariana. Porém você vai descobrir que vocês dois são muito controladores para que um possa fazer o outro verdadeiramente feliz. Você gosta de estar no comando e é impaciente quanto a resultados; seu Escorpião também gosta de se sentir poderoso e no controle, e leva muito tempo para se sentir protegido e seguro. Então, caia fora!

O romântico Peixes diz: "Você ainda me amará amanhã?" O teimoso Áries responde: "Que importância isso tem... vamos em frente!" **Áries e Peixes**, juntos, é um fracasso sexual.

Há pouca atração entre **Leão e Câncer**. Se, porém, vocês se unirem, um vai ficar pisoteando as sensibilidades do outro.

> **Amantes cósmicos**
>
> A sagitariana Katie Holmes e seu marido Tom Cruise, um canceriano, formam um par perfeito entre os astros de cinema. No entanto, a independência sagitariana de Katie e o amor ao lar e à família do canceriano Tom estão astrologicamente em desacordo. Esse relacionamento é uma "missão impossível"? Só o tempo dirá!

Leão e Escorpião, ambos são dínamos sexuais. No entanto, cada qual com sua vontade forte, a questão permanece — quem sobreviverá? Com muita frequência, essa parceria é uma história de desgosto profundo.

Peixes quer mais do que Leão está disposto a oferecer. Leão pensa que Peixes é vacilante e desanimador. Simplesmente, **Leão e Peixes** não estão em sincronia — nem sexual, nem qualquer outra.

Sagitário é muito mundano e aventureiro para o caseiro canceriano. Juntos, **Sagitário e Câncer** não têm muito em comum. E pior — nenhum de vocês parece se importar com isso.

Sagitário e Escorpião raramente entendem um ao outro e não falam a mesma linguagem na cama. É como se vocês fossem de dois países diferentes — e sem um dicionário ao alcance da mão!

Há pouco em comum entre **Sagitário e Peixes**. Aqui, Fogo e Água não se misturam — na vida ou na cama.

O pisciano é demasiado sensível para o brusco e aventureiro Sagitário.

Quando Fogo encontra Terra

Os signos de Fogo e Terra têm naturezas sexuais fortes e, quando vocês estão juntos, seus intensos desejos são como uma erupção vulcânica! Mas o independente Fogo floresce na aventura, enquanto a conservadora Terra não gosta de correr riscos. Embora, inicialmente, a Terra possa trazer para a realidade a natureza selvagem e expansiva de Fogo, no final o Fogo chamusca a necessidade de segurança de Terra.

Áries diz: "Vá mais rápido!" Touro responde: "Devagar!"

Talvez haja algumas centelhas sexuais iniciais entre **Áries e Touro**, mas, no final, é provável que vocês mais agitem do que se incendeiem.

Há muita desesperança entre **Áries e Virgem**. Virgem fica desanimado com o atrevimento sexual de Áries; Áries considera Virgem simplesmente ansioso.

Lutas de poder definem o relacionamento entre **Áries e Capricórnio**. Vocês são demasiado teimosos para formar uma boa parceria. No entanto — secretamente —, um respeita o impulso sexual do outro!

Teimosia encontra teimosia quando **Leão e Touro** se encontram. Touro pensa que Leão é muito "sexual" (tradução: "obsceno"). Leão considera Touro "natural" demais (tradução: "Traga o *kit* de depilação, por favor!").

O par formado por **Leão e Virgem** é de uma distância cósmica. Vocês têm pouco em comum e nenhum desejo real de entender um ao outro. O que resulta em sexo embaraçoso — se, por acaso, acontecer.

Leão e Capricórnio são dois jogadores com força sexual. Inicialmente, um pode ficar curioso em relação ao outro, contudo Leão é, em última análise, excessivamente dramático para o respeitável e convencional Capricórnio.

> **Relações celestiais**
>
> Embora os signos de Terra e de Fogo não estejam sempre em sincronia sexual, Terra costuma ter grande admiração pela paixão e pela capacidade de liderança de Fogo. Por sua vez, Fogo considera a perseverança sexual de Terra bastante curiosa.

Sagitário com Touro não é geralmente um bom par na cama. O Sagitário, amante da liberdade, é sexualmente muito casual e aventureiro para o leal e conservador Touro.

Virgem desaprova o atrevimento de Sagitário. **Sagitário com Virgem** é um exemplo básico de como Fogo e Terra não se dão. Não há química — nem sexual, nem qualquer outra.

Não é que um não goste do outro; na verdade, **Sagitário e Capricórnio** podem ser excelentes amigos. O que acontece é que nenhum de vocês tem a mínima ideia do que o outro precisa na cama!

Quando Ar encontra Ar

Os signos de Ar, quando estão juntos, são como uma calma e refrescante brisa! Intelectual e sexualmente estimulantes, vocês dão um ao outro toneladas de espaço para explorar todas as suas necessidades sexuais. Ao mesmo tempo, os signos do Ar vivem geralmente na mente e no reino das possibilidades e inspirações; talvez os pés de vocês nunca toquem o chão! Finalmente, os signos de Ar, quando juntos, terão de trabalhar a sustentabilidade.

> **Amantes cósmicos**
>
> A libriana Susan Sarandon e seu parceiro de longa data, Tim Robbins, também de Libra, são um exemplo de relacionamento entre mesmo signo que funciona muito bem. Esses librianos sinceros têm desprezo pela injustiça e vêm fazendo juntos um trabalho político pela igualdade universal.

É o dobro de problemas, é o dobro de divertimento sexual, entre

Gêmeos e Gêmeos! A questão para os dois jogadores é: "Quem está brincando com quem?" Isso vai durar? Nenhum de vocês realmente se importa.

Gêmeos e Libra é um casal cósmico. Um é fascinado pela mente do outro! O sexo também é estimulante — se vocês conseguirem parar de falar o tempo suficiente para deixar que ele aconteça!

Juntos, **Gêmeos e Aquário** atingem um alto estágio sexual e de relacionamento. O sexo entre eles é preenchido com fantasias e experimentação. Numa palavra: é sobrenatural!

Libra e Libra é um relacionamento de mesmo signo que funciona belamente. Vocês se vinculam através do amor pela beleza, que compartilham. Na cama, é uma sociedade de mútua admiração!

> **Alerta estelar!**
>
> Assim como dois signos de Fogo juntos se extinguem rapidamente, muito Ar pode ter excesso de estímulo – e puf, acabar!

O par formado por **Libra e Aquário** é geralmente acompanhado de alguma contenda. No entanto, o sexo é harmonioso e cosmicamente sintonizado. No final, vocês realmente "prendem" um ao outro!

A imprevisibilidade descreve **Aquário e Aquário**. A relação de vocês vai durar três semanas ou a vida toda! O sexo é mutuamente experimental (embora um tanto desapegado).

Quando Ar encontra Água

Os signos de Ar e de Água formam a combinação astrológica mais difícil de funcionar. Em geral, os signos de Ar consideram os signos de Água emocionalmente pesados, e por isso limitam seu ânimo sexual etéreo. Em outras palavras, os signos de Ar consideram que Água faz chover no seu desfile! Por outro lado, Água considera Ar um tanto perverso e sexualmente "excêntrico". Mais frequentemente, esses elementos apenas não se misturam de maneira feliz — na cama ou na vida.

Gêmeos e Câncer têm necessidades freneticamente divergentes no quarto de dormir. Os cancerianos não confiam nos geminianos por causa da tendência destes à promiscuidade, e Gêmeos considera Câncer um enfado sexual.

Gêmeos e Escorpião é um caso em que Ar e Água realmente não se misturam — de modo algum na cama! Embora possa inicialmente haver alguma curiosidade entre vocês, as coisas rapidamente perdem a graça.

O mercurial geminiano gosta de deslizar sobre a superfície e Peixes gosta de mergulhar nas profundezas. Entre **Gêmeos e Peixes**, o relacionamento costuma acabar antes de começar.

> **Relações celestiais**
>
> A compatibilidade entre os signos solares e os Ascendentes de vocês é importante, mas há outros fatores astrológicos envolvidos no sucesso do seu relacionamento. Verifiquem a localização de suas Luas, Vênus e Martes para obter mais informações sobre o mapa astrológico do sexo completo de vocês!

A extravagante Libra adora gastar, enquanto Câncer gosta de poupar. Os compromissos que **Libra e Câncer** precisam negociar são excessivos. Sexo? Também não é tão bom assim!

Libra e Escorpião têm pouco em comum. Os librianos sentem-se afrontados pela necessidade agressiva de sedução dos escorpianos; Escorpião tem pouca paciência com a obsessão de Libra pelo refinamento.

Embora **Libra e Peixes** sejam inclinados ao romance, Peixes é sexualmente muito passivo e sonhador para as necessidades librianas de uma relação significativa.

Câncer fica imaginando de que planeta veio Aquário; Aquário pensa que Câncer é muito carente. É uma impossibilidade cósmica haver qualquer acordo entre **Aquário e Câncer**.

Aquário e Escorpião se chocam na cama. Vocês são desafiadores na hora de conseguir combinar suas necessidades e muito inflexíveis para fazer com que o relacionamento funcione.

Aquário e Peixes raramente se relacionam. Os piscianos se contorcem com a falta de romance e de ligação emocional de Aquário; Aquário considera Peixes muito carente.

Quando Ar encontra Terra

Na astrologia do sexo, os elementos Ar e Terra facilmente se extinguem um ao outro. O Ar sente que a Terra prende suas asas sexuais e restringe sua necessidade de explorar todas as possibilidades. A Terra, por sua vez, considera Ar sexualmente muito selvagem e desleal quanto às suas necessidades de comprometimento no longo prazo. Juntos, vocês não estão totalmente certos do que fazer um com o outro — e essas relações raramente são duradouras.

Gêmeos considera Touro muito conservador; Touro pensa que Gêmeos é sexualmente "excêntrico" e fala muito na cama! Não há a menor chance de haver um acordo cósmico entre **Gêmeos e Touro**.

Caro astrólogo do sexo...

"Sou geminiana e venho me encontrando com um taurino há alguns meses. Apesar de ele ser um bom sujeito e termos nos divertido juntos, não me sinto sexualmente atraída por ele. Devo ter paciência e esperar pelo melhor?"

Lamento, geminiana. Você e Touro raramente formariam um bom par entre os lençóis. Você estaria em melhor sincronia sexual com outro signo de Ar — alguém de Gêmeos, Libra ou Aquário, ou de um signo de Fogo, como Áries, Leão ou Sagitário. Mantenha a boa amizade com esse sujeito legal, mas continue procurando um parceiro que lhe ofereça a excitação sexual que você quer e merece.

Gêmeos e Virgem não formam um bom par amoroso ou sexual. Vocês fingem tolerar um ao outro, mas a realidade é que... vocês se irritam infernalmente!

Entre **Gêmeos e Capricórnio** há pouca concordância. Embora Capricórnio nunca admita isto... ele *fica* curioso com a excentricidade sexual de Gêmeos!

Libra e Touro, ambos regidos por Vênus, gostam de beleza e coisas agradáveis... o que pode compensar a falta de entusiasmo na cama!

Geralmente, **Libra e Virgem** se tornam melhores amigos do que amantes. Vocês são seletivos demais — minuciosos, mais especificamente — para constituir uma relação sexual ou romântica sustentável.

A natureza brusca de Capricórnio leva a pobre Libra a entrar em desespero. O potencial para sentimentos feridos e mal-entendidos regerá o relacionamento de **Libra e Capricórnio**.

Touro mora no planeta Terra; Aquário vive em galáxias desconhecidas. Na cama, **Aquário e Touro** estão numa potencial e desastrosa zona de desentendimento mútuo. Não entrem nessa!

Amantes cósmicos

O aquariano Sonny Bono e a taurina Cher são a quintessência da combinação Ar e Terra. Apesar de terem sido casados por muitos anos, e infinitamente curiosos em relação um ao outro, a realista diva Cher e o excêntrico Sonny foram enfim buscar experiências diferentes na vida.

Virgem gosta de ordem; Aquário prospera no caos criativo. Na cama, Virgem fica chocado com a necessidade de Aquário de se tornar esquisito. **Aquário e Virgem** raramente funcionam juntos.

Aquário e Capricórnio gostam realmente de rompantes sexuais vulgares na cama. No entanto, não há ligação real aí — e vocês podem acabar se evitando pela manhã.

Quando Água encontra Água

Juntos, os signos de Água criam um mar de tranquilidade que pode levar ao paraíso sexual! Os signos de Água fluem juntos, sem entraves na cama, e o sexo é normalmente intenso, compassivo e profundamente carinhoso. Embora essas relações costumem durar, dois signos de Água juntos podem abafar a centelha de vida um do outro. Talvez vocês fiquem tão à vontade, um ao lado do outro, que se esqueçam de sair do quarto e ir trabalhar!

> **Amantes cósmicos**
>
> Os signos de Água costumam ser bastante sensitivos. E quando dois signos de Água se encontram pode haver um sentimento de reconhecimento instantâneo e profundo.

Câncer com Câncer é quase compatível *demais*. Talvez vocês fiquem tão à vontade juntos que a paixão sexual acaba morrendo. Afastem-se do pote de sorvete e do controle remoto!

> **Caro astrólogo do sexo...**
>
> "Sou uma canceriana casada com um canceriano, e acabamos de comemorar nosso décimo aniversário de casamento. Sinto-me com sorte por ter na minha vida um homem que é um parceiro adorável e incentivador, ainda que nossa vida sexual tenha ultimamente se tornado rotineira! Alguma sugestão de como apimentar nossa vida amorosa?"
>
> Tipicamente, os cancerianos não são bons para expressar suas necessidades sexuais ou emocionais. Vocês precisam passar algum tempo se comunicando sobre o que os excita na cama. Como os cancerianos adoram o mar, então passem juntos um longo final de semana numa romântica pousada à beira-mar. Depois relaxem e explorem juntos as suas mais intensas fantasias sexuais. Aposto que em breve vocês vão redescobrir sua magia sexual!

Amantes dos sonhos, parceiros dos sonhos: juntos, **Câncer e Escorpião** formam um ótimo par no amor e no sexo. Esse relacionamento está destinado a durar.

Câncer e Peixes, ambos supersensíveis, encontram consolo nos braços um do outro. Vocês se vinculam profundamente por meio de um sexo afetuoso e emocionante. Juntos, são geralmente felizes para sempre.

Espelho, espelho meu: sexo é ótimo entre **Escorpião e Escorpião** — se vocês não se matarem antes! Cuidado com as brigas de poder.

> **Alerta estelar!**
>
> "Quero que o mundo pare para ficarmos juntos para sempre!" descreve dois signos de Água que se encontraram. O signo de Água tem a tendência de dissolver todas as fronteiras e se fundir completamente com seu amante — às vezes, chegando à obsessão e codependência.

Escorpião e Peixes é como um raio instantâneo de iluminação sexual. Frequentemente é "Oi, amor! Já não nos conhecemos?". Quem sabe, quem se importa — esse relacionamento é daqueles que vale a pena ser conservado!

Entre **Peixes e Peixes**, é um doce e romântico sonho que se tornou realidade. O sexo é maravilhoso e intenso. Porém, juntos, vocês têm dificuldade para sustentar suas fantasias.

Quando Água encontra Terra

A combinação de Água e Terra costuma construir relacionamentos duradouros. Esses elementos são extremamente compatíveis e têm um fluxo sexual natural. A Água nutre a Terra e suaviza muitas das suas asperezas. A Terra conduz a Água à realidade, proporcionando-lhe um receptáculo seguro em que pode explorar suas fantasias sexuais. Ah, e mencionamos que o sexo entre eles será magnífico?

O sexo é soberbamente delicioso entre **Câncer e Touro**. De fato, é tão bom que vocês talvez nunca saiam do quarto! No entanto, alguém vai precisar se levantar e sair para pagar as contas.

Ambos práticos e com a mente voltada para a segurança, **Câncer e Virgem** enriquecem a vida um do outro. O sexo é mutuamente afetuoso e vocês se ajudam a suavizar o medo que ambos têm de ser abandonado.

O equilíbrio dos opostos funciona bem com **Câncer e Capricórnio**. Um é do tipo sensível, afetuoso e maternal, e o outro é do tipo paternal e batalhador. Juntos, formam um casal poderoso!

Juntos, **Escorpião e Touro** são intensos e apaixonados. Embora vocês possam desafiar um ao outro quando se trata de estar no controle, esse relacionamento está destinado a durar.

O sexo é exuberante entre **Escorpião e Virgem**. Escorpião eleva o potencial lascivo de Virgem. Virgem direciona a extrema paixão de Escorpião para um relacionamento potencialmente duradouro!

Ambos, **Escorpião e Capricórnio** são poderosos jogadores sexuais. Embora vocês possam inicialmente desafiar um ao outro, enfim haverá muito respeito e longevidade.

O sexo é divino entre **Peixes e Touro**. Vocês sabem como fazer para se agradar sexualmente. E mais, Touro torna realidade todas as fantasias sexuais de Peixes.

> **Amantes cósmicos**
>
> O ator e dramaturgo Sam Shepard — um escorpiano sensual, calado e tímido — e a atriz, vencedora de um Oscar, e sensual mamãe Jessica Lange, uma taurina, são parceiros de longa data. Individualmente, são intensos; e, juntos, formam um par apaixonado.

Juntos na cama, **Peixes e Virgem** combinam, como num sonho. Na vida, o mesmo é verdadeiro. Porém, cuidado: vocês têm a tendência de procurar alguma coisa melhor.

Peixes e Capricórnio formam um par agradável. Peixes traz à tona o lado suave de Capricórnio, a um nível incomparável; e, alegremente, Capricórnio traz Peixes à realidade.

Quando Terra encontra Terra

Na maioria dos casos, um casal com signos de Terra é sexualmente compatível. O sexo é lento, sensual e geralmente bastante delicioso. Os signos de Terra se sentem facilmente à vontade e seguros quando estão juntos, e são parceiros leais e confiáveis. Podem criar dinastias! Ou, então, ficar tão atolados na necessidade mútua de segurança e na aversão ao risco que nunca realizarão coisa alguma!

> **Caro astrólogo do sexo...**
>
> "Sou taurino e minha namorada de longa data é de Virgem. Embora, instintivamente, eu sinta que somos bons parceiros, ela me deixa louco com todas as suas inseguranças. Às vezes penso que há outra pessoa à minha espera. O que devo fazer?"
>
> Seu instinto inicial está correto: Virgem e você formam um bom par! Porém, mesmo nos melhores relacionamentos, há sempre algumas diferenças. O negócio é este: sua namorada de Virgem está buscando estabilidade, que você pode dar a ela — em grande quantidade! Por sua vez, você pode se beneficiar da habilidade dela em mantê-lo alerta, especialmente quando se trata de abarcar os detalhes agradáveis da sua vida. Um reforço positivo — vocês são extremamente sensuais e podem ajudar um ao outro a explorar suas necessidades e desejos sexuais mais profundos. Assim, mantenha-se firme e abdique das pequenas coisas.

O sexo entre **Touro e Touro** é profundamente sensual e dura a noite toda. Vocês precisam evitar ficar tão preguiçosos e à vontade juntos, de modo que nunca realizem coisa alguma!

Embora haja alguns obstáculos iniciais a ser negociados, o sexo é de combustão lenta entre **Touro e Virgem**. Finalmente, vocês trarão paz um ao outro, fazendo com que cada um se sinta seguro.

> **Relações celestiais**
>
> Os signos astrológicos representados por animais terrestres tendem a ser os mais abertamente sexuais. Estão incluídos todos os signos de Terra: Touro, Capricórnio (a Cabra) e sim... Virgem (o animal humano de duas patas). Os signos de Fogo são igualmente sexuais: Áries (o Carneiro), Leão e Sagitário (o Arqueiro, mas também conhecido como o Centauro... metade homem, metade cavalo).

Surpresa, surpresa! Touros e Cabras se entendem — e como! **Touro e Capricórnio** sabem, por instinto, como agradar um ao outro sexualmente. Pare e ouça — parece que os sinos da igreja já estão badalando!

Virgem e Virgem criam um relacionamento de mesmo signo que pode funcionar, mas se um parar de implicar demais com as pequenas coisas do outro! Abandonem o perfeccionismo e sintam o amor.

Virgem e Capricórnio formam um par refinado. Capricórnio descarrega na terra a irritação de Virgem, e Virgem adora a segurança que Capricórnio oferece. Ah, e o sexo é fabuloso!

O sexo é lento e constante entre **Capricórnio e Capricórnio**. Cada um desses seres solitários e responsáveis costuma fazer o outro muito feliz. E mais, há muito respeito mútuo — e o sexo é maravilhoso.

O Mínimo que Você Precisa Saber

- Juntos, os signos de Fogo são, sim, sexualmente flamejantes!
- Fogo e Ar atiçam as chamas sexuais um do outro.
- Fogo com Terra, ou com Água, é sempre um desafio.
- Os signos de Ar formam um par compatível e sexualmente explorador.
- Ar com Terra, ou com Água, é sexualmente difícil.
- Água com Água é sexualmente profundo e intenso.
- Água e Terra formam um relacionamento duradouro.
- Os signos de Terra, juntos, estão em sincronia sexual — e sensual.

Parte 2

A Lua e a Intimidade

A Lua é *yin* e o Sol é *yang*. Os signos do Sol e do Ascendente representam nossa essência astrológica e nossa personalidade externa, mas a Lua representa nosso "eu" interior. O signo lunar reflete nossas mais profundas necessidades e nossos desejos ocultos. Também indica como vamos nos relacionar com a fidelidade sexual.

A compatibilidade entre os signos lunares de vocês revela como você e seu amante se dedicam à intimidade sexual e emocional, e também pode determinar a felicidade duradoura do seu relacionamento.

Examinar os ciclos lunares e a localização da Lua nos vários signos do zodíaco torna possível você saber quando é mais provável ter uma experiência sexual e amorosa excepcional!

Capítulo 7

Ir mais Fundo: Os Signos Lunares

Neste Capítulo

- Descubra seu signo lunar
- Compreenda sua personalidade emocional e suas necessidades mais profundas
- Luas de Fogo precisam de atenção e afagos no ego
- Luas de Ar precisam de inspiração e excitamento
- Luas de Água precisam de nutrição e tranquilização
- Luas de Terra precisam de segurança e resistem às mudanças

O signo lunar indica nossa personalidade interior. Representa nossas emoções, sentimentos, instintos mais profundos e intuições. A Lua também representa nosso inconsciente: é a raiz de tudo aquilo que motiva você, e se reflete na sua vida através das suas mais profundas necessidades, vontades e desejos. Em outras palavras: é o que realmente faz você funcionar! Seu signo lunar também indica o que você realmente procura na maioria dos seus relacionamentos íntimos.

Caro astrólogo do sexo...

"Meu signo solar é Capricórnio, mas, quando leio meu horóscopo ou meu perfil astrológico, ele nunca parece se encaixar. Será que estou deixando escapar alguma coisa?"

Talvez você descubra que está mais relacionada ao seu signo lunar do que ao seu signo solar. Embora o signo solar dê muitas informações sobre as suas características astrológicas, é o signo lunar que reflete a sua personalidade mais profunda. Quando for verificar seu horóscopo ou perfil astrológico, observe ambos: o signo lunar e o solar. Desse modo, você terá uma ideia mais completa de sua configuração astrológica.

Lua: Nosso "Eu" mais Profundo

Em termos astrológicos, a Lua gira numa órbita próxima à Terra, funcionando como um espelho que reflete a luz da Terra. Até certo ponto, nossa Lua é a sombra do nosso Sol astrológico, e reflete nosso "eu" mais profundo e interior, nossos mistérios desconhecidos — que estão só esperando para ser descobertos, ao lado do nosso amado! A diferença entre os signos solares e lunares é sutil, porém distinta: é mais fácil vermos e lidarmos com a luz brilhante do Sol, mas os mistérios da Lua nos desafiam a olhar mais profundamente e descobrir um território desconhecido dentro de nós mesmos.

A Lua simboliza a fonte de nutrição e contentamento emocional. Como sua Lua também representa o seu sentido de lar, ela indica onde, como e com quem você vai se sentir mais à vontade e seguro. A Lua é especialmente importante para a sua astrologia do sexo porque revela como você vai se envolver na intimidade emocional. Seu signo lunar dará a você percepções relacionadas à sua personalidade mais profunda e o que você realmente quer e procura nos relacionamentos. O signo lunar também indica como você e seu amado costumam ser quanto à fidelidade sexual, incluindo atitudes para com o sexo casual e o compromissado. Para mais informações, veja o quadro a seguir: talvez você se surpreenda com o que vai encontrar!

Os Signos Lunares e a Fidelidade Sexual

Luas	Casual ou Compromissado?
Luas de Fogo	
Áries	Casual
Leão	Compromissado
Sagitário	Casual

Luas de Ar	
Gêmeos	Casual
Libra	Compromissado
Aquário	Casual, Compromissado
Luas de Água	
Câncer	Compromissado
Escorpião	Compromissado
Peixes	Compromissado, Casual
Luas de Terra	
Touro	Compromissado
Virgem	Compromissado
Capricórnio	Casual, Compromissado

Você conhece o seu signo solar porque ele se baseia no dia do seu nascimento! O signo lunar também se baseia no dia do nascimento, mas pelo fato de a Lua mudar de signo a cada dois dias ou dois dias e meio, ela está mais especificamente relacionada ao momento do nascimento. Para ajudar você a encontrar seu signo lunar, incluímos, no Apêndice B, um guia, em inglês, de recursos *online*, com diferentes *websites* que lhe fornecerão mais informações.

Luas de Fogo

As Luas de Fogo são orgulhosas, apaixonadas e sexualmente assertivas. Também tendem a ser muito independentes. Essas Luas são espontâneas e vivem no momento; não planejam de antemão e raramente se preocupam com o futuro. Apesar de as Luas de Fogo estarem comprometidas consigo mesmas — em vista de toda a sua postura fogosa —, no fundo, tendem a ser emocionalmente inseguras. Embora raramente admitam isso, elas precisam de atenção constante! Afagos no ego — e um

Alerta estelar!

Cuidado! As Luas de Fogo são muito agressivas quando buscam o que querem. Nos relacionamentos, são geralmente as perseguidoras — e isso se aplica a ambos os sexos. Quando encontram o objeto de seu desejo, nada as impede de avançar. As Luas de Fogo dão o melhor de si para deixar você apaixonado!

pouco de adulação — nunca fazem mal e ajudam essas Luas a se sentirem desejadas e seguras. Nos relacionamentos, as Luas de Fogo dominam por meio de suas personalidades expansivas e egos fortes.

Lua em Áries

A **Lua em Áries** precisa conquistar. Essa orgulhosa guerreira quer e precisa ser amada. Sente-se mais à vontade ao dar o amor que verdadeiramente deseja do que ao recebê-lo. No fundo, a Lua em Áries é uma sobrevivente. Porque sente a necessidade de ser sempre forte e estar no controle, tem dificuldade de ser emocionalmente vulnerável. Em vez disso, ela conquista! A Lua em Áries gosta de ser o herói ou a heroína: é o libertador e costuma direcionar sua energia emocional para "salvar" os outros. Num relacionamento, a Lua em Áries é um amante apaixonado e encorajador — dá apoio para que *você* vá atrás daquilo que quer.

> **Amantes cósmicos**
>
> Mel Gibson, como o herói escocês William Wallace, no filme ganhador do Oscar *Coração Valente*, encarna perfeitamente uma Lua em Áries. Um guerreiro com o coração suave e cheio de orgulho, ele queria conquistar um império em nome daquilo que acreditava.

Essa Lua realmente independente é equipada para o sexo casual. A Lua em Áries gosta de ter a oportunidade de examinar suas opções sexuais e de relacionamento.

Lua em Leão

A **Lua em Leão** precisa de devoção. Essa Lua precisa sentir-se importante e reconhecida por seus talentos e habilidades singulares. A Lua em Leão tem muito orgulho e é facilmente ferida. É a criança que ficou magoada durante dias por não ter recebido presentes suficientes no Dia das Crianças! Essa Lua é leal e protege ferozmente o seu amado — às vezes, até demais. Nos relacionamentos, a Lua em Leão é romântica e sabe muito bem demonstrar os seus sentimentos. Também pode ser ciumenta, e espera ser a maior prioridade na nossa vida.

A Lua em Leão prefere o sexo compromissado. Porém, gosta de gratificação instantânea. Se não recebe suficiente atenção em suas parcerias, talvez vá procurá-la em algum outro lugar! No relacionamento certo, costuma ser uma companheira leal.

Caro astrólogo do sexo...

"Estou saindo com uma mulher com a Lua em Leão. Ela é divertida e dinâmica, mas uma completa diva quando se trata de conseguir o que quer. Ela explode por coisas completamente fora de propósito... o que eu considero ser uma simples discussão, para ela é uma grande polêmica! Quero continuar a vê-la, mas estou cansado de todo esse drama. O que devo fazer?"

Não há segredo: as Luas em Leão são os reis e as rainhas do drama! Ao mesmo tempo, também têm um grande coração e são parceiros devotados. Uma coisa compensa a outra, e ao menos sua vida com uma moça com a Lua em Leão será sempre excitante! Mas se você está procurando uma amante menos dramática e teatral, a Lua em Leão não é para você. Como diz o ditado: se você não aguenta o calor — fique longe do fogo!

Lua em Sagitário

A **Lua em Sagitário** precisa explorar. Como o personagem Huckleberry Finn,* essa Lua está cheia de um amor infantil pela aventura! Está buscando constantemente a próxima grande experiência e tem dificuldade em ficar presa a um amante. A Lua em Sagitário está geralmente interessada em outras culturas e não se sente sempre em casa consigo mesma. Como resultado, com frequência é atraída emocionalmente para relacionamentos e amantes oriundos de outras culturas. Nos seus relacionamentos, a Lua em Sagitário é um parceiro estimulante que vai ajudar você a descobrir um mundo de possibilidades e aventuras com o qual talvez você tenha sonhado secretamente!

Relações celestiais

Você está namorando sua mãe? Seu signo lunar representa sua personalidade mais profunda, mas também indica seu primeiro ambiente familiar — incluindo seu relacionamento com sua mãe! Não é incomum descobrir que seu signo lunar arrasta você para parceiros que refletem esse relacionamento inicial da infância.

A Lua em Sagitário floresce com as novas oportunidades. Para essa localização da Lua, o sexo é casual — definitivamente!

Luas de Ar

As Luas de Ar são muito intelectuais. Tendem a ficar mais à vontade com sua mente do que com seus sentimentos e emoções. As Luas de Ar precisam de muita estimulação mental para ficar interessadas romântica ou sexualmente. São incansáveis quanto a novas experiências, e facilmente excitáveis.

* Huckleberry Finn é o protagonista da obra *As Aventuras de Huckleberry Finn*, de Mark Twain. Ele também aparece em *As Aventuras de Tom Sawyer*, *As Viagens de Tom Sawyer* e *Tom Sawyer Detetive*.

As Luas de Ar costumam ser emocionalmente desapegadas, e, de início, podem ser sexualmente frias — portanto, essas não são as Luas que servem para você se estiver procurando tranquilidade emocional ou aconchego! A maneira de esquentá-las é você lhes dar a certeza de que, juntos, terão muito divertimento e experiências estimulantes. Nos relacionamentos, as Luas de Ar precisam ser inspiradas e nunca estarem entediadas!

Lua em Gêmeos

A **Lua em Gêmeos** precisa brincar. Essa Lua costuma ser emocionalmente infantil. De fato, a Lua em Gêmeos pode ser um Peter Pan sexual — não quer crescer e não quer encarar as responsabilidades tediosas dos adultos, especialmente quando se trata de compromissos duradouros. Geralmente, a Lua em Gêmeos é um parceiro charmoso e divertido, e também muito espirituoso. No entanto, como todas as Luas de Ar, pode ser emocionalmente distante. A Lua em Gêmeos não gosta de discussões e evita a maioria dos confrontos emocionais. Na verdade, essa Lua não gosta de confrontações de modo algum. Se for colocado sob uma forte pressão emocional, esse amante brincalhão vai provavelmente partir para um novo relacionamento.

Amantes cósmicos

Gwyneth Paltrow, de uma beleza aristocrática, é libriana, com a Lua em Gêmeos. Tanto Libra como Gêmeos são signos de Ar, o que se reflete no alto intelecto dela. Enquanto o Sol de Gwyneth, em Libra, mostra sua natureza refinada, a Lua em Gêmeos reflete seu lado mais alegre e investigador.

Essa Lua tem dificuldade em se estabelecer com um parceiro. Para ela, o sexo é casual — e em grande quantidade!

Lua em Libra

A **Lua em Libra** precisa sentir-se inspirada. Essa Lua tem um profundo amor pela beleza e pela cultura. Também é bastante voltada aos relacionamentos — de fato, eles são sua maior razão de ser! A Lua em Libra costuma cair de amores pelo amor, e se enamora facilmente. Ao mesmo tempo, é muito perspicaz e quer somente o melhor de seus amantes! Com a Lua em Libra, em geral é tudo ou nada: ou ela está totalmente voltada para você e o relacionamento de vocês, ou então fica desapontada, desiludida e emocionalmente fria.

Quando a Lua em Libra está tendo um relacionamento, o sexo é compromissado, definitivamente! Embora deseje um relacionamento compromissado, essa Lua talvez flerte com o sexo casual, enquanto procura o parceiro certo.

Caro astrólogo do sexo...

"Sou decoradora de interiores, com a Lua em Libra. Sou muito romântica e gosto de ser cortejada. Tenho namorado alguns rapazes, mas não sinto que eles aceitam minha necessidade de romance ou que entendam minha estética refinada. Estou errada por querer demais?"

Você, Lua em Libra, pode ser bastante seletiva em relação ao que quer — especialmente quando se trata de seus relacionamentos. Sua profissão de *designer* de interiores combina muito bem com sua natureza artística. Mas, assim como seus clientes não têm necessariamente o mesmo olhar perspicaz que você tem, não espere que seus namorados sempre compartilhem a sua necessidade de beleza. Nem eles têm de adivinhar que você anseia por uma corte antiquada. Visto que suas necessidades são tão específicas, você tem duas escolhas: também ser específica e pedir o que quer, ou reservar-se para um cavalheiro antiquado que adore os detalhes da corte romântica tanto quanto você! Um homem que também tenha Lua em Libra, por exemplo, ou uma Lua em Leão ou Peixes, vai provavelmente compartilhar das suas sensibilidades românticas.

Lua em Aquário

A **Lua em Aquário** precisa de espaço para respirar. Extremamente independente, essa Lua não gosta de ficar limitada — e a dificuldade com a intimidade emocional geralmente é uma questão a ser considerada. Costuma ter medo do abandono e esconde suas emoções debaixo de buscas intelectuais, como um meio de se sentir segura. Embora essa Lua seja uma jogadora sexual, geralmente é uma monogâmica serial (e, a sua própria maneira, muito leal). A Lua em Aquário tem relacionamentos duradouros e bem-sucedidos. Porém, não importa até que ponto esteja comprometida, ela precisa de muita liberdade.

A Lua em Aquário tem, em geral, um ótimo relacionamento com seus ex-amantes — a menos que você seja um deles e tenha a sua Lua em algum outro signo fixo, tal como Leão, Escorpião ou Touro. Nesse caso, você provavelmente é muito ciumento e territorial para permitir isso!

Amantes cósmicos

O taurino Jack Nicholson tem a Lua em Aquário. O signo solar de Nicholson denota sua natureza altamente sexual e uma carreira longeva. Sua Lua em Aquário denota uma personalidade mais excêntrica, impessoal e não convencional — e sua necessidade de ficar solto e solteiro. Para essa Lua, é assim: "Vamos nos casar, mas viver em casas separadas!"

Para a Lua em Aquário, o sexo é casual (a menos que ela esteja romanticamente compromissada). Essa Lua gosta de namorar, mas vai sossegar com um parceiro se inspirada a tal.

Luas de Água

As Luas de Água baseiam grande parte de suas vidas nos seus sentimentos, intuições e emoções. Sem sombra de dúvida, são Luas sensíveis. São também amantes muito afetuosos e normalmente dão tanto quanto recebem nos seus relacionamentos. Em geral, as Luas de Água florescem em parcerias compromissadas porque assim se sentem protegidas e seguras — algo de que precisam. Essas Luas não gostam de mudanças; de fato, costumam ser muito teimosas quanto a deixar partir o que já é conhecido e embarcar em novas experiências. Para as Luas de Água, o sexo é geralmente profundo e total — ao menos, essa é a preferência delas!

As Luas de Água têm uma psique sensível e sintonizada com suas profundas intuições. Essas Luas possuem frequentemente uma habilidade misteriosa de desvendar você — e a sua natureza mais profunda —, às vezes de forma bastante perturbadora!

Lua em Câncer

A **Lua em Câncer** precisa de comprometimento. Essa Lua está condicionada ao conforto e à segurança, e busca aquilo que lhe é familiar em sua vida e seus relacionamentos. É extremamente sensível e tem muitos altos e baixos emocionais. Embora seja uma grande doadora, a Lua em Câncer costuma ser emocionalmente introvertida e tem dificuldade de expressar suas necessidades profundas. Como resultado, pode se isolar. Nos relacionamentos, essa Lua é uma amante afetuosa, mas talvez seja um pouco possessiva e mesmo carente. Visto que essa Lua é zelosa por natureza, pode se frustrar quando se trata de satisfazer suas próprias necessidades criativas.

Sem dúvida, a Lua em Câncer quer sexo comprometido. Ela aprecia a lealdade e não flerta.

Caro astrólogo do sexo...

"Tenho Lua em Câncer e, como você bem sabe, nós, cancerianos, somos melancólicos! Há momentos em que me sinto extremamente sensível e me vejo ficando de mau humor com as pessoas próximas a mim. Preocupa-me até que ponto meus estados de ânimo estão afetando meu marido. Alguma sugestão para esta sensível criança de Lua?"

Você é sensível, mas nunca notou que seus estados de ânimo estão em sincronia com os ciclos lunares? A Lua em Câncer precisa de muito tempo sozinha e de liberdade para refletir ou se interiorizar, particularmente durante esses períodos sensíveis. Você é doadora, mas é importante que se lembre que também é bom reservar um tempo para você, sem se preocupar em tomar conta de alguém mais. Dê a si mesma esse tempo, e tanto você quanto seu marido ficarão mais felizes.

Lua em Escorpião

A **Lua em Escorpião** precisa de paixão. Essa Lua costuma ser altamente reservada e tem dificuldade de revelar sua personalidade interior. A Lua em Escorpião tem muitas vezes uma mentalidade de sobrevivente e precisa sentir-se no controle. Como o proverbial elefante, a Lua em Escorpião jamais esquece! Chega a ser vingativa e acha difícil perdoar. Frequentemente ciumenta e possessiva, a Lua em Escorpião pode tornar-se emocionalmente obsessiva e ir a extremos. Porém, no relacionamento certo, forma uma parceria comprometida e muito apaixonada. Ela ajuda você a satisfazer as suas necessidades sexuais mais profundas!

Talvez você se surpreenda, mas, embora Escorpião seja conhecido por sua natureza altamente sexual, a Lua em Escorpião prefere o sexo compromissado. Essa Lua talvez examine outras opções sexuais, ainda que esteja muito satisfeita em seu relacionamento compromissado.

> **Amantes cósmicos**
>
> Como disse o infeliz amante Mr. Darcy, personagem da escritora Jane Austen, para sua amada Elizabeth Bennet: "Você me enfeitiçou de corpo e alma". Esses dois amantes apaixonados, cheios de orgulho e preconceito — sem mencionar outras questões importantes sobre a confiança — tinham certamente suas Luas em Escorpião!

Lua em Peixes

A **Lua em Peixes** precisa de romance. Essa Lua é altamente imaginativa e tem uma vida de ativa fantasia. A Lua em Peixes costuma viver mais na fantasia de um amante ideal do que na realidade. Ela pode ser passivo-agressiva ao expressar suas necessidades emocionais e sofrer de complexo de inferioridade. A Lua em Peixes sente geralmente que precisa ser perfeita e tende a se redimir constantemente — especialmente quando se trata de ajudar os outros. O calcanhar de Aquiles da Lua em Peixes é a culpa! Essa Lua floresce por meio do romance e de muita atenção emocional. Também é uma amante prestativa e sensível, e preenche com romance a vida do seu parceiro.

A Lua em Peixes prefere o sexo compromissado, mas é flexível! Deseja um relacionamento compromissado, mas, no processo, vai querer explorar o sexo casual.

Luas de Terra

As Luas de Terra estão enraizadas no aqui e agora. Investem em manter o *status quo* e resistem a mudanças. As Luas de Terra costumam ser laboriosas e planejadoras, e não são emocionalmente aventureiras. Levam sua vida lentamente — um dia de cada vez. As Luas de Terra gostam de relacionamentos compromissados e são as mais estáveis e confiáveis de todas as Luas. Não são afeitas a fazer dramas sexuais ou emocionais, e mesmo numa crise são as proverbiais rochas que darão apoio a você em todos os bons e maus momentos — para o melhor e para o pior.

Alerta estelar!

As Luas de Terra não são as criaturas mais sensíveis do planeta! Tendem a ser desajeitadas ao expressar suas emoções e sentimentos profundos. Também são um tanto esquecidas quando se trata das nossas necessidades. Se você quer alguma coisa de uma Lua de Terra, precisa deixar isso bem claro!

Lua em Touro

A **Lua em Touro** precisa sentir-se segura. Essa Lua é extremamente realista — às vezes, tão realista que se esquece de olhar para o todo e se recusa a aceitar novas ideias. A Lua em Touro se envolve tanto com a sua necessidade de segurança que se torna emocionalmente paralisada. Geralmente confia nas mesmas e conhecidas coisas. Na verdade, ela se parece com um avestruz, que mantém a cabeça enterrada para não ter de lidar com as necessidades profundas do parceiro. No entanto, essa Lua torna-se um amante emocionalmente estável e confiável, e será, para você, um forte sistema de apoio em sua vida.

Caro astrólogo do sexo...

"Sou uma mulher com a Lua em Touro. Fiquei sozinha por um bom tempo — muito tempo! Quero ter um relacionamento, mas ultimamente meus amigos dizem que me tornei um pouco desmazelada e que preciso dar uma 'calibrada' no meu estilo para poder voltar ao jogo dos relacionamentos. Admito que gosto das minhas calças surradas e não gasto muita energia com roupas ou estilo. Até onde preciso ir?"

É verdade que a Lua em Touro adora o conforto. Porém, talvez você tenha ficado um pouco confortável demais! Retome parte da sua sensualidade — uma característica bem conhecida de Touro —, que você tem de sobra, para oferecê-la ao seu futuro parceiro. Talvez você descubra que começa a gostar de explorar sua beleza, vestindo-se bem e parecendo bonita! Seja você mesma, mas considere a ideia de se enfeitar um pouco. Você ficará surpresa ao ver como se sente melhor! Então planeje um ótimo jantar para os seus amigos e surpreenda-os com a sua nova aparência. Divirta-se e celebre você mesma e sua reentrada no cenário amoroso!

Para a Lua em Touro, o sexo é compromissado — e também feliz! Essa Lua é profundamente sensual, mas raramente é uma jogadora sexual. Busca um parceiro com quem compartilhar seu desejo de um compromisso duradouro.

Lua em Virgem

A **Lua em Virgem** precisa sentir-se segura. Essa Lua costuma agir como o protagonista do desenho animado *O Galinho Chicken Little*: sempre esperando que o céu desabe! A Lua em Virgem tem muitos medos emocionais e não gosta de correr riscos. Floresce na organização e precisa que todas as coisas estejam em seus devidos lugares. A Lua em Virgem é emocionalmente sensível e costuma ser tímida ao expressar suas necessidades mais profundas. Com seu modo perspicaz, procura um parceiro que faça com que ela se sinta segura. Nos relacionamentos, essa Lua torna-se uma parceira extremamente incentivadora e prestativa.

Para a Lua em Virgem, o sexo é compromissado — absolutamente! Ela tem uma natureza sexual forte, mas não gosta de flertar. Sente-se mais feliz e segura nos relacionamentos compromissados.

Embora seja perfeccionista, a Lua em Virgem também é emocionalmente sensível e torna-se uma amante extremamente afetuosa. Dê-lhe um pouco de tranquilidade e a Lua em Virgem será sua – e, provavelmente, para toda a vida!

Lua em Capricórnio

A **Lua em Capricórnio** precisa sentir-se no controle. Essa Lua gosta de estar no comando e fica facilmente frustrada quando não consegue do seu jeito. A Lua em Capricórnio tem uma grande preocupação em como aparenta ser para os outros. Gosta de jogar de acordo com as regras e normalmente insiste em fazer as coisas certas. Ao mesmo tempo, por baixo do seu exterior rude, a Lua em Capricórnio é emocionalmente sensível e um tanto insegura! Essa Lua é confiável e será uma parceira protetora (e, talvez, surpreendentemente carinhosa) —, especialmente ao apoiar nossas aspirações profissionais. A Lua em Capricórnio costuma se casar cedo e para a vida toda.

A Lua em Capricórnio pode ser uma jogadora sexual; no entanto, quando encontra o parceiro ideal, é "negócio fechado" e raramente se desvia do caminho. Essa Lua volta-se tanto para o sexo compromissado quanto para o casual, dependendo do *status* do relacionamento.

> **Amantes cósmicos**
>
> A ariana Sarah Jessica Parker, atriz do seriado *Sex and the City*, tem a Lua em Capricórnio. Essa Lua reflete o elemento disciplinado e trabalhador da natureza de Sarah. Também explica seu tipo físico angular e vigoroso. Para a Lua em Capricórnio, é assim: "Posso comer o que quiser e não aumento um grama sequer!"

O Mínimo que Você Precisa Saber

- Compreender seu signo lunar ajuda você a entender as suas mais profundas necessidades (e as do seu amante também).
- Seu signo lunar, e o do seu amante, fornecem indicações importantes sobre a maneira como vocês se relacionam com a fidelidade sexual.
- Cada signo lunar tem sua própria personalidade emocional.
- As Luas de Fogo são agressivas e orgulhosas.
- As Luas de Ar são intelectuais e emocionalmente frias.
- As Luas de Água são sensíveis e carinhosas.
- As Luas de Terra são realistas e precisam de segurança.

Capítulo 8

Compatibilidade Lunar: A Ligação mais Profunda

Neste Capítulo

- Luas de Fogo com Luas de Fogo, ou de Ar, estão emocionalmente em sincronia
- Luas de Fogo com Luas de Terra, ou de Água... nem tanto!
- Luas de Água com Luas de Água, ou de Terra, são emocionalmente compatíveis
- Luas de Ar com Luas de Terra, ou de Água, não conduzem facilmente à intimidade

Como mencionado no Capítulo 7, seu signo lunar baseia-se na sua data de nascimento. Mas, como a Lua muda de signo a cada dois dias ou dois dias e meio, o signo lunar está mais especificamente relacionado ao momento do seu nascimento. Para ajudar você a encontrar seu signo lunar, incluímos recursos *online*, em inglês, no Apêndice B, com diversos *websites* que lhe fornecerão mais informações.

A compatibilidade entre os signos dos seus Sóis e Ascendentes é importante porque reflete a imagem pública e a vida exterior de vocês, mas é a compatibilidade entre os seus signos lunares que indica suas ligações mais profundas e íntimas. Este capítulo descreve como as Luas de vocês se relacionam e ditam a harmonia cotidiana e o bem-estar no relacionamento.

Luas de Fogo com Luas de Fogo

As **Luas de Fogo** são parceiras e amantes dinâmicas. Vocês são apaixonados, determinados, assertivos — e egoístas! Num nível elevado, vocês têm um profundo entendimento dos impulsos, da arrogância, do dinamismo e das necessidades um do outro. Seus desejos sexuais também estão em alta sincronia. O grande desafio para duas Luas de Fogo é aprender a humildade e a generosidade que o amor duradouro precisa para poder sobreviver e florescer.

"Explosivo!", descreve duas **Luas em Áries juntas**. Embora o sexo nunca tenha sido melhor, vocês têm expectativas e necessidades emocionais muito fortes. Se for para funcionar no longo prazo, vocês precisarão ter um compromisso maior.

Juntas, as **Luas em Áries e em Leão** formam um par perfeito e muito sensual — desde que a emocionalmente distante Lua em Áries nunca se esqueça de mostrar sua devoção, e a sensível e orgulhosa Lua em Leão aprenda a não tomar de modo tão pessoal a necessidade de independência da sua parceira em Áries.

Alerta estelar!

O ponto de ruptura entre duas Luas de Fogo refere-se geralmente às necessidades do ego e à fidelidade sexual. Embora precisem de muita liberdade para explorar suas opções sexuais, as Luas de Fogo exigem imprimir sua própria marca quanto à lealdade e compromisso.

As **Luas em Sagitário e em Áries** são aventureiras e amam a liberdade, e nem precisam de um compromisso para ter sexo de primeira. Vocês rapidamente se tornarão amigos e amantes ardentes — mas isso vai durar? Talvez — se vocês conseguirem lidar com a necessidade de investigação sexual.

Duas **Luas em Leão juntas** garantem um drama glamoroso! Se cada um de vocês permitir ao outro dividir os refletores — o que não é pouca coisa —, esse pode ser um par sensacional. Vocês são profundamente sensíveis, ferozmente ciumentos e generosos para com falhas — e quando brigam, o sexo de reconciliação será maravilhoso!

Juntas, as **Luas em Leão e em Sagitário** são muito divertidas. São expansivas, sociáveis e muito sexuais. A despreocupada Lua em Sagitário admira a ambição da Lua em Leão, enquanto a sensível Lua em Leão demora a aprender como Sagitário faz para permanecer tão despreocupada! Esse é um par que pode durar!

Duas **Luas em Sagitário juntas** costumam ser as mais divertidas quando estão vestidas — e ainda mais quando não estão! Vocês são expansivos, aventureiros e vivem o momento. Se conseguirem se acertar o tempo suficiente para juntar os trapos, então depende só da vontade de vocês para — uh! — aventurarem-se e se comprometerem.

Luas de Fogo com Luas de Ar

As Luas de Fogo e as de Ar podem ser descritas como duas crianças que adoram brincar e explorar juntas! Vocês florescem na excitação, na aventura e — como é divertido ser adulto! — estimulando os desejos sexuais um do outro. No nível emocional, vocês compreendem as necessidades mútuas de tempo e espaço para crescer. Com certeza, haverá algum drama, pois cada um desafia a individualidade e a necessidade de independência do outro — mas o fator importante é que vocês simplesmente se entendem!

As **Luas em Áries e em Gêmeos** adoram o excitamento e a vibração de descobrir um território desconhecido. Cada um de vocês sabe o que fazer para tornar o outro bem-sucedido. Quando juntos, existe um Fogo compatível e sincronicidade de Ar no trabalho. Vocês podem ter uma relação duradoura!

Embora, emocionalmente, as **Luas em Áries e em Libra** venham de planetas diferentes (Áries: "o planeta Si Mesmo"; Libra: "o planeta Outro"), quando juntas, uma dá à outra um equilíbrio muito necessário. Vocês se desafiarão, mas isso bem pode valer o esforço!

As **Luas em Áries e em Aquário** são sexualmente investigadoras e têm muito em comum quanto à necessidade de independência. Ainda mais, a rebelde Lua em Aquário adora a necessidade da Lua em Áries de seguir os próprios instintos atrevidos! Vocês estão em sincronia suficiente para fazer essa relação funcionar.

O que move as **Luas em Gêmeos e em Leão** é a necessidade de excitamento (e, sim, drama!). Vocês adoram manter as coisas excitadas e são provocadores em suas abordagens à vida. Se a Lua em Gêmeos respeitar a necessidade de lealdade da Lua em Leão, e se a Lua em Leão aceitar a curiosidade sexual da Lua em Gêmeos — dois importantes "se" —, então esse pode ser um par divino.

As **Luas em Leão e em Libra** adoram estar juntas — e não somente na cama! Vocês adoram as coisas refinadas da vida e são movidos pela beleza. Vão gostar de fazer compras juntos, de ir a uma exposição de arte ou assistir a mais recente peça de teatro ou espetáculo de ópera. Vocês apreciam passar o tempo juntos, e um estimula e favorece o posterior desenvolvimento da estética mais profunda do outro.

Atração de opostos é o que há entre as **Luas em Leão e em Aquário.** A Lua em Leão almeja a devoção; a Lua em Aquário quer independência. Vocês podem partir de diferentes perspectivas, mas se conseguirem descobrir uma maneira de se encontrar no meio do caminho, esse relacionamento pode realmente funcionar!

Relações celestiais

Nosso signo lunar é uma camada mais profunda do nosso signo solar ou do Ascendente, e reflete nossas necessidades emocionais, nossas zonas de conforto e o que nos faz sentir seguros. A compatibilidade entre Luas indica o que você e o seu amado estão procurando no nível mais profundo de intimidade.

As **Luas em Sagitário e em Gêmeos** são pedras rolantes e pouco musgo vai acumular debaixo dos pés delas (ou nesse relacionamento!). Para vocês, raramente a vida fica sem graça. Esse par compreenderá as necessidades mútuas de estimulação intelectual e de liberdade emocional.

Embora o abrupto Sagitário transtorne a necessidade de decoro de Libra, as **Luas em Sagitário e em Libra** podem funcionar juntas. Além do mais, a Lua em Sagitário é profundamente atraída para o refinamento gracioso da Lua em Libra. Surpreendentemente, esse par talvez não seja tão flexível!

Amantes cósmicos

A top model e empresária de mídia Heide Klum, do *Project Runaway*, tem a Lua em Gêmeos — o que indica sua habilidade para múltiplas tarefas! Seu marido virginiano, o músico Seal, tem a Lua em Sagitário. Esse é um caso em que Luas opostas se atraem, criando uma harmonia cósmica!

As **Luas em Sagitário e em Aquário** são irmãs cósmicas — compartilham as mesmas necessidades emocionais e espirituais. Vocês valorizam a própria independência e dão liberdade um ao outro para se explorar e se desenvolver emocionalmente, dentro do próprio tempo e através dos próprios meios!

Caro astrólogo do sexo...

"Sou leonina, com a Lua em Leão e Ascendente em Áries. Estou me preparando para arrumar um novo namorado. O que devo procurar, tendo em vista uma potencial compatibilidade astrológica?"

Se preparando para arrumar um amante, é? Definitivamente, você é leonina! Você tem bastante elemento Fogo na sua constituição astrológica. O que precisa é um parceiro que seja forte e corajoso o suficiente para estar ao seu lado a cada passo do caminho. Um signo lunar compatível com o seu é outro signo de Fogo ou um signo de Ar. Um namorado com uma Lua de Ar poderia acrescentar algum equilíbrio à sua mistura ígnea, enquanto mantém a sua sexualidade estimulada — e nunca entediada!

Luas de Fogo com Luas de Água

Enquanto todas as Luas de Fogo estão voltadas para a aventura e a descoberta de novas oportunidades, as Luas de Água gostam de se apegar ao que é confortável. Enquanto as Luas de Fogo desejam ardentemente sair pelo mundo e explorá-lo, as Luas de Água estão mais felizes dentro de casa, com alguém que queira estar ao seu lado e se aconchegar! É provável que vocês se desafiem quanto às profundas necessidades do relacionamento. No longo prazo, as Luas de Fogo e de Água tendem a se desapontar.

Relações celestiais

As Luas de Fogo agem por instinto: movem-se rapidamente e com coragem. As Luas de Água são mais intuitivas e precisam de tempo para refletir sobre o que querem.

Inicialmente, talvez as **Luas em Áries e em Câncer** experimentem uma animação sexual —, mas raramente duradoura. Vocês têm várias necessidades emocionais e prioridades diferentes, e, no dia a dia, buscam experiências de relacionamento de tipos bem distintos.

As **Luas em Áries e em Escorpião** são dinâmicas e passionais, e é provável que sintam uma forte atração sexual. Porém, emocionalmente, vocês pisam nos calos um do outro. A Lua em Áries é impertinente e precipitada demais para a profunda sensibilidade da Lua em Escorpião.

As **Luas em Áries e em Peixes** raramente possuem aquilo que faz com que ambas se sintam emocionalmente contentes, para, pelo menos, uma dar à outra o que realmente precisa e merece. Vocês se desafiam por causa das diferenças relacionadas à segurança emocional.

Embora as **Luas em Leão e em Câncer** procurem segurança emocional, partem de perspectivas diferentes. A Lua em Leão valoriza a diversão e o excitamento; a Lua em Câncer não quer saber de drama ou conflito. É difícil para vocês conseguirem acompanhar algum tipo de ritmo emocional.

O embate de egos descreve as **Luas em Leão e em Escorpião** quando estão juntas. Ambas querem estar no comando — a Lua em Leão, através da sua necessidade agressiva de atenção, e a Lua em Escorpião, através da sua necessidade de controle.

Embora as **Luas em Leão e em Peixes** adorem o drama e explorar suas vidas de fantasia ativa, o copo da Lua em Leão está sempre meio cheio e transbordando de oportunidades — enquanto o copo da Lua em Peixes está meio vazio e querendo mais. Esse par não está emocionalmente em sincronia.

Não é que as **Luas em Sagitário e em Câncer** não se respeitem — na verdade, talvez uma deseje secretamente a vida da outra. A Lua em Sagitário aprecia o compromisso da Lua em Câncer para com a família, e a Lua em Câncer vibra secretamente com a ideia das aventuras da Lua em Sagitário. Porém, no dia a dia, não se alinham!

Talvez as **Luas em Sagitário e em Escorpião** se encontrem numa aula de tantra-yoga e sintam um vínculo entre suas crenças espirituais. Infelizmente, o respeito mútuo e uma excitante comunicação verbal não são iguais a uma ligação profunda ou duradoura.

As **Luas em Sagitário e em Peixes** partilham a vulnerabilidade e o medo de expressar suas mais profundas emoções — embora a fogosa Lua em Sagitário nunca admita isso! As abordagens de vocês à vida são muito diferentes, e há um grande desfiladeiro emocional entre vocês para que o relacionamento funcione.

Luas de Fogo com Luas de Terra

As Luas de Fogo e as de Terra são altamente sexuais. Também têm uma profunda necessidade de estar no controle! Mas, enquanto as Luas de Fogo querem se expandir, crescer e explorar novos horizontes, as Luas de Terra não gostam de correr riscos e ficam mais felizes ao manter o *status quo*. Vocês vão encarar muitos conflitos quando um tentar fazer o outro se sentir feliz e seguro. Ponto decisivo: quando se trata das necessidades emocionais, vocês têm muito pouco em comum.

> **Alerta estelar!**
>
> O ponto de ruptura entre as Luas de Fogo e de Terra consiste em quem será o macho/fêmea alfa do relacionamento. Vocês dois gostam de estar no comando!

Embora as **Luas em Touro e em Áries**, inicialmente, esbanjem sexualidade e mesmo devorem uma à outra na cama, geralmente é só por uma noite. Emocionalmente, vocês querem coisas diferentes: a Lua em Áries quer independência e a Lua em Touro valoriza o conforto.

Não há solução: as **Luas em Áries e em Virgem** têm pouco em comum, emocional ou sexualmente. Por mais que vocês tentem, há pouco espaço para cada um conseguir atender à suas necessidades mais profundas.

As **Luas em Áries e em Capricórnio** são muito parecidas quando se trata de estar no topo ou no controle, mas a necessidade da Lua em Áries de audácia e liberdade não condiz com o desejo de segurança da Lua em Capricórnio. Essa combinação de Luas será uma luta emocional pelo poder!

As territoriais **Luas em Leão e em Touro** se desafiarão constantemente quanto às necessidades de quem deve vir em primeiro lugar. A Lua em Touro tem pouca paciência com o drama emocional da Lua em Leão; a Lua em Leão se cansa por causa da necessidade da Lua em Touro de não correr riscos.

As **Luas em Leão e em Virgem** não formam um bom par — emocional ou sexualmente. De fato, o consenso entre vocês é que um dá nos nervos do outro! A menos que haja outro fator astrológico que esteja em muita sincronia, caiam fora!

Relações celestiais

A Lua representa os sentimentos e as emoções, mas também rege a intuição. Quando seu signo lunar e o do seu amado estão em sincronia, vocês sentirão a profunda e intuitiva ligação que une um ao outro.

As **Luas em Leão e em Capricórnio** compreendem as ambições uma da outra e a necessidade de seguir em frente na vida. No entanto, a Lua em Leão precisa de mais atenção e devoção do que pode oferecer a estoica e emocionalmente parcimoniosa Lua em Capricórnio.

A livre Lua em Sagitário quer explorar o mundo; a Lua em Touro (que é voltada para a segurança) prefere ficar em casa. Juntas, as **Luas em Sagitário e em Touro** não têm muito em comum.

As **Luas em Sagitário e em Virgem** formam uma combinação interessante. A Lua em Virgem se preocupa em organizar os detalhes; a Lua em Sagitário tem pouca paciência para coisas certinhas. Será bem difícil uma fazer a outra feliz.

As **Luas em Sagitário e em Capricórnio** são altamente sexuais. Porém, a brincalhona Lua em Sagitário é muito independente para a necessidade de Capricórnio de estar no controle a cada etapa do caminho. Juntos, vocês trazem à tona suas naturezas competitivas.

Luas de Ar com Luas de Ar

As Luas de Ar amam a excitação e explorar as suas opções — na vida e na cama! São intelectuais eternamente curiosos e adoram brincar. Juntos, você e seu amante formam um par sensual! Um estimula o outro em todos os lugares certos — especialmente na necessidade mútua de estarem inspirados. O resultado é muito divertimento, mas vocês precisam cavar fundo para achar substância emocional. A duração do seu relacionamento vai depender disso!

Coloque duas **Luas em Gêmeos juntas** e o resultado será uma intensa estimulação sexual e intelectual. Vocês brincam e se divertem muito juntos e estão na mesma tônica quanto aos estilos de vida. A questão é: serão capazes de enraizar suas necessidades emocionais e de longo prazo?

Muito a fazer e tão pouco tempo! As **Luas em Gêmeos e em Libra** são compatíveis em vários níveis, embora a Lua em Libra ache difícil lidar com a necessidade da Lua em Gêmeos de flertar e evitar o compromisso. E mais, se esse relacionamento funcionar, vocês se divertirão muito juntos!

As **Luas em Gêmeos e em Aquário** estão em sincronia quanto a suas necessidades de liberdade emocional. Vocês adoram expressar suas opiniões! Juntos, conversam e debatem durante a noite inteira. Finalmente, quando decidem que é hora de ir para a cama, devoram-se fisicamente, também! Vai durar? Talvez!

Duas **Luas em Libra juntas** vacilam entre suas muitas escolhas e opções. Que fazer? Leve em conta que vocês estão em sincronia e se alegram quando passam o tempo juntos. Sexualmente, formam uma combinação erótica feliz e têm uma profunda compreensão das necessidades mútuas. Será que disse o suficiente?

Juntas, as **Luas em Libra e em Aquário** sentem geralmente uma profunda atração intelectual e emocional. Embora o compromisso seja um grande problema para a Lua em Aquário — e a Lua em Libra se assentará com nada menos do que isso –, vocês têm suficiente sincronicidade cósmica para fazer o relacionamento dar certo.

É um rolar de dados cósmico entre duas **Luas em Aquário juntas**. Vocês partilham de uma filosofia universal: a necessidade de inspirar brilhantemente os outros a tornarem o mundo um lugar melhor. Porém, juntos, vocês terão de trabalhar bastante para criar uma ligação profunda e duradoura.

Luas de Ar com Luas de Água

Luas de Ar com Luas de Água são como óleo e água — realmente não se misturam! Enquanto as Luas de Ar buscam o excitamento e a estimulação intelectual, as Luas de Água querem a segurança daquilo que é conhecido. É a diferença entre a filosofia da Lua de Ar, "Penso, logo existo!", e o lema da Lua de Água, "Sinto, logo existo!". Juntas, estão simplesmente fora de sincronia.

Não há outra forma de dizer isto: as **Luas em Gêmeos e em Câncer** têm pouco ou nada em comum. Vocês querem coisas completamente diferentes na vida, em todos os níveis.

Embora as **Luas em Gêmeos e em Escorpião** sintam uma atração inicial quando se encontram, ela raramente dura. A necessidade de diversão constante da Lua em Gêmeos e a necessidade de escavar fundo da Lua em Escorpião não combinam emocionalmente.

As **Luas em Gêmeos e em Peixes** sentem uma completa estranheza emocional. A Lua em Gêmeos adora desafiar seu amante a pensar de modo diferente; a Lua em Peixes vive da ilusão do perfeito amor. Juntas, é impossível qualquer acordo!

> **Alerta estelar!**
>
> O ponto de ruptura entre uma Lua de Ar e uma de Água tem a ver com as necessidades emocionais mais profundas. A Lua de Ar costuma ter medo do compromisso e hesita em mergulhar naquilo que vê como o abismo emocional da Lua de Água.

Não importa quão duramente tentem, as **Luas em Libra e em Câncer** ficam perplexas com as profundas necessidades sexuais e emocionais de cada uma. Essa combinação de Luas de Ar e de Água não funciona — especialmente nas prioridades e na vida cotidiana.

Há tanta coisa que não funciona ou que não se relaciona emocionalmente entre as **Luas em Libra e em Escorpião**, que é praticamente impossível encontrar um campo em comum. Certo, vocês gostam de intrigas eróticas e sexuais —, mas, na vida cotidiana, vocês têm pouco em comum.

As **Luas em Libra e em Peixes** podem ser completamente tolas no amor! Vocês adoram o romance e querem encontrar a perfeita alma gêmea. Porém, juntos, o que seria uma atração à primeira vista se dissipa assim que as condições da vida se tornam difíceis.

A Lua em Aquário é a que aceita; a Lua em Câncer é a que doa. Embora isso pareça uma combinação perfeita, quando juntas, as **Luas em Aquário e em Câncer** têm dificuldade de negociar essas necessidades emocionais tão diferentes — especialmente quando se trata de segurança no longo prazo.

As **Luas em Aquário e em Escorpião** são teimosas em relação ao que querem. A Lua em Aquário busca a liberdade emocional e a Lua em Escorpião quer a profundidade emocional. Juntos, vocês não estão em sincronia emocional — nem sexual!

Amantes cósmicos

O astro de cinema e aquariano Paul Newman tem a Lua em Peixes. Sua esposa, Joanne Woodward, é pisciana, com a Lua em Aquário. O Sol de um no mesmo signo da Lua do outro significa uma ligação emocional forte e duradoura.

Embora as **Luas em Aquário e em Peixes** sejam excêntricas e anticonvencionais, cada uma ao seu modo, quando estão juntas, não se misturam. A Lua em Aquário é altiva e impessoal demais para atender a necessidade de profunda intimidade emocional da Lua em Peixes.

Luas de Ar com Luas de Terra

Quando juntas, as Luas de Ar e de Terra estão em páginas opostas. As Luas de Terra querem segurança e compromisso emocional; as Luas de Ar são espíritos joviais que resistem aos compromissos e não gostam de ser controladas. Juntos, vocês se desafiam até o último grau. O que fazer? Investir em aconselhamento de casal para conseguir manobrar as profundas necessidades mútuas, e então decidir se vale a pena o esforço!

A desenraizada Lua em Gêmeos costuma ficar perplexa, e também um pouco intimidada, com a estabilidade natural da Lua em Touro. A realista Lua em Touro considera a Lua em Gêmeos pouco confiável emocionalmente. As **Luas em Gêmeos e em Touro** têm pouco em comum — emocionalmente ou na cama.

As **Luas em Gêmeos e em Virgem** são pensadoras e intelectuais, porém, enquanto a Lua em Gêmeos é uma pensadora/investigadora, a Lua em Virgem é uma pensadora/provocadora! Juntas, não há base emocional suficiente para fazer o relacionamento dar certo.

A Lua em Gêmeos quer brincar e investigar; a Lua em Capricórnio quer apenas não correr riscos. Há pouca ou nenhuma ligação emocional entre as **Luas em Gêmeos e em Capricórnio.** Qualquer ardor sexual será fogo de palha!

As **Luas em Libra e em Touro** compartilham o desejo por beleza e amor, e adquirem belos objetos. Mas vocês são teimosos demais para conseguir conciliar suas necessidades emocionais tão diferentes, portanto essa combinação não vai funcionar por muito tempo.

As **Luas em Libra e em Virgem** exigem perfeição, mas quando se reúnem, não é nada disso! As coisas se tornam *tudo* certo ou errado, ou *tudo* bem ou mal. Vocês vão implicar um com o outro emocionalmente, por diversão!

A Lua em Libra adora romance e badalação; a Lua em Capricórnio dedica-se a cuidar dos negócios. Juntas, as **Luas em Libra e em Capricórnio** não somente se desafiam, mas também ferem os sentimentos uma da outra!

Juntas, as **Luas em Aquário e em Touro** vem de lugares tão diferentes e têm necessidades emocionais tão diferentes que não há muitas coisas que as unam. A excêntrica Lua em Aquário e a realista Lua em Touro ficam absolutamente perplexas uma com a outra.

> **Relações celestiais**
>
> Nossa Lua nos atrai geralmente para um amante que reflete nossas necessidades inconscientes mais profundas e, às vezes, ocultas! Embora, na superfície, as coisas não pareçam ser assim, há um desejo de examinar experiências emocionais similares.

As **Luas em Aquário e em Virgem** desafiam-se intelectual e emocionalmente — e não no bom sentido! Vocês querem coisas diferentes na vida e nos relacionamentos. Não há uma base emocional comum que faça esse relacionamento dar certo.

A Lua em Capricórnio sonha com uma casa com uma cerca branca de madeira; a Lua em Aquário considera seriamente a ideia de se juntar a uma comunidade! As **Luas em Aquário e em Capricórnio** têm pouco em comum quanto a suas necessidades de estilo de vida.

Luas de Água com Luas de Água

Juntas, duas Luas de Água estão intuitiva e emocionalmente em sincronia. Vocês partilham da necessidade de segurança, conforto e compromisso. Exploram, juntas, as suas muitas fantasias sexuais. Embora sintonizada sexual e emocionalmente, a dupla formada por Luas de Água pode afogar as necessidades individuais. As Luas de Água têm geralmente problemas quanto aos limites! O desafio para esse par é cada um equilibrar as próprias necessidades com as necessidades do amante.

É cama, banho e por aí afora para duas **Luas em Câncer juntas**! Esse par adora nada mais que lar e lareira, comida gostosa, vinho e banho de espuma junto! Essas Luas costumam ser um pouco mandonas, mas estão na mesma tônica emocional.

As **Luas em Câncer e em Escorpião** são sexualmente tão compatíveis que até assusta! Cada um de vocês preenche as fantasias idealizadas do outro — em outras palavras, enquanto não se tratar da vida do dia a dia. Briga, reconciliação, briga, reconciliação — tudo bem e sexualmente muito quente.

Caro astrólogo do sexo...

"Sou capricorniano, com a Lua em Peixes. Sou trabalhador, mas também tenho o desejo de explorar algumas das minhas fantasias sexuais com a mulher certa. Alguma sugestão?"

Você tem um conflito entre seu Sol em Capricórnio — batalhador, estoico e avesso ao *nonsense* — e sua Lua em Peixes, muito imaginativa e criativa. O que você precisa é de uma amante com a Lua num signo de Terra — a Lua em Touro, profundamente sensual, seria um bom par —, ou então procure outra Lua de Água, tal como a Lua em Escorpião. Esta última seria excelente para vocês explorarem suas fantasias mais profundas!

Juntas, as **Luas em Câncer e em Peixes** compõem uma bela canção — na vida e na cama! Vocês "se prendem" num nível emocional muito profundo. Ainda mais, cada Lua nutre a autoestima da outra, que às vezes fica fraca. Esse relacionamento é sexualmente ardente e destinado a durar.

É um cósmico embate de Titãs entre duas **Luas em Escorpião**. Ambas são fortes, voluntariosas e determinadas a conseguir o que querem. Para que o relacionamento funcione, vocês precisam escavar profundamente em busca de paciência, compreensão e entrega emocional!

Amantes cósmicos

A leonina Jennifer Lopez tem Lua em Escorpião. Seu marido, Marc Anthony, é virginiano, com a Lua em Câncer. Apesar de seus signos solares estarem em conflito, há um alinhamento emocional mais profundo entre suas Luas de Água. Escorpião e Câncer formam um par tempestuoso, mas estão na mesma tônica quanto ao compromisso e à intimidade mais profunda.

Juntas, as **Luas em Escorpião e em Peixes** tecem um feitiço emocional que é maravilhoso para ser ignorado. (Portanto, não ignore!) Embora a Lua em Escorpião costume chutar o traseiro da preguiçosa Lua em Peixes, elas realmente compreendem as necessidades criativas e espirituais mútuas.

Entre as imaginativas e sensíveis **Luas em Peixes juntas**, há uma ligação muito profunda, que é comovente e romântica, e tem sincronia emocional. O sexo é do outro mundo, mas vocês precisam respeitar seus limites —, pois correm o risco de se tornar emocionalmente dependentes.

Luas de Água com Luas de Terra

Na maioria dos casos, as Luas de Água e as de Terra estão altamente sintonizadas emocional e sexualmente. Vocês nutrem necessidades e desejos mútuos, e fornecem um ao outro a estabilidade que tanto necessitam. Vocês também estão de acordo nas prioridades da vida do dia a dia — especialmente na questão do compromisso de longo prazo. Juntos, vocês dão força emocional um ao outro.

As **Luas em Câncer e em Touro** são protetoras, cada uma do seu próprio jeito. A Lua em Câncer é muito carinhosa, e a Lua em Touro é muito protetora e tranquila, que se ocupa de um dia de cada vez. Juntos, vocês dão equilíbrio emocional um ao outro e apreciam um namoro sensual!

As notoriamente meticulosas **Luas em Câncer e em Virgem** estão emocionalmente em sincronia e têm a mesma prioridade: colocar suas vidas em ordem! Vocês se desafiam na maneira como abordam esse objetivo, mas, enfim, se nutrem emocionalmente — e a relação sexual é maravilhosa!

A Lua em Câncer adora nutrir e a Lua em Capricórnio adora absorver! Juntas, as **Luas em Câncer e em Capricórnio** equilibram suas mais profundas necessidades emocionais relacionadas à carreira, família e nutrição.

Relações celestiais

As Luas de Água têm uma sincronia maior com seu "eu" mais profundo do que as dos outros elementos. O elemento Água representa os sentimentos, as emoções e as necessidades inconscientes. Essas Luas estão em seu elemento natural quando se trata de emoções!

Entre as **Luas em Touro e em Escorpião**, é um teimoso se encontrando com outro mais teimoso ainda! Na cama, vocês são sexualmente ardentes e incendeiam os lençóis — mas, na vida diária, há muita luta de poder para ver quem tem suas necessidades atendidas em primeiro lugar.

Surpreendentemente, as **Luas em Escorpião e em Virgem** estão emocionalmente em sintonia, embora quem esteja de fora jamais imagine isso pela maneira como uma implica com a outra! Sim, esse par é muito compatível — especialmente quando se trata da compreensão e satisfação mútua dos desejos sexuais!

> **Alerta estelar!**
>
> O ponto de ruptura entre as Luas de Água e de Terra geralmente gira em torno da segurança financeira. Ambas precisam sentir-se seguras com relação a suas contas bancárias! Se seus hábitos de gasto e de poupança não combinam, provavelmente vocês também não!

As **Luas em Escorpião e em Capricórnio** são altamente compatíveis. Cada um de vocês respeita o impulso e a intensidade do outro. E o mais importante, vocês são suficientemente fortes para um erguer o outro. Esse par é sensual e duradouro!

A Lua em Touro, com sua profunda sensualidade, enraíza as fantasias da Lua em Peixes; a Lua em Peixes oferece à telúrica Lua em Touro algo sobrenaturalmente mágico; e — uau! — o sexo nunca foi melhor. Juntas, as **Luas em Peixes e em Touro** fazem um acordo emocional mútuo que funciona muito bem. Essa é uma relação duradoura.

As **Luas em Peixes e em Virgem** formam um par que é uma canja de galinha celestial! A Lua em Virgem adora exagerar, nutrir e ajudar; a Lua em Peixes quer tudo isso! Embora se desafiem nos detalhes do dia a dia, existe um equilíbrio cósmico entre vocês!

As **Luas em Peixes e em Capricórnio** são sexualmente compatíveis e uma ajuda a outra a explorar suas mais profundas fantasias! A Lua em Peixes acha que a Lua em Capricórnio é rude, porém sensível e muito sensual. A Lua em Capricórnio adora as delicadas fantasias que a Lua em Peixes inventa.

Luas de Terra com Luas de Terra

As Luas de Terra estão profundamente enraizadas em sua necessidade de segurança e conforto. Juntos, vocês formam uma bela parceria e nela ficarão por um longo período. Vocês querem as mesmas coisas: segurança emocional e financeira, e um parceiro com quem criar um relacionamento amoroso e duradouro. Embora costumem se desafiar para ver quem está no comando, vocês sabem que estão juntos nesse relacionamento — e é isso que importa!

Embora duas **Luas em Touro juntas** teimem obstinadamente para ver quem está no comando, no final das contas têm uma mesma intenção — criar juntas uma família e uma comunhão adoráveis. Ah, e o supersensual sexo telúrico é impressionante!

As **Luas em Touro e em Virgem** estão emocionalmente em sincronia e se relacionam bem em suas necessidades diárias. Embora a Lua em Touro não goste de criticar qualquer coisinha e a Lua em Virgem considere irritante a teimosia de Touro, permanecem juntas por um longo período.

As **Luas em Touro e em Capricórnio** têm objetivos emocionais semelhantes — formar uma parceria estável, amorosa e duradoura. A Lua em Touro inspira a Lua em Capricórnio a reduzir a velocidade e desfrutar a vida; a Lua em Capricórnio inspira a Lua em Touro a fazer o que tem de ser feito.

A questão mais profunda entre duas **Luas em Virgem juntas** é encontrar o equilíbrio correto entre suas necessidades sensuais e suas necessidades de segurança e controle. Apesar de essa combinação de Luas dar trabalho — sim, muito trabalho! —, se vocês relaxarem, talvez encontrem uma sincronicidade emocional e sexual.

Na vida cotidiana, as **Luas em Virgem e em Capricórnio** podem entrar em conflito sobre uma infinidade de detalhes. Porém, afinal de contas, são somente detalhes — e vocês estão em sincronia em suas necessidades emocionais e de longo prazo.

Ao final do dia, duas **Luas em Capricórnio juntas** adoram voltar para casa. Certamente, vocês competirão acirradamente para manter o equilíbrio correto entre as prioridades da carreira e da família – mas, ei, vocês estão nisso juntos. E isso conta!

O Mínimo que Você Precisa Saber

- As Luas de Fogo são egoístas e uma precisa respeitar as necessidades da outra.
- Luas de Fogo, com Luas de Ar, adoram brincar e explorar juntas.
- As Luas de Água compreendem as profundas necessidades emocionais uma da outra.
- Luas de Água, com Luas de Terra, estão em sincronia emocional, especialmente quando se trata de compromisso e segurança.

- Luas de Fogo, com Luas de Terra ou de Água, não estão emocionalmente na mesma tônica.
- Luas de Ar, com Luas de Terra ou de Água, enfrentam muitos desafios em seus relacionamentos.

Capítulo 9

Sob o Luar Prateado

Neste Capítulo

- A Lua governa nossos instintos e emoções mais profundos
- Como explorar a energia sexual das quatro fases da Lua
- Quando a Lua está num signo de Fogo ou de Ar, a disposição lunar é extrovertida e sexualmente aventureira
- Quando a Lua está num signo de Água ou de Terra, a disposição lunar é sexualmente introvertida e pensativa

Explorar as diferentes fases da Lua fornece a você importantes indicações sobre o crescimento e o minguamento da sua vida sexual e amorosa. Dica: o sexo não é necessariamente melhor durante a Lua Cheia! Conhecer a localização da Lua nos signos do zodíaco lhe informa quando a relação sexual tem mais probabilidade de ser mais prazerosa, quando sair e desfrutar os prazeres da vida e as amizades, e quando ficar simplesmente em casa e alugar um DVD!

Contrariado e Fascinado: As Fases da Lua

A Lua governa nossos sentimentos, instintos e as mais profundas necessidades e desejos físicos. Tanto os cientistas quanto os astrólogos têm estudado a aproximação e o afastamento da Lua e como sua energia afeta a natureza humana. Os ciclos da Lua influem grandemente a nossa vida diária, ditando nossos ânimos, atitudes e como vamos responder e nos empenhar em nossos relacionamentos e atividades cotidianas.

As quatro fases mais importantes da Lua têm sido usadas durante séculos para ajudar a compreensão das profundas motivações das pessoas e o planejamento de grandes eventos e atividades — desde o momento mais oportuno para fazermos um acordo bem-sucedido de negócios até o momento certo para a atividade sexual! Cada fase da Lua dura aproximadamente uma semana, mas sua influência é mais pronunciada durante os primeiros dias de cada fase. Sintonizar-se com as diferentes fases da Lua dará a você indicações específicas de como abordar melhor sua vida sexual e seus relacionamentos.

> **Relações celestiais**
>
> O ciclo lunar começa com a Lua Nova e termina com o Quarto Minguante. Um ciclo completo da Lua, no qual ela percorre toda a sua órbita ao redor da Terra, leva aproximadamente 29 dias.

O calendário astrológico mostra as diferentes fases da Lua. A efeméride (listagem diária dos planetas nos signos do zodíaco) ou um guia anual dos signos lunares também mostra tanto as fases da Lua quanto seu movimento através dos signos astrológicos. Para maiores informações, você pode acessar seu *website* astrológico favorito e conectar-se com a previsão planetária diária, que geralmente mostra a fase e a localização da Lua. (Para mais informações sobre os recursos *online*, em inglês, veja os Apêndices B e C.)

As Luas Crescentes

A Lua Nova e o Quarto Crescente são as fases em que a Lua vai aumentando. A fase crescente da Lua representa a época dos novos começos e do desejo de examinar novas possibilidades. Essa é a fase da energia sexual intensificada. A fase crescente da Lua é expansiva e sexualmente aventureira — o período em que é mais provável agirmos de acordo com os nossos instintos mais básicos. Durante essa fase lunar, as condições são favoráveis para o crescimento, a expansão e o início de novos empreendimentos. Essa é também uma época em que provavelmente você vai atrair pessoas e relacionamentos que o ajudarão a progredir na vida!

Lua Nova

Durante a Lua Nova há uma forte arrancada na direção dos recomeços. É uma fase de alta energia, em que os desejos ficam fortes. É também um período impulsivo: as pessoas sentem a necessidade de seguir seus mais profundos instintos e, muito provavelmente, iniciar novos relacionamentos. A energia da Lua Nova é voltada para a ação e costuma ser sexualmente agressiva — um período em que se dá pouca atenção às consequências.

Essa fase presta-se ao autoenvolvimento! Talvez você se encontre focalizado em explorar novos territórios e em abrir novas possibilidades para a sua vida. Não é um momento em que você necessariamente terá preocupações com os detalhes, com as nuances mais sutis ou com as profundas necessidades dos outros.

> **Alerta estelar!**
>
> Os sentimentos e os instintos sexuais estão mais fortes e mais intensos durante a Lua Nova e a Lua Cheia.

> **Caro astrólogo do sexo...**
>
> "Envolvi-me impetuosamente com um homem durante a Lua Nova. Agora que o conheço melhor, para meu grande embaraço, percebi que não temos nada em comum! Sinto que fui irracional e expressei em ação o meu desejo de um novo relacionamento. O que devo fazer?"
>
> Lua Nova, homem novo! Não é raro começar um novo relacionamento durante a fase da Lua Nova. Essa fase da Lua é sexualmente espontânea e traz com ela um desejo de examinar as novas oportunidades. Parece que esse sujeito não é para você. Deixe a culpa de lado e caia fora. Durante a próxima Lua Nova, saia novamente – talvez dessa vez tenha mais sorte em sua escolha!

Quarto Crescente

O Quarto Crescente tende a ser um período sexualmente ativo. A energia é dinâmica e há um forte impulso para atingirmos objetivos e conseguirmos fazer as coisas. Essa Lua também traz à tona nossa natureza mais voluntariosa e o desejo de conseguirmos o que queremos — na vida e na cama. A fase de conhecimento mútuo e a lua de mel sexual da Lua Nova se acabam à medida que a realidade se impõe e os desafios começam a surgir.

Essa fase da Lua representa uma época de realização. Tente ser o mais disciplinado possível, conforme você refina e define os seus objetivos e busca o que quer.

As Luas Minguantes

A Lua Cheia e o Quarto Minguante são as fases em que a Lua vai diminuindo. Na fase minguante da Lua, os ânimos se tornam mais reflexivos e as energias sexuais se tornam mais introvertidas. Durante essa fase, há geralmente um desejo de intimidade e de ligações sexuais mais profundas. A fase minguante da Lua é o momento de você construir as bases dos seus relacionamentos, levar seus projetos adiante e aperfeiçoar seus talentos. O que foi iniciado na fase crescente alcança sua completude natural durante esse período lunar.

Lua Cheia

Durante a Lua Cheia, os sentimentos e instintos são extremos e há uma tendência a reagir muito emocionalmente. Durante esse período há um desejo profundo de satisfação sexual, pois as sementes plantadas durante a fase crescente começam a alcançar sua plenitude.

O que foi fermentando no relacionamento de vocês vem à superfície: o que era bom se torna maravilhoso, e o que era ruim se torna mais claro e mais pronunciado. É provável que as principais decisões no relacionamento sejam tomadas durante essa fase da Lua.

A Lua Cheia é sempre um período intenso! Esse é um momento durante o qual você talvez seja forçado a olhar profundamente dentro de si mesmo a fim de decidir o que realmente quer e precisa.

Quarto Minguante

Com o Quarto Minguante vem a necessidade de completar as coisas. Esse é o período de se aninhar, e ele é sexualmente introvertido e cauteloso. Provavelmente também não é um bom momento para você iniciar novos relacionamentos — ao contrário, é a época de reagrupar e esclarecer as coisas na sua vida que não estão funcionando. Durante esse período, talvez você ache que o sexo é rotineiro — que vocês estão apenas sendo levados

Relações celestiais

Os termos "lunático" e "aluado" estão associados com a Lua Cheia! A Lua Cheia é o período em que a influência gravitacional da Lua sobre a Terra está no seu ponto máximo, estimulando nossas necessidades inconscientes e desejos primitivos. Não surpreende que, nessa fase, os hospitais e a polícia convoquem mais funcionários para lidar com esses efeitos da Lua.

pelos impulsos. Os relacionamentos que não estão funcionando se acabam durante essa fase. O Quarto Minguante é uma fase para você se estabelecer e refletir sobre o que quer no próximo ciclo lunar.

Onde está a Lua?

Saber em qual signo astrológico a Lua está transitando ajuda você a se sintonizar com o ânimo e os sentimentos do dia — e da noite! A Lua permanece aproximadamente dois dias e meio em cada signo do zodíaco, conforme percorre seu ciclo completo. Cada signo lunar tem seu próprio estilo, modo e atitude lunar. À medida que a Lua visita cada signo, você sente as energias do signo e a influência que ele exerce na sua vida amorosa e sexual. Compreender o impacto da Lua em cada signo também ajuda você a descobrir o momento mais apropriado para uma série de eventos e atividades importantes.

> **Alerta estelar!**
>
> Quando a Lua está fora de curso, significa que está em repouso antes de se mover para o próximo signo do zodíaco. Esse trânsito lunar dura de várias horas até metade de um dia. Durante essa fase fora de curso, a Lua está numa baixa energética. Não é um bom momento para iniciar ou terminar tarefas, ou fazer muitas coisas. Ao contrário, esconda-se durante esse tempo e deixe a natureza seguir seu curso!

A Lua e os Momentos mais Adequados

Atividade / Evento	Luas
Comunicação	Gêmeos, Libra, Sagitário, Aquário
Entretenimento	Touro, Gêmeos, Leão, Libra, Sagitário
Brincadeira	Luas de Fogo e de Ar
Trabalho	Luas de Terra
Aprendizado	Gêmeos, Libra, Virgem, Sagitário
Romance	Touro, Leão, Libra, Peixes
Namoro *online*	Gêmeos, Aquário
Casamento	Touro, Câncer, Leão, Libra, Peixes
Rompimento	Áries, Virgem, Escorpião, Aquário
Fertilidade	Luas de Água e de Terra
Saúde	Luas de Terra

Compras	Leão, Libra, Gêmeos
Novos relacionamentos	Áries, Aquário, Libra, Capricórnio
Reconciliação	Touro, Libra, Capricórnio, Peixes
Solidão	Luas de Água
Construção de relacionamento	Luas de Terra

Lua em Áries

Esta Lua representa uma época impulsiva e o ânimo é sexualmente festivo e aventureiro. A Lua em Áries traz à tona sua coragem: sinaliza o momento para você ser bravo e agressivo ao ir atrás do que — e de quem — quer! Provavelmente, você se arriscará durante esse período, e o sexo é passional e espontâneo.

Não é uma Lua durante a qual você deva esperar ter suas profundas necessidades emocionais atendidas, nem é um momento para resolver conflitos. Ao contrário, essa Lua independente e expansiva está relacionada à exploração de novos territórios. Talvez você inicie um relacionamento, mas a Lua em Áries rapidamente fica esgotada!

Para criar o clima: uma grande quantidade de comida picante — churrasco ou pratos apimentados, com um pouco de cerveja bem gelada para acompanhar — e sexo ao ar livre, é claro!

Lua em Touro

Esta Lua tem tudo a ver com o divertimento. Mesmo finalizar um projeto ou cuidar de um negócio pode ser prazeroso! Essa Lua indica o momento de valorizar aquelas pessoas que são mais importantes para você e comungar com aquilo que lhe traz um maior bem-estar. A Lua em Touro é um bom período para dar uma parada e cheirar o perfume das rosas! O ânimo é lento e estável, e sinaliza o momento de se entregar ao sexo sensual e lascivo. Porém, não é hora para o sexo aventureiro; ao contrário, há o desejo de conforto e familiaridade. O potencial dessa Lua praticamente garante relações sexuais muito boas!

Se você não está tendo um relacionamento seguro, satisfaça sua natureza sensual dando prazer a si mesmo e cedendo às suas necessidades mais profundas.

Para criar o clima: um jantar festivo para amigos em cuja companhia você relaxe e se alegre. Cardápio: bife e batatas, ou um cozido, um bom vinho e uma sobremesa tentadora — o resto cuida de si mesmo!

Lua em Gêmeos

Com esta Lua há uma inquietação geral no ar. Durante a Lua em Gêmeos há uma tendência ao excesso de estimulação: pode haver também tanta coisa ocorrendo que é difícil se concentrar no amor e no sexo! Ao contrário, você está se divertindo, muito atarefado e esvoaçando de uma situação à outra. A Lua em Gêmeos é um ótimo momento para a socialização e para você se relacionar com as pessoas. Embora você esteja aberto a novas ideias, esse não é o momento para fazer muitas coisas!

Durante essa Lua há bastante curiosidade sexual — porém novas ligações românticas tendem a ser breves e dificilmente duradouras. A Lua em Gêmeos não tem poder de permanência.

Para criar o clima: é hora de brincar! Planeje uma reunião com seus amigos; inclua aperitivos variados e muitos jogos (charadas, banco imobiliário; ou talvez pôquer?).

Caro astrólogo do sexo...

"Estou planejando minhas núpcias para breve e me perguntando — existe alguma Lua que seja um bom momento para a cerimônia de casamento?"

Você está certa! Há algumas Luas que indicam um bom período para casamentos e celebrações de compromisso. Para mais informações, veja o quadro "A Lua e os Momentos mais Adequados" (na seção anterior "Onde está a Lua?"). Depois de ter comparado a data de seu aguardado casamento e o signo da Lua correspondente, também use sua intuição. A combinação de conhecimento sobre a Lua e o que diz sua intuição vai ajudá-la a escolher o momento perfeito para a sua cerimônia de casamento!

Lua em Câncer

Esta Lua é um momento em que os sentimentos correm soltos e há uma tendência para a hipersensibilidade. Geralmente, a Lua em Câncer representa um período em que buscamos afeto e queremos estar em casa ou junto com a família e os amigos. Durante essa Lua, o sexo costuma ser intenso e você se sente em sincronia psíquica com seu amante. Contudo, as expectativas são abundantes — particularmente as de natureza emocional. Atenção com as briguinhas depois de fazer amor. Esse é o momento para pôr de lado as preocupações domésticas e comungar com seu amante ou com suas necessidades mais profundas.

Para criar o clima: folhear o álbum de fotos da família ou assistir o vídeo das suas últimas férias talvez lhes traga o afeto que vocês buscam. Acrescente um pouco de alguma comida reconfortante, e vocês se sentirão de bem com o mundo — e um com o outro.

> **Amantes cósmicos**
>
> As pessoas nascidas sob o signo de Câncer, como a princesa Diana, são particularmente sensíveis às mudanças de ânimo causadas pela Lua e à sua atração sedutora e magnética!

Lua em Leão

É uma Lua de diversão! A Lua em Leão é o momento para celebrar, brincar e se divertir! Os instintos físicos ficam aguçados durante esse período, assim como os impulsos sexuais. Durante essa Lua há um desejo de correr riscos sexuais e se exibir. A Lua em Leão traz à tona a necessidade de atenção e de sair em busca de opções. Cuidado para não ser capturado pelo atual rapaz/garota mais popular! Essa é uma Lua romântica e muito doadora, mas você também vai sentir que precisa ser apreciado por suas contribuições. A Lua em Leão é muito dramática! Se quiser evitar dramas no relacionamento, fique atento às suas próprias expectativas.

Para criar o clima: precisa haver excitamento e drama! Uma festa à fantasia, na qual você esteja trajando um modelo atordoador e representando seu personagem favorito, além de comidas de muitos sabores para combinar com o espírito da festa, deve bastar.

Lua em Virgem

Esta Lua cria um clima favorável para muito trabalho e pouca diversão! A Lua em Virgem é um período durante o qual você está muito criterioso e sente necessidade de analisar cada detalhe do que está acontecendo na sua vida. Atenção: você pode ficar tão entranhado nos detalhes que perde a perspectiva ou esquece-se do todo! Durante a Lua em Virgem há uma necessidade de fazer as coisas: conferir o talão de cheques, arrumar os armários, responder telefonemas, e por aí vai. Não é o momento de aproveitar as oportunidades sexuais — você pode se arrepender mais tarde. Se conseguir sexo, ele será bastante físico (mas acabará rápido).

Para criar o clima: certifique-se de arrumar um tempo para relaxar! Quebre sua rotina normal e dê a si mesmo um presente — seja uma massagem sensual, experimentar sua comida favorita ou... se estiver descansado... uma liquidação!

Lua em Libra

Esta Lua é muito amigável! A Lua em Libra é um período durante o qual as pessoas estão mais inclinadas aos compromissos e a fazer o parceiro feliz. De fato, é um ótimo momento para o sexo de reconciliação! A Lua em Libra é também uma lua sociável: é tempo de trocar ideias e desfrutar um bom bate-papo. Porém, não espere fazer muita coisa durante essa Lua! A Lua em Libra está mais interessada em examinar opções, especialmente as de natureza romântica, do que se concentrar nos detalhes. Durante essa Lua, o sexo precisa ser significativo. Se não for, é melhor canalizar a abundante energia criativa dessa Lua para redecorar o seu quarto.

Relações celestiais

Quando a Lua está visitando os signos de Fogo e de Ar, o ânimo costuma ser muito sociável e há um desejo de diversão e jogos sexuais. Porém, a Lua em signos de Água e de Terra costuma indicar um período de mais quietude e o sexo tende a ser mais intenso e mais íntimo.

Para criar o clima: esse é o momento de fazer compras com os amigos, dar uma festa ou ir a uma mostra de arte. Cardápio: comidas exóticas — massa com molho de trufas, vitela com cogumelos *chanterelle* e vinho branco francês.

Lua em Escorpião

Durante esta Lua, prolifera a intensidade sexual! Com a Lua em Escorpião, as emoções alcançam seu pico e os sentimentos de todo mundo tendem a ser extremados. Esse é um período em que as pessoas querem chegar ao fundo das coisas e mergulhar em profundos mistérios pessoais — seja pesquisando sua linhagem genética, passando um tempo solitárias para pensar na vida, ou tendo uma cordial sessão de terapia! É também um momento em que você talvez sinta a necessidade de realizar coisas e colocar sua vida em ordem.

Para a Lua em Escorpião, é tudo ou nada — sexo superficial, nem pensar! Ele precisa ser intenso e significativo. Durante esse período, os mal-entendidos são comuns. Cuidado com as lutas de poder geradas pela vontade de atender as próprias necessidades.

Para criar o clima: esse é o momento de arregaçar as mangas, cavar fundo e cuidar dos seus negócios pessoais. Se você está sentindo um ímpeto sexual, peça ostras na meia concha — mas cuidado!

Caro astrólogo do sexo...

"Eu tendo a ficar muito mal-humorada sempre que a Lua está em Escorpião. Durante essa Lua, sinto-me emocionalmente agitada e mesmo um tanto obsessiva. Por favor, você pode me esclarecer!"

Não é raro que, quando a Lua está em Escorpião — ou nos outros signos de Água (Câncer e Peixes) —, as emoções mais profundas da pessoa venham à tona. Já que você se sente particularmente sensível a essa Lua, poderia ser útil você verificar como o signo da sua Lua natal se relaciona com Escorpião: por exemplo, se sua Lua estiver em outro signo fixo (tal como Touro, Leão ou Aquário), isso forma um aspecto difícil para a Lua que transita em Escorpião, e indica um momento especialmente penoso. Verifique sua Lua natal para saber o que está acontecendo.

Lua em Sagitário

Para esta Lua, o ânimo é sexualmente expansivo e espontâneo. Durante a Lua em Sagitário há uma sensação de inquietude e um desejo por novas aventuras, que se podem traduzir em experimentações sexuais. O sexo durante esse período é geralmente quente, passional e exploratório. Socialmente, esse é um momento para se divertir — no entanto há uma tendência para o excesso de indulgência. Cuidado com a gigantesca ressaca na manhã seguinte! Durante a Lua em Sagitário há a necessidade de uma comunicação direta e honesta. Encare essa fase como o momento de se livrar das coisas que estão presas no seu peito. Talvez você também se sinta inspirado a partilhar ideias de natureza espiritual ou política.

Alerta estelar!

Os eclipses da Lua representam pontos de mutação e momentos fundamentais — universal e pessoalmente. Eclipses durante a Lua Cheia tendem a ser momentos intensos, durante os quais as questões profundas vem à tona. No instante do eclipse lunar, esteja pronto para importantes mudanças ou para se defrontar com as partes profundas de si mesmo.

Para criar o clima: um evento esportivo com os amigos. Tênis, corrida de cavalos, futebol, arco e flecha, ou uma caçada; tudo isso funciona bem para essa Lua! Em seguida, reúnam-se para uma refeição e muita discussão sobre o momento político.

Lua em Capricórnio

Esta Lua é muito afeita a negócios e movida à disciplina. Durante o dia, a Lua em Capricórnio é um período altamente produtivo, com muita energia para reuniões, definição de objetivos e realização de coisas. À noite, essa Lua se metamorfoseia em dínamo sexual, com potencial para as relações sexuais intensas. Embora, inicialmente, o sexo esteja ajustado para que se faça o programado, ele pode esquentar realmente muito rápido! Em seguida, vocês vão querer se enfurnar debaixo do cobertor e descansar, pois amanhã será outro dia atarefado!

> **Amantes cósmicos**
>
> Diana, Ártemis e Brigite são nomes de deusas da Lua. Na antiguidade, essas deusas eram adoradas por sua força e poder feminino — e também por sua dinâmica destreza sexual!

Para criar o clima: esqueça de organizar os arquivos de trabalho e, em vez disso, tire um tempo para explorar seus desejos sexuais mais profundos. Planeje, para você e seu amante, um jantar de bufê — mas no quarto! Com comida para vocês se servirem com as mãos e nada de prataria!

Lua em Aquário

Esta Lua sinaliza um período exploratório e inovador — na vida e na cama! Durante a Lua em Aquário, talvez você seja estimulado a aproveitar as oportunidades sexuais e se dedicar ao sexo experimental. Porém, não é o momento de relações sexuais intensas e profundas. Essa Lua é inquieta demais para ligações emocionais fortes ou para a intimidade. Durante essa Lua, há geralmente o desejo de sair com os amigos com quem você compartilha ideias e crenças acerca da vida e do mundo. A Lua em Aquário é um período muito inventivo, no qual você se encontra repleto de novas inspirações.

Para criar o clima: *sushi* e bons amigos é a perfeita combinação durante essa Lua altamente sociável e intelectual.

Lua em Peixes

Esta Lua vem cheia de fantasias e de desejo de examinar as necessidades sensuais mais profundas. A Lua em Peixes costuma ser um momento em que você se sente em sincronia psíquica com o seu amante e quer compartilhar seus desejos secretos.

Essa é também uma Lua criativa, que muito nos oferece no sentido de explorarmos nossos talentos artísticos. Durante essa Lua, você pode sentir o desejo de sair da realidade — portanto tome cuidado com o excesso de indulgência com as substâncias que viciam. Em vez disso, conecte-se com sua natureza espiritual mais elevada, por meio da meditação ou de outras atividades espirituais.

Para criar o clima: essa Lua anseia por romance — luz de velas, música suave, chocolate preto — e sexo emocionante! Se você não está se relacionando com alguém, esse é o momento de ficar em casa e comungar consigo mesmo — talvez assistindo seu DVD romântico favorito!

O Mínimo que Você Precisa Saber

- A fase crescente da Lua é sexualmente expansiva e agressiva.
- A fase minguante da Lua é sexualmente mais introvertida.
- O signo lunar estabelece o tom para o dia, e também para a noite.
- Conhecer seu signo lunar ajuda você a estimar o momento certo para um sexo extraordinário.
- A localização da Lua ajuda você a planejar suas atividades e até mesmo acontecimentos importantes da sua vida.

Parte 3

Vênus e Marte: O Elo Sexual

As ligações de Vênus e Marte examinam a compatibilidade sexual de vocês. Embora não prometam por quanto tempo as centelhas vão voar, elas dão a vocês indicações básicas sobre a dinâmica sexual do casal.

Capítulo 10

Amor e Desejo

Neste Capítulo

- As ligações de Vênus e Marte dizem respeito à química sexual entre vocês!
- Vênus é o aspecto "feminino" do amor, e representa nossas mais profundas necessidades sexuais e românticas
- Marte é o aspecto "masculino" do amor, e representa nossos desejos sexuais mais primitivos
- A localização das Vênus e Martes de vocês vai ajudá-los a compreender a sinergia entre suas naturezas masculina e feminina

Quão compatíveis vocês são sexualmente? Um fator vital na equação da astrologia do sexo de vocês são as ligações entre as suas Vênus e seus Martes. Essa combinação planetária representa as necessidades românticas e de relacionamento, e é significativa para a vida sexual do casal! Vênus e Marte são os feromônios astrológicos da atração mútua entre vocês, e representam até que ponto cada um vai acender os desejos sexuais do outro!

Homens São de Marte e Mulheres São de Vênus?

Bem, de alguma forma! O que se tornou um fenômeno na cultura popular está, na verdade, fundamentado na astrologia! Os astrólogos associam Vênus e Marte com nossas energias femininas e masculinas, e como nos expressamos, tanto conosco quanto com os outros. Vênus e Marte são significativos para a astrologia porque indicam que tipo de amante você está procurando para satisfazer completamente os seus desejos físicos, emocionais e sexuais. Por natureza, todos nós temos tanto o lado feminino quanto o masculino. A energia da sua Vênus representa a sua energia feminina, e simboliza como você se relaciona com o amor e o romance, ou com o lado emocional do sexo. Seu Marte representa sua energia masculina, e simboliza como você se relaciona com seus desejos mais primitivos, físicos e sexuais. Quando você junta esses dois planetas, eles se transformam em a bela e a fera — e formam um casal sensual!

> **Relações celestiais**
>
> A localização de Vênus no mapa natal de um homem é um importante indicador de como ele escolhe suas parceiras femininas. A Vênus de um homem também traz clareza quanto aos seus desejos românticos secretos.

Pelo fato de Vênus e Marte estarem intimamente alinhados com nossas energias masculinas e femininas, incluímos perspectivas diferentes para as mulheres e para os homens. As diferenças indicam importantes nuanças sexuais e românticas — portanto preste atenção! (Para mais informações sobre a maneira de encontrar a localização de sua Vênus e do seu Marte, veja o Apêndice B.)

Vênus: O Aspecto Feminino do Amor

Vênus é o planeta que simboliza o amor, os relacionamentos e o prazer! Sua Vênus representa o que torna você mais feliz no amor, e também o tipo de amor que você vai atrair. Sua Vênus mostra como você se relaciona com o namoro e os rituais de acasalamento, e o que busca nas suas ligações românticas. O que você quer? Uma ligação amorosa de combustão lenta, um amante que caia de amores

> **Alerta estelar!**
>
> Vênus representa o lado feminino do amor, mas ela não é fraca — longe disso! Vênus representa o poderoso arquétipo da força e da paixão feminina. Afinal, é uma deusa!

por você, um amante clandestino, um caso tórrido ou alguém que simplesmente adore você?

Vênus mostra não somente como você se relaciona com o amor, mas também suas relações sociais e desejos materiais. Ela representa sua deusa interior — e, sim, isso também é verdade para os homens! Ela simboliza os dons amorosos e fecundos que você concede aos outros. Vênus é um planeta positivo e benevolente. Realmente, ela tende a trazer à tona o melhor de cada signo do zodíaco!

Vênus de Fogo

Quando você coloca a romântica Vênus num elemento corajoso, agressivo e impulsivo, como é o Fogo, o resultado é drama e altas expectativas. As Vênus de Fogo gostam de mudanças e desafios, e têm uma abordagem ousada para com o romance.

A **Vênus em Áries** atenua a coragem e os movimentos fogosos de Áries — mas só um pouco! A Vênus em Áries é independente, ousada, forte e muito passional; e, até certo ponto, é desafiada romanticamente quando se trata de nuanças sutis ou detalhes.

Mulheres: são mulheres passionais que têm uma forte percepção do que querem na vida e na cama! Apreciam o romance e são impulsivas no amor. Mas o que elas querem realmente é honestidade e saber onde você está. É sim ou não, querido!

Amantes cósmicos

Jennifer Aniston é aquariana, com Vênus em Áries. Embora seu Sol em Aquário seja um tanto indiferente, sua Vênus em Áries indica que ela gosta de um romance ardente.

Homens: são amantes entusiasmados e impulsivos. Levam você a um restaurante chique e deixam-na apaixonada. Adoram envolvê-la em todas as suas aventuras. Porém, a menos que você tenha Vênus ou Marte em um signo de Fogo, talvez tenha problemas em dar conta da energia inesgotável deles e da total honestidade.

A **Vênus em Leão** é dramática, namoradeira, sensual e exagerada. Aborda seus relacionamentos com paixão, e é uma parceira ardente, generosa e muito romântica. Também anseia por atenção e pode ser vaidosa quanto à própria aparência!

Alerta estelar!

As Vênus em Fogo requerem uma atenção grande e constante. Também — dica, dica! — são sugadoras de elogios. Então, faça-os sempre!

Mulheres: as louras arrasadoras ou algo equivalente! Adoram celebrar sua energia feminina e estão sempre bem vestidas! Têm uma personalidade muito criativa e adoram se exibir. Também apoiam ferozmente os seus parceiros — e são ferozmente possessivas.

Homens: leem secretamente a revista *GQ*, somente para checar seus competidores. Também gostam que suas mulheres pareçam desejáveis. Os homens com Vênus em Leão veem suas amantes como extensões de si mesmos, como eles aparecem para o mundo. No entanto, também são maravilhosamente amorosos e generosos!

A **Vênus em Sagitário** é extremamente alegre e diabolicamente namoradeira! Adora partilhar suas aventuras com os amantes, especialmente se isso inclui viajarem juntos para algum lugar romântico. Apesar de todo o seu gosto pela diversão, é profundamente idealista. Romanticamente, vive o momento e tende a se intimidar com compromissos.

Mulheres: liberais e nobres! As mulheres com Vênus em Sagitário aceitam completamente sua grande energia. Vão fazê-lo rir, vão debater política com você e vão vencê-lo no pôquer. Quanto ao romance, são passionais, mas gostam de manter um clima divertido.

Homens: piratas fanfarrões e *playboys*! Seu desejo secreto é ir badalar na mansão do dono da revista *Playboy*! Também são mundanos e intuitivos, mas pode ser difícil quando chega a hora de eles especificarem suas afeições.

Caro astrólogo do sexo...

"Sou mulher, com Vênus em Sagitário. Em geral me sinto muito mais à vontade com os homens do que com as mulheres. Há algo errado comigo?"

É comum as mulheres com Vênus em Sagitário descobrirem que se relacionam bem com os homens. Não... não há nada de errado com você! Você gosta da companhia dos homens porque eles geralmente se relacionam com a sua independência e a sua necessidade de não se aprofundar tanto emocionalmente! Relaxe e aproveite!

Vênus de Ar

Para as Vênus de Ar é um romance mental! Elas gostam de nada mais do que um romântico *tête-à-tête*, no qual possam trocar ideias. As Vênus de Ar representam a mais cerebral e refinada estética de Vênus. São emocionalmente objetivas e gostam de levar as coisas com leveza!

A **Vênus em Gêmeos** é uma criatura sociável que adora flertar e aprecia ter muitas opções românticas. É alegre e muito estimulante intelectualmente, ainda que suas afeições mudem conforme o vento!

Mulheres: podem ser coquetes e vão provocar você de maneira sutil, com sua mente maravilhosa, seus talentos diversos e seu amor pelo jogo sexual. As mulheres com Vênus em Gêmeos gostam de se divertir e explorar suas opções românticas.

Homens: vão encadear com você conversas maravilhosas sobre tudo, desde política, passando pelo último *reality show* até o seu restaurante favorito! São Peter Pans românticos que querem sair e se divertir com suas Wendys. No entanto, se você falar de compromisso, talvez eles sumam!

A **Vênus em Libra** está realmente à vontade no bastante romântico signo de Libra. A Vênus em Libra representa o amor à beleza, a gentileza, os relacionamentos equilibrados e justos, e uma abordagem artística e refinada à vida.

Mulheres: quantos pares de sapatos elas têm? Mais do que você consegue contar! Elas adoram compras — não somente pelo prazer de possuir coisas bonitas, mas também por ser uma expressão da sua personalidade criativa. São elas que frequentemente "recepcionam com o que há de melhor" e adoram dar jantares maravilhosos.

Relações celestiais

Vênus é o regente planetário não só de Libra como de Touro, e está mais à vontade em signos de Ar ou de Terra.

Homens: também gostam da beleza e de coisas agradáveis na vida, o que se reflete nas suas parceiras (em geral, mulheres muito bonitas e refinadas!). Secretamente, assistem programas de tevê sobre os melhores *designers*, e pretendem adquirir peças de arte belas e clássicas.

A **Vênus em Aquário** é a melhor amiga de todo mundo, mas pode ser indiferente quando se trata de amor e romance. Alegra-se com as preliminares intelectuais e busca um amante que compartilhe sua necessidade de estar inspirada. Tende a ser original e é atraída para relacionamentos românticos que não sigam as regras.

Mulheres: "Dr. Livingston, presumo?" Seus modelos de personagens femininos: a antropóloga Margaret Mead e a maga da mídia Oprah

Amantes cósmicos

A princesa Grace, de Mônaco, outrora a estrela de cinema Grace Kelly, era escorpiana, com Vênus em Libra. Sua Vênus em Libra é visível tanto na sua beleza quanto na sua habilidade de passar graciosamente de Hollywood para uma monarquia europeia.

Winfrey; ou seja, mulheres intelectualmente poderosas, humanitárias e pioneiras em seu campo. Para as mulheres com Vênus em Aquário, o intelecto equivale ao sexo — e elas procuram o mesmo nos seus homens.

Homens: seus modelos de personagens são os cientistas Stephen Hawking e o escritor de ficção científica e de terror Stephen King! Ambos são visionários criativos que exploram os segredos cósmicos! Os homens com Vênus em Aquário buscam alguém com quem explorar todas as suas necessidades intelectualmente diversas e de um romantismo um tanto excêntrico.

Vênus de Água

As Vênus de Água têm anseios românticos e emocionais profundos. Seu desejo é encontrar um amor verdadeiro que partilhe todos os seus desejos passionais — e sua vida de fantasias! Também querem parceiros que se unam a elas por muito tempo.

> **Alerta estelar!**
>
> A Vênus em signos de Água — em homens e mulheres — tem seus sentimentos feridos muito facilmente!

A **Vênus em Câncer** adora nutrir seus amantes. Tem fortes necessidades românticas, mas costuma se concentrar na segurança, em vez de expressar os seus desejos mais passionais. É profundamente sensível e ocasionalmente melancólica, mas você pode contar com a presença dela por um longo período de tempo.

Mulheres: são fortes e estoicas, mas também sensíveis e emotivas. O que mais adoram fazer é cuidar da família e dos amigos. Com frequência, são os centros tranquilos durante as tempestades emocionais da família.

Homens: também são protetores. Sentem um profundo compromisso para com sua família e gostam de sua capacidade de apoiá-la. São bem-sucedidos nos negócios, no entanto seu desejo secreto é serem pais em tempo integral! São muito sensíveis e precisam que você renove constantemente seu voto de amor por eles.

> **Amantes cósmicos**
>
> O capricorniano Denzel Washington tem Vênus em Escorpião. A combinação do seu sensual Sol em Capricórnio com a intensamente sexual Vênus em Escorpião, faz desse astro de cinema, e marido, um sujeito muito sensual — que, provavelmente, é apegado ao seu casamento.

A **Vênus em Escorpião** é intensamente passional, emocionalmente estoica e costuma ter instinto de sobrevivência quando se trata de amor. Tende a ser reservada até decidir se pode ou não confiar em você. Uma vez decidido, será extremamente leal.

Mulheres: são deusas determinadas, com necessidades emocionais intensas. São misteriosas e até caladas, e talvez sejam inicialmente distantes ou defensivas. Porém, quando você ganha sua confiança, elas são parceiras passionais e prestativas. Mas, atenção — podem ser altamente ciumentas e territoriais.

Homens: projetam um fascínio sexual poderoso. A Vênus enraíza a intensidade de Escorpião e dá asas à paixão desse signo. Esses homens são misteriosos e até mesmo um pouco místicos! Seu desejo secreto é encontrar parceiras que queiram — e que sejam fortes o suficiente — para explorar as profundezas dos seus desejos sexuais e emocionais.

A **Vênus em Peixes** é sonhadora, romântica, sensível e, às vezes, ardilosa. Em homens ou mulheres, essa Vênus costuma ser uma fantasia romântica que se torna realidade. Ao mesmo tempo, também pode ser carente e fazer o papel de vítima quando suas necessidades emocionais e românticas não são atendidas.

Mulheres: a maioria gosta de ler romances! Elas têm uma imaginação fértil e adoram explorar sua vida fantasiosa — às vezes, no conforto do seu lar ou da sua cabeça! Também são amantes doces e carinhosas. Porém, isso talvez lhes traga problemas no amor, pois tendem a dar mais do que receber.

Homens: a maioria gosta de ler a revista *Playboy* — e não somente por causa dos artigos! Buscam musas femininas sobre quem possam projetar suas fantasias românticas e sexuais. São amantes criativos, imaginativos e extremamente generosos. Em geral, são sonhadores, e a probabilidade de serem passivos no amor é maior do que na maioria dos homens.

Vênus de Terra

As Vênus de Terra adoram o prazer, e essa localização de Vênus é a mais sensual de todas. Buscam o conforto nos seus relacionamentos e estão bastante voltadas para a segurança. Também são extremamente estáveis, constantes e verdadeiras no amor.

A **Vênus em Touro** exibe os aspectos terrenos e sensuais desse planeta. Ama os ambientes confortáveis, a boa comida, o bom vinho e o sexo muito sensual (e mesmo decadente)! É leal no amor e em todos os seus relacionamentos.

Mulheres: deusas totais, em todos os sentidos da palavra! Adoram comemorar todos os aspectos da sua natureza forte, no entanto bastante feminina. Desejam as coisas boas da vida, mas têm os pés bem fincados no chão e são absolutamente práticas.

Homens: sujeitos muito sensuais, que são sempre confiáveis e adoram, antes de tudo, dar apoio e uma base segura para seus amigos e sua família. Esses homens vão querer construir para você um casa bonita, e ficariam muito contentes ao preparar pratos substanciais para acompanhar o sexo substancial que vocês terão!

A **Vênus em Virgem** está voltada para servir e ajudar os outros. É direta, dedicada e gosta de estar no controle. Se você deixar isso de lado, essa localização de Vênus é muito sensual e romântica. A Vênus em Virgem quer que seu amante precise dela.

Mulheres: uma contadora sensual, talvez? Elas são argutas, exatas e sabem como dispor os números e as linhas do registro contábil. Porém, por baixo do seu exterior empertigado, há uma *lingerie* sensual esperando para ser descoberta!

Homens: um médico sensual, talvez? Também são bastante astutos, corretos e gostam muito de ajudar os outros. Às vezes, suas maneiras ao pé da cama são um tanto diretas e até mesmo resmungonas, mas se dedicam totalmente a fazer com que você se sinta melhor!

A **Vênus em Capricórnio** ilumina e tende a trazer à tona o melhor desse signo, que costuma ser muito sério. A Vênus em Capricórnio é estável, leal e constante no amor. Você sempre pode confiar nela. Também é uma amante extremamente sensual!

Mulheres: adoram trabalhar muito e se esforçar! Quando se trata de romance, costumam ser um osso duro de roer! Mas não se engane. Elas realmente querem amantes que satisfaçam seus profundos desejos de ter um relacionamento compassivo e duradouro.

Homens: embora sejam um pouco desajeitados quando se trata de romance, são parceiros dedicados e amantes cheios de recursos.

Relações celestiais

O Sol e a Lua nunca retrogradam, mas Vênus e Marte, sim! Um planeta retrógrado representa uma expressão mais internalizada ou passiva do planeta e do signo.

Seu desejo secreto é encontrar mulheres que sejam fortes e apaixonadas, como eles, e que queiram partilhar de suas necessidades e desejos sexuais mais profundos.

Marte: O Aspecto Masculino do Amor

Quer você seja homem ou mulher, seu Marte representa o lado masculino da sua natureza. Na mitologia, Marte é o deus da guerra — e representa nossa energia primitiva e nossa necessidade de conquistar, tanto na vida quanto na cama. Marte é um guerreiro e, diferentemente de Vênus, tem pouco refinamento — está totalmente voltado à conquista! Para você ter uma ideia, observe o símbolo astrológico de Marte — um círculo com uma flecha que aponta para fora e para cima!

O seu Marte representa a energia vital criativa que dirige você para fora, em direção ao mundo, a fim de criar um lugar para si mesmo. Sexualmente, Marte dirige nossos desejos mais básicos. Ele traz à tona os aspectos mais agressivos de cada signo do zodíaco!

> **Amantes cósmicos**
>
> O símbolo de Marte é aquele que o personagem cinematográfico Austin Powers — "O Homem Internacional do Mistério" — usa no pescoço, pendurado em uma longa corrente de ouro! Assim como Austin Powers, Marte é totalmente voluptuoso e busca manter sua mágica sexual em ação.

Marte de Fogo

Quando você coloca o fogoso Marte no elemento Fogo, ele se torna extremamente ardente: corajoso, passional e muito agressivo. Os Martes em Fogo vão atrás do que querem e raramente se dão um tempo para considerar as consequências das suas ações. Essa localização tem uma abundância de testosterona astrológica, que pode ser um grande teste para mulheres com Marte em um signo de Fogo.

O **Marte em Áries** é um líder, um pioneiro e um sujeito que move e balança o mundo. Tem ego forte, necessidades sexuais fortes e muito pouca paciência! Marte em Áries é confiantemente direto: o que você vê é o que você compra! Ao mesmo tempo, seu desejo mais profundo é geralmente dar força e inspirar os outros.

Mulheres: *Xena, a Princesa Guerreira!* As mulheres com Marte em Áries costumam ter dificuldade para equilibrar suas evidentes energias masculinas. São sexualmente passionais e estão geralmente na vanguarda em suas carreiras, ainda que possam ter dificuldade para relaxar e desfrutar suas ligações amorosas.

Homens: "Eu, Tarzan; você, Jane!" Os homens com Marte em Áries tendem a ser aberta e excessivamente masculinos. Depois de conquistar o mundo e fazer sexo passional, querem sossegar e assistir o canal de esportes. Sexualmente, são agressivos e têm dificuldade de apreciar os detalhes mais requintados do sexo e do romance.

O **Marte em Leão** é passional e muito criativo. De fato, muitos artistas e atores têm seus Martes em Leão! Ele possui uma presença majestosa e brilhante, e, quando entra num recinto, todo mundo repara nele! No sexo, gosta de ficar por cima — e de ser apreciado por suas proezas sexuais.

Relações celestiais

Marte está intimamente associado a Plutão. Antes de Plutão ser descoberto, no início do século XX, e ter se tornado o planeta regente de Escorpião, Marte era o regente tanto de Áries como de Escorpião. Algumas das características planetárias que eles partilham são a paixão, a intensidade e os fortes desejos sexuais.

Mulheres: fortes e confiantes, não hesitam em se colocar no mundo. São passionais na cama e querem ser desejadas. Também são compassivas, leais e, à sua maneira ardente, bastante doces.

Homens: são uma poderosa força ígnea, que deve ser levada em conta. Os homens que têm Marte em Leão sabem o que querem e nunca se acomodam como o segundo melhor na cama. Ao mesmo tempo, podem ser bastante românticos e querem muito inspirar as nossas maiores necessidades e desejos.

Amantes cósmicos

Sir Paul McCartney é geminiano, com Marte em Leão. Esse antigo Beatle não é apenas, e obviamente, muito criativo, mas um parceiro sexual amoroso e generoso!

O **Marte em Sagitário** é um aventureiro mundano que busca um parceiro que partilhe o seu desejo de crescer e descobrir novas experiências na vida. Costuma ter talento para ensinar e inspirar os outros a encontrar a própria sabedoria. Na cama, é muito sexual, explorador e divertido!

Mulheres: são honestas, diretas e francas — mas não se levam muito a sério. Na cama, as mulheres com Marte em Sagitário são confiantes, livres e desinibidas! Ao mesmo tempo, querem amantes que não apenas as instiguem sexualmente, mas também compartilhem de seu desejo de excitamento e aventura.

Homens: também são honestos e francos, e adoram se divertir. São mundanos, intuitivos e sábios — e também jogadores sexuais! "Aventura" é o nome do seu jogo! Vivem para a diversão do momento e não gostam de ficar limitados.

Relações celestiais

Você pensa que a sua namorada é um doce de menina? Analise bem isso! A localização de Marte no mapa natal de uma mulher diz muito sobre o que ela quer realmente de um homem no nível mais primitivo e desinibido!

Marte de Ar

Estes Martes estão bastante voltados para a intelectualidade e florescem com a estimulação mental. Os Martes em signos de Ar são idealistas no amor e buscam nada menos que inspiração no romance. Também podem ser sexualmente distantes e até mesmo emocionalmente indiferentes! Sua libido costuma oscilar entre ardor e frieza, dependendo dos seus caprichos.

O **Marte em Gêmeos** é sexualmente ágil. Esse é o signo dos irmãos gêmeos — e do amante volúvel. Quando você coloca o agressivo Marte nesse signo, ele se torna duplo num grau mais alto! Marte em Gêmeos costuma se distrair com as opções de relacionamento e ser um jogador sexual!

Mulheres: talvez pareçam estar perdidas quando se trata do que querem, mas não são tolas. Na verdade, são altamente intelectuais e geralmente multitalentosas. Embora adorem brincar na cama, têm, na verdade, bastante discernimento quanto às suas necessidades sexuais. Mantenha-as interessadas se você quiser conservar a atenção sexual delas!

Homens: quanto à sexualidade, geralmente estão à procura de algo melhor! São intelectuais e sempre querem saber o que está acontecendo à sua volta! Sexualmente, são jogadores. Se você quiser fidelidade por um longo tempo, melhor ver se o Sol ou a Lua deles está em um signo bastante sólido e devotado!

Caro astrólogo do sexo...

"Tenho Vênus em Touro e Marte em Gêmeos. Por um lado, minha abordagem aos meus relacionamentos é bastante conservadora e desejo um compromisso duradouro. Por outro, meu Marte em Gêmeos quer brincar e investigar todas as opções. O que fazer?"

A necessidade de segurança da sua Vênus em Touro e o desejo de brincar do seu Marte em Gêmeos é a charada da astrologia do sexo! O que fazer? Você precisa respeitar essas duas partes da sua natureza. Procure um parceiro que lhe ofereça a excitação que você anseia e que, ao mesmo tempo, se relacione com a sua necessidade mais profunda de segurança. Com alguma paciência, você encontrará o parceiro amoroso certo!

O **Marte em Libra** floresce ao fazer novas amizades e estar no centro dos mais importantes eventos sociais e de classe. É seletivo quanto aos seus parceiros românticos e até mesmo sexualmente criterioso. Também sente orgulho do seu refinamento sexual!

Mulheres: transpiram bastante fascínio feminino e trazem muita classe a tudo o que fazem. Querem parceiros que compartilhem seu senso de decoro, no entanto querem secretamente amantes que deem vida às suas fantasias eróticas! Porém, querem assumir um compromisso antes de ir muito longe.

Homens: buscam parceiras equilibradas, com quem compartilhem seu amor pela harmonia. São divertidos, leais e absolutamente românticos, mas costumam evitar se aprofundar muito emocionalmente. Assim como sua contrapartida feminina, eles têm um ardente amor pela verdade e pela justiça, e esperam o mesmo de você!

O **Marte em Aquário** é um rebelde — um revolucionário — que adora desafiar as normas. Em geral, é também absolutamente brilhante e tem a habilidade de inspirar os outros. Saboreia sua liberdade sexual, e sua libido pode variar desde o excêntrico até o reservado, e desde o sexualmente ardente até o completamente desinteressado!

Mulheres: na superfície, talvez pareçam frias — mas seu desejo profundo é arrancar as próprias roupas e soltar um cósmico "danem-se!"! Farão isso? Não importa — sua perspectiva na vida e no amor é instigar! São bastante independentes e, sexualmente, gostam de examinar suas opções.

Homens: querem quebrar todas as regras e têm dificuldade de se conformar. O que querem é ter liberdade de ser quem são e realizarem plenamente todos os seus desejos sexuais, frequentemente excêntricos.

Marte de Água

O agressivo e masculino Marte no feminino elemento Água torna-se muito emotivo e sensível. O resultado pode ser tanto uma diluição como um aprofundamento do seu impulso sexual. No homem ou na mulher, um Marte de Água tende a internalizar os sentimentos e nem sempre se sente à vontade ao expressar as emoções mais profundas.

Relações celestiais

Para você entender a sinergia entre seus lados masculino e feminino, compare sua Vênus com seu Marte. Depois, compare sua Vênus com o Marte do seu amante, e seu Marte com a Vênus do seu amante. Para mais informações sobre como Vênus e Marte se associam, veja o Capítulo 11.

O **Marte em Câncer** deseja um amante perfeito que satisfaça todas as suas necessidades sexuais e de segurança! O Marte em Câncer é intuitivo, melancólico e um pouco mandão — no entanto, é um parceiro extremamente atento e carinhoso.

Mulheres: são emotivas e bastante sintonizadas com os amigos, a família e o amante. São protetoras agressivas — às vezes, demasiadamente assertivas quanto a assegurar que você esteja bem! Sabem o que querem na vida e no amor, mas precisam sentir-se à vontade antes de expressar suas necessidades sexuais mais profundas.

Homens: são protetores que geralmente colocam suas necessidades de lado pelos outros. Seu mais profundo desejo é encontrar parceiras compromissadas que os ajudem a realizar seus sonhos de formar um lar e uma família. São sensíveis e, inicialmente, podem ser tímidos na hora de revelar suas necessidades sexuais.

O **Marte em Escorpião** é uma das localizações planetárias mais sexualmente agressivas. Ele também é muito competitivo! Ao mesmo tempo, essa localização costuma indicar profundas feridas em questões relativas à confiança. Embora Marte em Escorpião tenha uma postura sensual e até mesmo íntima, essa localização é também muito vulnerável.

> **Alerta estelar!**
>
> Marte no elemento Água costuma ser passivo-agressivo quanto a suas necessidades! Por um lado, quer satisfação emocional e sexual; por outro, talvez se sinta inseguro para expressar seus desejos mais profundos.

Mulheres: costumam agir de modo sexualmente muito forte, como um meio de desequilibrar os amantes e de se sentir no controle. Costumam ser "mães lobas" sensuais, com um desejo intenso de proteger aqueles que estão próximos. Sexualmente, quando você ganha sua confiança, elas são parceiras apaixonadas e leais.

Homens: seu Marte tão sexual, no igualmente sexual signo de Escorpião, não podia ser mais sensual. Esses homens são muito passionais, mas, ao mesmo tempo, parceiros leais e ferozmente amorosos! Assim como sua contrapartida feminina, Marte em Escorpião costuma ser intensamente ciumento e não perdoa com facilidade!

O **Marte em Peixes** é sensível, criativo e compassivo. Geralmente é um parceiro excessivamente generoso, às vezes a ponto de sacrificar as próprias necessidades pelas do parceiro. Sexualmente, Marte em Peixes é atraído por fantasia e romance.

Mulheres: são caprichosas, românticas e, às vezes, estão com a cabeça nas nuvens. São muito intuitivas e costumam perceber o que você precisa antes mesmo de você saber! Sexualmente, têm uma enorme imaginação e vão querer explorar suas fantasias eróticas com você.

Homens: são amorosos, carinhosos e muito românticos. São artísticos e têm fortes desejos criativos. Eles também são intuitivos, e sonham com amantes que se unam a eles num nível profundo e deem vida às suas fantasias sexuais. Também adoram fazer com que suas amantes se sintam sexualmente satisfeitas!

Marte de Terra

O sexual Marte no sensual elemento Terra leva a equação do sexo a um nível bastante passional e físico. Porém, apesar de todas as suas proezas sexuais, eles estão voltados para a segurança e não gostam de ir muito além das suas zonas de conforto. Esse Marte quer um amante que se comprometa!

O **Marte em Touro** é teimoso, cheio de recursos e muito sexual. Tem fortes necessidades físicas e adora que todos os seus sentidos sejam estimulados a fazer amor! É um amante devotado e geralmente compromissado a fazer seu parceiro feliz.

Mulheres: são amantes sensuais e generosas. Fora do quarto, são fortes e confiáveis — e você pode contar com a presença delas, até mesmo nos piores momentos. Têm uma boa cabeça para os negócios, mas geralmente se sentem mais felizes passando seu tempo com quem elas mais gostam.

Homens: são amantes sensuais e generosos, que gostam muito de intimidade física com as parceiras. Também são leais, carinhosos e muito confiáveis. No entanto, apesar de todo o sucesso nos negócios, também deseja tempo para relaxar e desfrutar da família e dos amigos.

O **Marte em Virgem** é muito meticuloso. Às sete da manhã: acordar, ler jornal. Às 8h15: malhar. Ao meio-dia: verificar o talão de cheques durante o almoço. Às 16h: intervalo para um café-expresso. Às 18h: preparar o jantar. A partir das 19h: fazer um ótimo sexo!

Mulheres: na superfície, são organizadas, ambiciosas e inteiramente voltadas aos negócios. Adoram ajudar os outros e vicejam ao conseguir fazer as coisas. No entanto, desejam secretamente amantes que as instiguem a quebrar todas as suas regras e criem compromissos duradouros.

Homens: são bem-sucedidos nos negócios e também muito organizados. Se você duvidar, verifique a gaveta de meias deles! São amantes realistas, muito sensuais, mas também um tanto tímidos. Buscam parceiras que aceitem sua natureza exigente e queiram dividir com eles uma vida inteira.

> **Amantes cósmicos**
>
> Hilary Swank, atriz ganhadora de um Oscar, é leonina, com Marte em Virgem, o que mostra que ela é apaixonada, sensual e muito organizada.

O **Marte em Capricórnio** tem uma forte ética profissional. É voltado para os objetivos e progride na realização. Quando em desequilíbrio, empenha-se mais na sua carreira do que na sua vida pessoal! É compromissado, confiável e altamente sexual.

Mulheres: são garotas eficientes, muito capazes e que ocupam cargos de grande poder. O que realmente desejam são parceiros compromissados que sejam tão fortes e poderosos quanto elas. O que mais querem é compartilhar sua vida sexual e íntima com quem permaneça unido a elas.

Homens: são voltados para a carreira, e as mulheres da sua vida reclamam por não passarem tempo suficiente com eles! Eles estão buscando um equilíbrio entre o trabalho e a necessidade de parceiras amorosas e incentivadoras que sejam tão sexuais quanto eles.

O Mínimo que Você Precisa Saber

- Vênus, ou Marte, em Fogo é independente e sexualmente corajoso.
- Vênus, ou Marte, em Ar é mais cerebral em relação às suas necessidades e desejos sexuais.
- Vênus, ou Marte, em Água é romântico, sensível e tem fortes necessidades emocionais e sexuais.
- Vênus, ou Marte, em Terra é muito sensual e não gosta de se afastar muito das suas zonas de conforto.
- Comparar as Vênus e os Martes de vocês lhes trará uma grande percepção sobre a sua compatibilidade sexual.

Capítulo 11

Conversa sobre Sexo: Vênus e Marte Juntos

Neste Capítulo

- As ligações entre Vênus e Marte determinam as dinâmicas sexuais entre vocês
- Compare sua Vênus e seu Marte com os de seu amante
- Os signos de Fogo e de Ar combinam, com muito ardor sexual
- Os signos de Água e de Terra formam uma ligação sexual profunda e geralmente duradoura
- O Fogo, combinado com signos de Água e de Terra, pode ser um fracasso sexual
- O Ar, combinado com signos de Água e de Terra, indica desafios sexuais

Embora a compatibilidade entre o Sol/Ascendente e a Lua seja importante para os relacionamentos no dia a dia e para a intimidade emocional, são as ligações entre as Vênus e os Martes de vocês que definirão melhor a compatibilidade sexual do casal. Vênus e Marte representam a dança cósmica e eterna entre os homens e mulheres, e as energias masculina e feminina em cada um de nós. Para obter uma compreensão mais profunda das dinâmicas sexuais do seu relacionamento, vocês devem ver como suas Vênus e seus Martes se relacionam.

Neste capítulo, veremos que, embora você e seu parceiro se conectem em outros níveis planetários, uma incompatibilidade entre Vênus e Marte pode indicar a existência de necessidades e desejos sexuais muito diferentes — e uma vida sexual insatisfatória!

Vênus e Marte Juntos

Na mitologia, Vênus — a deusa do amor e da beleza — e Marte — o deus da guerra — tiveram um grande caso amoroso! O resultado foi muita excitação sexual — e algumas titânicas lutas de poder entre homens e mulheres! As energias feminina e masculina estão refletidas na nossa astrologia do sexo por meio da localização de nossa Vênus e nosso Marte. Vênus representa o aspecto feminino do amor e do desejo, simbolizando nossa natureza romântica, generosa e receptiva. Marte representa o aspecto masculino do desejo — a parte agressiva, expansiva e muito primitiva da nossa natureza sexual.

Relações celestiais

Como acontece com todos os signos e planetas, o Fogo é mais compatível com Fogo e Ar, e vice-versa. Os signos de Fogo ou de Ar, com os de Terra e de Água, indicam uma ligação mais desafiadora. Para as ligações entre Vênus e Marte, isso se aplica especificamente às nossas necessidades sexuais e de relacionamento.

Para descobrir as localizações de sua Vênus e seu Marte, e as do seu amante, você pode usar uma efeméride *online* ou seus mapas astrológicos. (Para mais informações, veja o Apêndice B.) Você vai querer comparar sua Vênus com o Marte dele(dela), e seu Marte com a Vênus dele(dela) para ver como vocês interagem no amor, nos relacionamentos e nos desejos sexuais!

Como vimos no Capítulo 10, Vênus e Marte em cada um dos diferentes signos e elementos têm suas necessidades próprias e bastante distintas. Eis uma visão geral:

Amantes cósmicos

A diva do lar Martha Stewart, uma leonina, tem Vênus em Virgem e Marte em Áries. Um casamenteiro cósmico devia aconselhá-la a encontrar um amante com Vênus em Leão — que seja forte o suficiente para resistir ao corajoso Marte dela, em Áries — e Marte num signo de Terra, como o sensual Touro, com quem ela partilharia o amor, à beleza e às posses materiais.

Vênus e Marte nos Signos do Zodíaco

Signos	Vênus	Marte
Signos de Fogo: passionais, amantes da liberdade e muito sexuais!		
Áries	Independente	Corajoso
Leão	Dramática	Apaixonado
Sagitário	Brincalhona	Aventureiro
Signos de Ar: inspiradores e sexualmente experimentais.		
Gêmeos	Versátil	Intelectual
Libra	Criativa	Justo
Aquário	Inspirada	Rebelde
Signos de Água: emocionalmente sensíveis e sexualmente profundos.		
Câncer	Intuitiva	Carinhoso
Escorpião	Apaixonada	Intenso
Peixes	Romântica	Imaginativo
Signos de Terra: batalhadores e muito, muito sensuais.		
Touro	Sensual	Terreno
Virgem	Prestativa	Exigente
Capricórnio	Estoica	Determinado

Vênus e Marte de Fogo

Dizer que Vênus e Marte em signos de Fogo são sexualmente compatíveis é uma afirmação incompleta! Vênus e Marte, em Fogo, são passionais e sexualmente expansivos. Também são extremamente independentes e precisam de muita liberdade para explorar suas opções sexuais e de relacionamento. Juntos, são dinâmicos, aventureiros, despreocupados e muito apaixonados!

Ao mesmo tempo, Fogo com Fogo é também extremamente inflamável! Vênus e Marte em signos de Fogo precisam ter cuidado com os embates de ego, especialmente no que se refere a quem terá suas necessidades atendidas em primeiro lugar na cama!

Expectativas sexuais: ter ótimo sexo tanto quanto possível! Nenhum de vocês se inibe na hora de obter a satisfação de suas necessidades!

> **Alerta estelar!**
>
> Alerta da diva! Vênus e Marte no mesmo signo de Fogo são sexualmente compatíveis, mas também têm fortes e, às vezes, competitivos desejos sexuais. Por exemplo: Vênus e Marte em Leão são passionais, leais e também muito territoriais. Essa Vênus e esse Marte precisam sentir que são prioridades no relacionamento.

A relação a seguir inclui todas as combinações entre Vênus e Marte de Fogo:

Vênus e Marte em Áries
Vênus em Áries e Marte em Leão; Vênus em Leão e Marte em Áries
Vênus em Áries e Marte em Sagitário; Vênus em Sagitário e Marte em Áries
Vênus e Marte em Leão
Vênus em Leão e Marte em Sagitário; Vênus em Sagitário e Marte em Leão
Vênus e Marte em Sagitário

Vênus e Marte de Fogo e de Ar

Vênus e Marte em signos de Fogo e de Ar combinam como se estivessem numa excitante montanha-russa de sexo e paixão. O inspirado e sexualmente experimental Ar estimula o apaixonado e expansivo Fogo a atingir um patamar mais alto de exploração sexual e de deleite! Tanto o Fogo quanto o Ar são independentes e se entediam facilmente: vivem no frêmito e na paixão do momento. Com Vênus e Marte em Fogo e em Ar, é uma instigante dança de "dar e receber", a fim de fazer com que cada um se sinta sexualmente inspirado e satisfeito.

Vênus e Marte em elementos opostos — Fogo e Ar, ou Água e Terra — têm geralmente uma maior harmonia sexual!

Expectativas sexuais: paixão, aventura e uma ligação sexual muito estimulante.

A relação a seguir inclui todas as combinações entre Vênus e Marte de Fogo e de Ar:

Vênus em Áries e Marte em Gêmeos; Vênus em Gêmeos e Marte em Áries

Vênus em Áries e Marte em Libra; Vênus em Libra e Marte em Áries

Vênus em Áries e Marte em Aquário; Vênus em Aquário e Marte em Áries

Vênus em Leão e Marte em Gêmeos; Vênus em Gêmeos e Marte em Leão

Vênus em Leão e Marte em Libra; Vênus em Libra e Marte em Leão

Vênus em Leão e Marte em Aquário; Vênus em Aquário e Marte em Leão

Vênus em Sagitário e Marte em Gêmeos; Vênus em Gêmeos e Marte em Sagitário

Vênus em Sagitário e Marte em Libra; Vênus em Libra e Marte em Sagitário

Vênus em Sagitário e Marte em Aquário; Vênus em Aquário e Marte em Sagitário

Caro astrólogo do sexo...

"Minha esposa e eu estamos casados há dez anos. Embora eu a ame carinhosamente, nossa vida sexual se tornou recentemente sem graça. Ela tem Vênus em Libra e Marte em Aquário. Eu tenho Vênus em Leão e Marte em Sagitário. Alguma sugestão de como apimentar um pouco mais a relação?"

Sua esposa tem Vênus e Marte em signos de Ar, o que mostra que ela tem uma natureza curiosa e aprecia o excitamento. Ao mesmo tempo, dependendo das constantes mudanças de ânimos e libidos, os signos de Ar podem ser um tanto desapegados sexualmente. Você tem Vênus e Marte em signos de Fogo, o que significa que precisa de muita paixão e seu próprio quinhão de excitamento! Diagnóstico: na verdade, as Vênus e os Martes de vocês têm muita sincronia sexual. Vocês precisam passar mais tempo juntos, qualitativamente, longe de suas atarefadas vidas cotidianas — trabalho, família, afazeres — e se conhecerem sexualmente de novo! Lembre-se de que o desapego ocasional dela não é permanente e que, com dramatizações sexuais, você terá prazer e excitará sua esposa. Dica: a Vênus em Libra dela também adora romance.

Vênus e Marte de Fogo e de Água

Vênus e Marte em signos de Fogo e de Água se combinam numa estranha dança sexual! O Fogo é corajoso, agressivo e inteiramente voltado à conquista — e a atender as próprias necessidades sexuais. A Água é emotiva, intuitiva e quer

Alerta estelar!

Vênus e Marte de Fogo e de Água têm dificuldade de interagir na cama! Por exemplo: uma Vênus (ou Marte), no aventureiro e sexualmente independente signo de Sagitário, e um Marte (ou Vênus) no signo de Câncer, emotivo e voltado para a segurança, têm necessidades muito diferentes, tanto sexuais como de relacionamento.

uma relação profunda e duradoura. Vênus e Marte de Água têm dificuldade de expressar suas necessidades sexuais e emocionais mais profundas. Vênus e Marte de Fogo não se relacionam com as sensibilidades profundas do amor e do romance. Juntos, é um passo para a frente e dois para trás! Sexualmente, Fogo e Água não têm muito em comum.

Expectativas sexuais: esperança de que haja uma ligação compatível entre os signos solares e lunares — de outra maneira não haverá muita satisfação sexual!

A relação a seguir inclui todas as combinações entre Vênus e Marte de Fogo e de Água:

Vênus em Áries e Marte em Câncer; Vênus em Câncer e Marte em Áries
Vênus em Áries e Marte em Escorpião; Vênus em Escorpião e Marte em Áries
Vênus em Áries e Marte em Peixes; Vênus em Peixes e Marte em Áries
Vênus em Leão e Marte em Câncer; Vênus em Câncer e Marte em Leão
Vênus em Leão e Marte em Escorpião; Vênus em Escorpião e Marte em Leão
Vênus em Leão e Marte em Peixes; Vênus em Peixes e Marte em Leão
Vênus em Sagitário e Marte em Câncer; Vênus em Câncer e Marte em Sagitário
Vênus em Sagitário e Marte em Escorpião; Vênus em Escorpião e Marte em Sagitário
Vênus em Sagitário e Marte em Peixes; Vênus em Peixes e Marte em Sagitário

Vênus e Marte de Fogo e de Terra

Os planetas nos elementos Fogo e Terra costumam extinguir as profundas necessidades e desejos mútuos — e isso é especialmente verdadeiro quanto a Vênus e Marte! Vênus e Marte de Fogo são agressivos e se movem rápido. Corajosos e aventureiros, precisam de muito espaço e liberdade. Vênus e Marte de Terra se movem lentamente: gostam de dispor de tempo para examinar completamente suas ligações sexuais e de relacionamento. Embora

Fogo e Terra sejam altamente apaixonados, numa ligação de Vênus e Marte, esses elementos têm necessidades e desejos sexuais muito diferentes.

Expectativas sexuais: de início, talvez vocês se entusiasmem sexualmente — mas isso rapidamente perde o vigor.

A relação a seguir inclui todas as combinações entre Vênus e Marte de Fogo e de Terra:

Vênus em Áries e Marte em Touro; Vênus em Touro e Marte em Áries
Vênus em Áries e Marte em Virgem; Vênus em Virgem e Marte em Áries
Vênus em Áries e Marte em Capricórnio; Vênus em Capricórnio e Marte em Áries
Vênus em Leão e Marte em Touro; Vênus em Touro e Marte em Leão
Vênus em Leão e Marte em Virgem; Vênus em Virgem e Marte em Leão
Vênus em Leão e Marte em Capricórnio; Vênus em Capricórnio e Marte em Leão
Vênus em Sagitário e Marte em Touro; Vênus em Touro e Marte em Sagitário
Vênus em Sagitário e Marte em Virgem; Vênus em Virgem e Marte em Sagitário
Vênus em Sagitário e Marte em Capricórnio; Vênus em Capricórnio e Marte em Sagitário

Caro astrólogo do sexo...

"Estou me encontrando com um homem que tem Vênus em Áries e Marte em Touro. Eu também tenho Vênus em Áries, mas meu Marte está em Capricórnio. No começo do relacionamento parecia que tínhamos uma ótima ligação sexual — mas, recentemente, estou começando a pensar se somos mesmo compatíveis. O que você pensa disso?

P.S.: Também parece que brigamos demais!"

Embora Vênus e Marte nos elementos Fogo e Terra possam, de início, experimentar uma ligação sexual, no cotidiano vocês têm estilos de vida e necessidades sexuais bastante diferentes — daí as brigas! Um homem com Vênus de Água poderia dar a você a satisfação sexual e emocional que o seu Marte em Capricórnio quer e merece. Também, um Marte num signo de Ar poderia acrescentar alguma curiosidade sexual e equilibrar sua fogosa Vênus em Áries. É hora de cair fora e buscar aquilo que você precisa!

Vênus e Marte de Ar

"Excitação" é o nome do jogo entre Vênus e Marte em signos de Ar! Vênus e Marte em signos de Ar são intelectuais, independentes e precisam estar inspirados. Sexualmente, o céu é o limite! Ao mesmo tempo, os signos de Ar costumam ser sexualmente desapegados, e Vênus e Marte de Ar precisam de bastante liberdade para explorar suas muitas ideias e interesses. Geralmente, Vênus e Marte de Ar se combinam de um modo compatível — e singular! Os signos de Ar se orgulham de sua individualidade e, quando juntos, geralmente dão um ao outro o espaço que ambos precisam para crescer e evoluir.

Juntos, Vênus e Marte em signos de Ar estão na mesma tônica com respeito às suas necessidades sexuais. No entanto, os signos de Ar podem ser volúveis no amor e no romance! Vênus e Marte de Ar querem liberdade para explorar suas necessidades e desejos sexuais.

Expectativas sexuais: inspirarem-se mutuamente para atingir novos níveis de diversão, curiosidade e excitação sexuais!

A relação a seguir inclui todas as combinações entre Vênus e Marte em signos de Ar:

Vênus e Marte em Gêmeos

Vênus em Gêmeos e Marte em Libra; Vênus em Libra e Marte em Gêmeos

Vênus em Gêmeos e Marte em Aquário; Vênus em Aquário e Marte em Gêmeos

Vênus e Marte em Libra

Vênus em Libra e Marte em Aquário; Vênus em Aquário e Marte em Libra

Vênus e Marte em Aquário

Amantes cósmicos

O virginiano Lance Armstrong, vencedor da prova de ciclismo Tour de France, tem Vênus em Libra e Marte em Aquário — ambos signos de Ar. A Vênus em Libra indica um amante romântico, ainda que altamente criterioso. O Marte em Aquário também mostra uma abordagem desapegada e livre ao sexo e aos relacionamentos. Essa combinação aérea de Vênus e Marte indica que ele é realmente um sujeito sedutor!

Vênus e Marte de Ar e de Água

Vênus e Marte em signos de Ar e de Água têm grande dificuldade de encontrar sua química sexual. Vênus e Marte de Ar são independentes, gostam de muita liberdade e precisam estar constantemente inspirados. Vênus e Marte de Água são altamente sensíveis, emotivos e vivem em seu interior e em suas fantasias. Essa combinação de Vênus e Marte pode inicialmente estimular as fantasias sexuais mútuas — mas qualquer intriga torna-se provavelmente um desapontamento para Água e uma irritação para Ar! Ar e Água têm necessidades sexuais muito diferentes para se sentirem à vontade na cama.

Expectativas sexuais: suas fantasias sexuais mútuas provavelmente serão de curta duração. Na realidade, há pouca compatibilidade sexual para essas combinações de Vênus e Marte.

A relação a seguir inclui todas as combinações entre Vênus e Marte de Ar e de Água:

Vênus em Gêmeos e Marte em Câncer; Vênus em Câncer e Marte em Gêmeos

Vênus em Gêmeos e Marte em Escorpião; Vênus em Escorpião e Marte em Gêmeos

Vênus em Gêmeos e Marte em Peixes; Vênus em Peixes e Marte em Gêmeos

Vênus em Libra e Marte em Câncer; Vênus em Câncer e Marte em Libra

Vênus em Libra e Marte em Escorpião; Vênus em Escorpião e Marte em Libra

Vênus em Libra e Marte em Peixes; Vênus em Peixes e Marte em Libra

Vênus em Aquário e Marte em Câncer; Vênus em Câncer e Marte em Aquário

Vênus em Aquário e Marte em Escorpião; Vênus em Escorpião e Marte em Aquário

Vênus em Aquário e Marte em Peixes; Vênus em Peixes e Marte em Aquário

Amantes cósmicos

A secretária de estado norte-americana Hillary Rodham Clinton, uma escorpiana, tem Vênus também em Escorpião e Marte em Áries. Seu marido e ex-presidente, Bill Clinton, um leonino, tem Vênus e Marte no superamigável signo de Libra! A Vênus de Hillary, em Áries, está no signo oposto ao da Vênus e do Marte de Bill, em Libra — o que indica uma ligação profunda, sexualmente estimulante e duradoura. Porém, o Sol e a Vênus dela, em Escorpião, formam um aspecto desafiador com o Sol dele, em Leão, o que indica lutas de poder! A vida nunca será tediosa entre esses dois!

Vênus e Marte de Ar e de Terra

Você se lembra da sua formatura do secundário? Uma época em que você queria apenas encontrar o par certo para dançar no baile? Bem... Vênus e Marte de Ar e de Terra são parceiros de dança de última hora e totalmente incompatíveis! Se você tem Vênus ou Marte de Ar, provavelmente seria aquele que, na pista de dança, esvoaça alegremente de um parceiro a outro! Se você tem Vênus ou Marte de Terra, provavelmente estaria sentado na beira da pista, pensando como é que foi parar lá. Juntos, Vênus e Marte de Ar e de Terra têm pouco em comum, e suas necessidades e expectativas sexuais são muito diferentes.

Alerta estelar!

Vênus e Marte em signos de Ar e de Terra raramente estão na mesma tônica quanto às suas necessidades sexuais e de relacionamento. Por exemplo, uma Vênus pragmática e prática, em Touro, e um Marte, no desinibido e sexualmente investigador Gêmeos, realmente não têm nada em comum no campo sexual!

Expectativas sexuais: mínimas, na melhor das hipóteses!

A relação a seguir inclui todas as combinações entre Vênus e Marte de Ar e de Terra:

Vênus em Gêmeos e Marte em Touro; Vênus em Touro e Marte em Gêmeos

Vênus em Gêmeos e Marte em Virgem; Vênus em Virgem e Marte em Gêmeos

Vênus em Gêmeos e Marte em Capricórnio; Vênus em Capricórnio e Marte em Gêmeos

Vênus em Libra e Marte em Touro; Vênus em Touro e Marte em Libra

Vênus em Libra e Marte em Virgem; Vênus em Virgem e Marte em Libra

Vênus em Libra e Marte em Capricórnio; Vênus em Capricórnio e Marte em Libra

Vênus em Aquário e Marte em Touro; Vênus em Touro e Marte em Aquário

Vênus em Aquário e Marte em Virgem; Vênus em Virgem e Marte em Aquário

Vênus em Aquário e Marte em Capricórnio; Vênus em Capricórnio e Marte em Aquário

Vênus e Marte de Água

Juntos, Vênus e Marte de Água se combinam numa valsa suntuosamente lenta e muito romântica! Com essa combinação de Vênus e Marte, vocês adoram passar o tempo juntos e explorando suas fantasias sexuais. Vênus e Marte de Água são sensíveis e altamente emotivos: gostam de se sentir emocionalmente protegidos em suas relações sexuais. E quando se relacionam, costumam se abrir e partilhar voluntariamente suas naturezas muito românticas e profundamente sensuais. Vênus e Marte de Água são carinhosos e altamente compatíveis em suas necessidades sexuais e de relacionamentos duradouros.

Expectativas sexuais: uma ligação profundamente emocional e sexualmente satisfatória.

A relação a seguir inclui todas as combinações entre Vênus e Marte de Água:

Vênus e Marte em Câncer

Vênus em Câncer e Marte em Escorpião; Vênus em Escorpião e Marte em Câncer

Vênus em Câncer e Marte em Peixes; Vênus em Peixes e Marte em Câncer

Vênus e Marte em Escorpião

Vênus em Escorpião e Marte em Peixes; Vênus em Peixes e Marte em Escorpião

Vênus e Marte em Peixes

Caro astrólogo do sexo...

"Meu namorado tem Vênus e Marte em Escorpião. Há momentos em que me sinto oprimida pela intensidade dele — especialmente sexual. Alguma sugestão?"

Escorpião tem uma profundidade emocional e sexual intensa. Quando acontece de Marte e Vênus estarem nesse signo, isso se duplica. Você não mencionou o signo de sua Vênus e seu Marte, mas não importa qual a localização deles... definitivamente, você vai precisar definir seus limites e não hesitar em ser clara em relação ao que funciona com você na sua vida sexual — e emocional. A paixão é fantástica — a menos que se torne dominadora!

Vênus e Marte de Água e de Terra

Este elo entre Vênus e Marte oferece um tango sensual e muito passional! Vênus e Marte de Água induzem ao romance, à fantasia e ao afeto que o elemento Terra adora. A Terra fornece a sensualidade e a segurança que a Água quer experimentar. Entre essa Vênus e esse Marte, um sabe instintivamente o que o outro quer e precisa na cama.

Para Vênus e Marte de Água e de Terra, o sexo é apaixonado e sensual! E um grande bônus — também são compatíveis nas necessidades de seu relacionamento cotidiano! Vênus e Marte de Água e de Terra estabelecem um elo sexual profundo e geralmente duradouro.

Expectativas sexuais: muito altas! A Vênus e Marte de vocês se alinham em vários níveis — e, sim, o sexo é fantástico!

A relação a seguir inclui todas as combinações entre Vênus e Marte de Água e de Terra:

Vênus em Câncer e Marte em Touro; Vênus em Touro e Marte em Câncer

Vênus em Câncer e Marte em Virgem; Vênus em Virgem e Marte em Câncer

Vênus em Câncer e Marte em Capricórnio; Vênus em Capricórnio e Marte em Câncer

Vênus em Escorpião e Marte em Touro; Vênus em Touro e Marte em Escorpião

Vênus em Escorpião e Marte em Virgem; Vênus em Virgem e Marte em Escorpião

Vênus em Escorpião e Marte em Capricórnio; Vênus em Capricórnio e Marte em Escorpião

Vênus em Peixes e Marte em Touro; Vênus em Touro e Marte em Peixes

Vênus em Peixes e Marte em Virgem; Vênus em Virgem e Marte em Peixes

Vênus em Peixes e Marte em Capricórnio; Vênus em Capricórnio e Marte em Peixes

Caro astrólogo do sexo...

"Eu tenho Vênus e Marte em Capricórnio. Meu parceiro tem Vênus em Touro e Marte em Peixes. Você acha que formamos uma boa parceria sexual?"

Formam — e sem restrições! Sua Vênus em Capricórnio é altamente compatível com a Vênus dele, em Touro. O Marte dele, em Peixes, adora realizar todas as fantasias sexuais do seu Marte em Capricórnio! Juntos, vocês têm uma harmonia sexual e cósmica, com possibilidades duradouras.

Vênus e Marte de Terra

Juntos, os sensuais Vênus e Marte de Terra são sexualmente muito compatíveis. Também têm potencial para um relacionamento ótimo e duradouro! Essa Vênus e esse Marte estão na mesma tônica quanto ao amor, ao sexo, ao desejo... e ao mais importante componente de todos para o elemento Terra: a segurança no longo prazo! Embora haja momentos em que Vênus e Marte de Terra deem cabeçadas para ver quem terá suas necessidades atendidas em primeiro lugar, as diferenças costumam ser resolvidas rapidamente. Além disso, alguns embates tornam essa ligação entre Vênus e Marte o que há de mais quente e estimulante sexualmente!

Expectativas sexuais: a Terra se move nessa ligação muito sensual e física, que tem toda a probabilidade de durar.

A relação a seguir inclui todas as combinações entre Vênus e Marte de Terra:

Vênus e Marte em Touro

Vênus em Touro e Marte em Virgem; Vênus em Virgem e Marte em Touro

Vênus em Touro e Marte em Capricórnio; Vênus em Capricórnio e Marte em Touro

Alerta estelar!

Embora Vênus e Marte em signos de Terra estejam em sincronia sexual, haverá momentos em que cada um desses teimosos Vênus e Martes vai querer estar no controle do relacionamento.

Vênus e Marte em Virgem

Vênus em Virgem e Marte em Capricórnio; Vênus em Capricórnio e Marte em Virgem

Vênus e Marte em Capricórnio

O Mínimo que Você Precisa Saber

- Vênus e Marte indicam como vocês vão interagir sexualmente.
- Vênus e Marte, nos signos e elementos, têm expectativas sexuais diferentes.
- Vênus é o aspecto romântico e receptivo do amor e dos relacionamentos; Marte é o aspecto agressivo e primitivo do amor e do desejo.
- Vênus e Marte, de Fogo ou de Ar, estão em grande sincronia sexual.
- Vênus e Marte, de Fogo e de Água, tendem a extinguir as necessidades sexuais mútuas.
- Vênus e Marte, de Fogo e de Terra, não têm muito em comum sexualmente.
- Vênus e Marte, de Ar e de Terra, ou de Água, não se relacionam bem juntos, na vida ou na cama.

Parte

4

Sintonia entre o Casal

Agora que já tem domínio sobre as bases da astrologia do sexo, você pode fazer a sintonia fina nas suas ligações amorosas e sexuais. Ao examinar seus aspectos planetários e casas astrológicas, você obtém uma visão geral dos detalhes do seu relacionamento numa grande variedade de frentes. Essa é a essência da astrologia do sexo!

Capítulo 12

Está Quente ou Frio? Os Aspectos

Neste Capítulo

- Os aspectos são os graus entre os signos astrológicos
- Cada aspecto representa um grau diferente de ardor sexual
- Compreender os aspectos não requer tanta habilidade!
- As oposições, conjunções e trígonos são os aspectos mais quentes sexualmente
- Os sextis, quadraturas e quincunces são os aspectos mais frios sexualmente
- A seção "Verifiquem seus Aspectos" vai ajudar vocês a examinarem juntos os seus aspectos

Os aspectos entre os signos do zodíaco dizem muita coisa sobre a química sexual entre você e seu amante. Vocês são escaldantes, quentes, mornos, de mornos para frio, frios ou gélidos? Para descobrir se vocês estão destinados a se consumir ou se serão capazes de manter uma ligação sexual duradoura, verifiquem seus aspectos.

Compreenda os Aspectos

Os relacionamentos geométricos, ou graus, entre os diferentes signos do zodíaco são chamados de *aspectos*. Na astrologia do sexo, os aspectos entre os planetas de vocês representam os graus do seu ardor sexual! Os aspectos formam diferentes ângulos entre os signos do zodíaco, os quais exercem grande influência nos seus relacionamentos e no desejo por diferentes tipos de experiências sexuais.

A mandala astrológica completa, assim como o círculo, tem 360 graus. Uma mandala astrológica incorpora cada signo do zodíaco, e cada signo engloba 30 graus dos 360 graus. Um bom modo de você compreender os seus aspectos é ver quantos signos há entre eles. Por exemplo, as conjunções estão geralmente no mesmo signo, entre 0 e 5 graus de distância, e os trígonos estão a 120 graus ou a quatro signos de distância.

Existem aspectos fáceis ou favoráveis, e aspectos difíceis ou desafiadores. Embora, na astrologia, os aspectos favoráveis e compatíveis costumem estar em sincronia — quando se trata da astrologia do sexo, a dinâmica é um pouco diferente! Na astrologia do sexo, os aspectos fáceis não têm o mesmo vigor sexual que os aspectos difíceis!

Os aspectos mais poderosos e intensos são as oposições, as conjunções, os trígonos e as quadraturas. Esses aspectos se desafiam sexualmente — para o melhor ou para o pior! Os aspectos mais moderados ou fracos são os sextis e os quincunces, que são sexualmente muito mais frios.

Relações celestiais

Se examinar seus aspectos faz você se sentir numa aula de geometria do curso secundário, não se desespere! É verdade que os aspectos astrológicos estão relacionados aos elementos da geometria — graus, quadrados, triângulos e outros — mas, aqui, você só precisa saber o básico. Nenhum compasso ou régua de calcular são necessários!

Caro astrólogo do sexo...

"Quero saber mais como os meus aspectos se relacionam com os do meu marido. Como eu descubro isso?"

Os mapas astrológicos de vocês ou uma efeméride lhe fornecerá os aspectos e os graus específicos para todos os seus planetas. Divirtam-se examinando juntos os seus graus de ardor!

Os aspectos	
Oposições	180 graus entre os signos
Conjunções	De 0 a 5 graus entre os signos
Trígonos	120 graus entre os signos
Sextis	60 graus entre os signos
Quadraturas	90 graus entre os signos
Quincunces	150 graus entre os signos

Para que seja significativo, um aspecto precisa estar a mais ou menos 5 graus. Os aspectos mais amplos — com um número maior de graus de distância — são mais fracos e exercem um impacto bem menor.

Relações celestiais

Os aspectos têm uma órbita de influência que descreve a proximidade entre dois planetas. Um bom modo de encarar as órbitas é: quanto menor a órbita (ou número de graus), mais poderoso o efeito do aspecto!

Oposições (180 graus entre os Signos): Escaldante!

Palavras-chave: estimulante, emocionante, passional

As oposições são fáceis de lembrar: são os pares formados pelos signos opostos do zodíaco! Cada signo do zodíaco tem um signo oposto ou polar: Áries/Libra, Touro/Escorpião, Gêmeos/Sagitário, Câncer/Capricórnio, Leão/Aquário e Virgem/Peixes.

Você e seu amante são opostos? Sortudos! As oposições são sexualmente escaldantes porque representam desejos sexuais opostos, mas mutuamente agradáveis. Aqui, os opostos se atraem — e muitíssimo! Embora vocês provenham de duas perspectivas diferentes, elas são os dois lados de uma mesma moeda cósmica! As oposições representam os desafios, mas eles costumam ser sexualmente excitantes e muito estimulantes. Juntos, vocês formam um par quente e sensual.

Relações celestiais

Depois de verificar os aspectos entre Sóis e Ascendentes, no seu mapa e no do seu amante, certifique-se de fazer o mesmo com as Luas, Vênus e Martes de vocês! Para mais informações sobre a sua compatibilidade sexual, veja a seção "Verifiquem seus Aspectos", no final deste capítulo.

No longo prazo, vocês possuem um equilíbrio que funciona. Os planetas em oposição fazem vocês se estimularem mutuamente a aprender e crescer de novas maneiras. Ao mesmo tempo, as oposições fazem com que vocês se sintam sexual e emocionalmente inexperientes, conforme cada um força o outro a explorar suas necessidades e desejos mais profundos. Apesar de vocês se confrontarem às vezes, e até mesmo um intimidar o outro, novamente o atrito — e mesmo a ocasional ameaça de perigo — é sexualmente quente e estimulante!

As oposições criam em geral um relacionamento sexual intenso, mesmo que o tempo passe e os outros fogos do casal esfriem. O relacionamento sexual de vocês é a cola que os mantém unidos; é a área em que vocês se sentem mais em sincronia. O sexo de reconciliação será um desfecho muito quente, frequente e importante para as suas muitas briguinhas! Uma sugestão, todavia: quando as coisas se tornarem muito intensas, saibam qual é o momento de recuar um pouco. Relaxe — seu parceiro de oposição está inteiramente com você e é provável que não vá a lugar algum tão cedo!

Sensual: a combinação de equilíbrio e desafio mútuos é uma combinação sexual e estimulante.

Não tão sensual: provenientes de duas perspectivas diferentes, pode haver entraves entre vocês e a relação ser emocionalmente exaustiva.

Conjunções (de 0 a 5 graus entre os Signos): Quente

Palavras-chave: intenso, competitivo, passional

As conjunções estão geralmente no mesmo signo, embora você possa ter uma conjunção com o signo seguinte, ou anterior, do zodíaco. Por exemplo, a 29 graus de Touro e 2 graus de Gêmeos — ou a 29 graus de Escorpião e 3 graus de Sagitário — ainda formam uma conjunção. Tipicamente, esse tipo de conjunção tem menos peso ou impacto do que uma conjunção no mesmo signo.

As conjunções são combinações intensas e, em geral, sexualmente competitivas — por isso são tão diabolicamente quentes! Juntos, vocês são espelhos cósmicos, nos quais cada um reflete as necessidades e desejos sexuais mais fortes do outro. Embora haja momentos em que se rivalizem para ver quem vem em primeiro lugar, vocês têm uma combinação sincera. Há o desejo mútuo de se

Amantes cósmicos

Catherine Zeta-Jones e seu marido Michael Douglas são librianos, nascidos no mesmo dia — com 25 anos de diferença! A conjunção entre o Sol de cada um reflete uma abordagem de vida similar — e um relacionamento muito sensual e passional.

conhecerem e explorarem oportunidades futuras. Talvez também tenham muitos interesses em comum e estejam na mesma tônica no que se refere a preocupações com o estilo de vida.

> **Alerta estelar!**
>
> Embora as conjunções tendam a ser muito sensuais, também são intensas e podem se consumir! O potencial de longo prazo das conjunções depende sempre do elemento. As conjunções de Fogo e de Ar tendem a se consumir mais rapidamente; as conjunções de Água e de Terra tendem a um maior poder de permanência.

Quando colocamos junto dois signos iguais, ocorre não só um acordo mútuo maior como também alguma competição sensual! Às vezes, vocês são tão semelhantes que um enlouquece um pouco o outro! Nem sempre é fácil lembrar onde você começa e seu parceiro termina. As conjunções oferecem o melhor e o pior nos relacionamentos. Por um lado, vocês realmente se gostam e compreendem um ao outro — mas, por outro lado, provavelmente competem para ver quem terá suas necessidades atendidas em primeiro lugar.

As conjunções também adoram brincar e se divertir juntas, especialmente na cama! Vocês dão um ao outro a liberdade de ser quem são e de ser desinibidos sexualmente.

Sensual: o fato de um de vocês ter uma compreensão forte e instintiva das necessidades do outro acende-os sexualmente. É como voltar para casa!

Não tão sensual: ter tanto em comum pode trazer à tona o pior que existe em cada um!

Trígonos (120 graus entre os Signos): Morno

Palavras-chave: apoiador, agradável, romântico

Os trígonos estão a 120 graus ou a quatro signos de distância. Os trígonos sempre caem no mesmo elemento. Por exemplo, os signos de Fogo formam trígonos entre si (Áries, Leão e Sagitário); os signos de Ar formam trígonos entre si (Gêmeos, Libra e Aquário); os signos de Terra formam trígonos entre si (Touro, Virgem e Capricórnio); e os signos de Água formam trígonos entre si (Câncer, Escorpião e Peixes).

Os trígonos são os aspectos mais fáceis nos relacionamentos e são sexualmente mornos. Um trígono entre os signos de vocês representa um forte grau de harmonia cósmica. Vocês estão sintonizados em vários níveis:

emocional, sexual e nas suas necessidades de relacionamento e de estilo de vida. O trígono entre os planetas de vocês significa os dons que um traz para o outro. Os trígonos de Sol oferecem a dádiva de cada um de vocês permitir que o outro seja quem realmente é; os trígonos de Lua resultam em apoio emocional incondicional; e os trígonos de Vênus e Marte resultam numa profunda compreensão das necessidades sexuais mútuas!

Também é certo haver muito romance, pois vocês adoram celebrar o fato de estar juntos e descobrir como é fácil um fazer o outro feliz! Vocês até mesmo se dão apelidos fofos: lindinha, gatinho, doce de coco e — Deus nos livre — chuchuzinho! (Deixo para vocês preencherem as lacunas!)

No nível sexual, os trígonos são muito compatíveis. Porém, às vezes, vocês se sentem tão compatíveis — pois vêm do mesmo lugar e querem as mesmas coisas — que pode ficar um pouco tedioso. Atenção para vocês não darem como certo o interesse mútuo! Com os trígonos há uma necessidade de manter as coisas interessantes e apimentá-las na cama. Sugestão: explorarem juntos as suas fantasias sexuais ocultas pode acrescentar a curiosidade e o excitamento muito necessários à rotina de vocês.

Sensual: cada um de vocês tem um conhecimento profundo e natural das necessidades sexuais do outro. Um sabe como fazer o outro se sentir à vontade e animado na cama!

Não tão sensual: vocês conhecem tão bem um ao outro que sua vida sexual diária pode se tornar um pouco... digamos... insípida.

Relações celestiais

"Vocês se sentem afortunados?" Os amantes com trígonos se sentem extremamente afortunados por ter se encontrado. Vocês se sentem abençoados por estar juntos!

Amantes cósmicos

A "queridinha da América" Sandra Bullock é leonina. Seu marido, o *bad boy* Jesse James, é ariano. Juntos, seus Sóis em Leão e em Áries formam um trígono, indicando um relacionamento sexualmente compatível e confortável, que tem potencial duradouro.

Sextis (60 graus entre os Signos): De Morno para Frio

Palavras-chave: fácil, compatível, insípido

Os sextis estão a 60 graus ou a dois signos de distância. Por exemplo, Leão faz sextil com Libra, e Capricórnio faz sextil com Peixes.

Os sextis são aspectos favoráveis, representando uma harmonia cósmica sexual e de relacionamento. No entanto, os sextis podem ser tão fáceis e compatíveis que se tornam sexualmente tediosos — razão pela qual são sexualmente de mornos para frios! Embora haja uma atração mútua e uma sincronicidade sexual agindo entre vocês, é fácil se tornarem estagnados e permanecerem nas suas zonas de conforto.

Sexualmente, cada um de vocês compreende os impulsos e desejos sexuais do outro — talvez até demais! Uma sugestão para reacender o calor sexual é vocês fazerem algo completamente fora dos parâmetros normais do relacionamento. Por exemplo, viajarem juntos para algum lugar onde nunca tenham ido antes. Chamem imediatamente o agente de viagens e agendem umas férias num refúgio onde possam curtir um ao outro de um modo inteiramente novo! Que tal sexo em Paris, com vista para a Torre Eiffel, chocolate francês e champanhe? Ou então sexo numa praia do Havaí? Tudo bem, sejamos realistas: talvez apenas um final de semana numa casa de veraneio, longe dos parentes. Seja onde for — vai funcionar!

Sensual: vocês são emocionalmente compatíveis e um sabe como fazer o outro funcionar sexualmente.

Não tão sensual: isso já está banal! Para os sextis, é geralmente a mesma e velha rotina!

Caro astrólogo do sexo...

"Meu namorado e eu temos trígonos e sextis: o Sol dele, em Virgem, faz trígono com o meu Sol em Capricórnio; minha Lua em Peixes faz sextil com a Lua dele em Capricórnio. O que isso tem a ver com nossa compatibilidade sexual no longo prazo?"

Ambos, trígonos e sextis, são aspectos compatíveis. Seus planetas também caem em signos de Água e Terra — mais uma vez, muito compatíveis. Essa compatibilidade astrológica significa que vocês estão em sincronia e seu relacionamento tem um potencial duradouro! Porém, com todos esses trígonos e sextis, vocês terão de se empenhar para manter viva a chama sexual!

Quadraturas (90 graus entre os Signos): Frio

Palavras-chave: intenso, desafiador, lutas de poder

As quadraturas estão a 90 graus ou a três signos de distância. Elas caem nas três qualidades astrológicas: fixo, cardinal e mutável. Por exemplo, na qualidade fixa, Touro está em quadratura com Leão e Aquário; na qualidade cardinal, Áries está em quadratura com Câncer e Capricórnio; e na qualidade mutável, Gêmeos está em quadratura com Virgem e Peixes.

Alerta estelar!

As quadraturas entre você e seu amante indicam dores de amor! Geralmente, há muitos desafios sexuais e emocionais para que um possa fazer o outro feliz!

Uma quadratura entre os planetas de vocês é considerada muito desafiadora — e não no bom sentido! As quadraturas representam dificuldades emocionais e uma limitada compatibilidade no cotidiano. Esse aspecto causa discussões passionais e intensas... e até mesmo guerra total!

Juntos, vocês competem e entram em conflito um com o outro. O resultado é tensão em demasia e muitas, muitas lutas de poder. Embora vocês se estimulem, não é num bom sentido, novamente! As quadraturas podem rapidamente se tornar tediosas e até mesmo disfuncionais, pois um desafia o outro naquilo que é realmente importante.

No início, as quadraturas talvez indiquem uma centelha sexual, mas ela costuma se consumir rapidamente — deixando vocês sexualmente frios! A quadratura força um grau de crescimento pessoal em vocês, mas talvez seja necessário se perguntarem se precisa ser tão difícil assim? Duas sugestões: aprender a dar ao seu amante muita liberdade para ele fazer as coisas do seu próprio jeito ou considerar o fato de que esse relacionamento não devia nem existir!

Sensual: o atrito pode ser muito sensual — ou, pelo menos, por algum tempo! As quadraturas talvez acendam vocês sexualmente, mas isso raramente dura.

Não tão sensual: o desafio constante — na vida e na cama — faz com que o viço acabe rapidamente!

Quincunces (150 graus entre os Signos): Gélido

Palavras-chave: desunido, confuso, doloroso

Os quincunces, também chamados de inconjunções, estão a 150 graus entre os signos. Ficam no signo anterior ou no posterior ao signo oposto. Por exemplo, Áries forma um quincunce com Escorpião e Virgem, e Aquário forma quincunce com Virgem e Câncer.

Caro astrólogo do sexo...

"Sou aquariana, com a Lua em Touro. Estou saindo com um homem de Escorpião, que tem a Lua em Leão. Nossa vida sexual é fenomenal, mas agora, depois de três meses juntos, estou me dando conta de que nossos encontros costumam ser somente para sexo! Quando trago isso à baila, ele muda de assunto! Eu quero mais e estou começando a ter sérias dúvidas. O que devo fazer?"

A abundância de signos fixos entre vocês — Aquário, Touro, Leão e Escorpião — indica uma importante quadratura astrológica! Por mais quente que a sua ligação sexual possa ser, lamento dizer que vocês deveriam negociar alguns desafios bem difíceis a fim de fazer esse relacionamento funcionar. (E quando se trata da intimidade mais profunda, é claro que o Escorpião dele tem problemas importantes relacionados à confiança!) Desfrute o presente — mas esteja pronta para desistir e cair fora!

Os quincunces são sexualmente tão frios... que congelam! Esse aspecto representa as ligações que não estão em sincronia em nível algum — na vida, nos relacionamentos e no sexo. O resultado pode ser muita frustração e confusão quando se trata de um saber fazer o outro feliz. Vocês não se compreendem, e vão achar muito difícil encontrar um campo comum.

Alerta estelar!

De todos os aspectos, os quincunces são os mais difíceis no campo do relacionamento. Uma grande quantidade de quincunces é uma bandeira vermelha, avisando que vocês não estão em sincronia cósmica nem sexual!

Sexual e emocionalmente, os quincunces têm enorme potencial para ferir os sentimentos! Tenham certeza de que há muita dificuldade de comunicação, pois cada um interpreta mal as necessidades do outro. Vocês vão lutar com aquilo que verdadeiramente desejam nesse relacionamento.

Sensual: nem um pouco!

Não tão sensual: Brr! Vocês têm pouca ou nenhuma química sexual.

Verifiquem seus Aspectos

Esta seção vai ajudá-lo a entender os aspectos entre você e o seu amante. Provavelmente, vocês descobrirão que têm uma combinação de diferentes aspectos, mas usem este guia para ver qual deles é mais importante. Por exemplo, duas ou mais ocorrências de um determinado aspecto terão um significado especial na compatibilidade sexual de vocês.

Você se lembra dos planetas?

Sol:	Sua personalidade e seu ego
Ascendente:	A face que você mostra ao mundo
Lua:	Seu "eu" interior e suas emoções
Vênus:	Sua atitude em relação ao amor, romance e prazer
Marte:	Sua abordagem ao sexo e à paixão

Os aspectos entre os diferentes planetas de vocês são bastante reveladores! Os aspectos entre Sol/Ascendente e Lua são importantes porque refletem suas necessidades físicas, emocionais e cotidianas. Os aspectos entre Vênus e Marte, contudo, têm geralmente maior influência na sua química sexual!

Amantes cósmicos

A escorpiana Demi Moore, estrela de cinema e mãe sensual, tem a Lua em Touro. Seu marido, o ator e produtor Ashton Kutcher, tem Sol e Lua em Aquário. Juntos e individualmente, eles têm quadraturas significativas em seus mapas. Quanto à felicidade duradoura do casal, a quantidade de quadraturas entre eles indica desafios à vista!

O fato de comparar seus aspectos em conjunto revela bastante sobre a compatibilidade sexual e de relacionamento de vocês. Comecem com o Sol e Ascendente e, em seguida, passem para a Lua, Vênus e Marte. Quanto mais aspectos vocês tiverem em comum, mais profundas as suas ligações — sejam elas quentes ou frias!

Juntos, nós temos ______ oposições. As oposições são sexualmente escaldantes e indicam o desejo de aprender e de crescer juntos — sexualmente e no relacionamento cotidiano.

Juntos, nós temos ______ conjunções. As conjunções são sexualmente quentes. Indicam que vocês têm mentes semelhantes, mas também são competitivos quanto às necessidades sexuais.

Juntos, nós temos ______ trígonos. Os trígonos são sexualmente mornos. Indicam relacionamentos fáceis, que estão em harmonia sexual.

Juntos, nós temos ______ sextis. Os sextis são sexualmente de mornos para frios e indicam um acordo sexual mútuo — mas, no longo prazo, pode tornar-se insípido... e até mesmo maçante!

Juntos, nós temos ______ quadraturas. As quadraturas são sexualmente frias e indicam uma ligação desafiadora (muitas discussões!).

Juntos, nós temos ______ quincunces. Os quincunces são sexualmente gélidos e indicam pouco em comum — sexualmente ou em qualquer outra área!

Caro astrólogo do sexo...

"Socorro! Comparei os meus aspectos com os do meu namorado, e não temos muitos! O que isso significa?"

Poucos aspectos, ou nenhum, entre você e o seu namorado não é um bom sinal quando se trata de relações sexuais e da intimidade cotidiana. Porém, um aspecto significativo — especialmente uma oposição ou uma conjunção — entre suas Luas, por exemplo, talvez seja suficiente para dar um reforço sexual a vocês.

O Mínimo que Você Precisa Saber

- As oposições (180 graus entre os signos) são sexualmente escaldantes.
- As conjunções (de 0 a 5 graus entre os signos) são sexualmente quentes.
- Os trígonos (120 graus entre os signos) são sexualmente mornos.
- Os sextis (60 graus entre os signos) são sexualmente de mornos para frios.
- As quadraturas (90 graus entre os signos) são sexualmente frias.
- Os quincunces (150 graus entre os signos) são sexualmente gélidos.

Capítulo 13

As Casas: Onde Tudo Acontece

Neste Capítulo

- As casas astrológicas são os campos de jogos das experiências
- Cada casa representa uma área específica da vida
- Cada casa possui um signo e um planeta regente
- Os planetas, localizados nas diversas casas, enfatizam as experiências na casa
- O Ascendente prepara o terreno para nossas experiências de vida
- A correspondência entre os planetas de vocês numa mesma casa estimula as experiências que vocês terão nessa casa, de um modo completamente novo

Enquanto os planetas evidenciam o *que* está acontecendo, os signos evidenciam *como* está acontecendo e as casas evidenciam *onde* está acontecendo! Na astrologia do sexo, as casas se relacionam com as áreas da vida em que o relacionamento de vocês ocorrerá. Em quais casas do seu mapa os planetas do seu amante caem, e vice-versa? Este capítulo prepara o terreno.

O Mundo é um Palco: As Doze Casas

O mapa astrológico é como uma torta redonda, dividida em doze fatias, ou casas. As casas são os palcos nos quais os diferentes atos do drama da nossa vida se desenrolam. Cada casa astrológica engloba uma área diferente da nossa experiência de vida. Por exemplo, a Segunda Casa representa como você se relaciona com o dinheiro e as posses, e a Sétima Casa mostra como você vivencia os relacionamentos e parcerias significativos da sua vida.

Caro astrólogo do sexo...

"Socorro! Quando observei meu mapa, vi que há várias casas nas quais não tenho planeta algum! Isso significa que estou perdendo alguma coisa!"

Não entre em pânico — você não está perdendo nada! Só porque não tem planetas numa casa não modifica o significado da casa. O signo na cúspide da casa determina o tipo de experiências que você viverá na casa — não importa se tem planetas nela ou não! Porém, quanto mais planetas você tiver numa casa, mais tempo e atenção estará propenso a dar aos assuntos dessa casa.

Cúspides e Signos em Ascensão

Cada casa tem um signo regente. O início de cada casa é chamado de "cúspide". O signo astrológico na cúspide da casa traz as energias do signo para as experiências nessa casa. Por exemplo, num mapa astrológico, Virgem — criteriosa, prática e específica — na cúspide da Segunda Casa, a do dinheiro e da segurança, opera de modo bem diferente de, digamos, Gêmeos — multiforme, versátil e volúvel — na Segunda Casa! A regência de cada uma das cúspides define nossas experiências nessa casa.

O signo em ascensão, ou Ascendente, é o signo na cúspide da Primeira Casa e dá início ao nosso mapa astrológico. O signo em ascensão é notável, não só porque é ele que determina nosso mapa astrológico, mas também porque indica nossa atitude predominante em todas as nossas experiências na vida.

Relações celestiais

A cúspide representa o começo de uma casa astrológica. Na mandala da astrologia universal, a Primeira Casa é regida por Áries; a Segunda, por Touro, e assim por diante. O signo em ascensão — o signo na cúspide da Primeira Casa — determina as cúspides das casas seguintes. Se você tem Sagitário em ascensão, então terá provavelmente Capricórnio na sua Segunda Casa, e assim por diante.

As Doze Casas do Zodíaco

Casa	Regente natural	Área de experiência
Primeira	Áries/Marte	O "eu"
Segunda	Touro/Vênus	Dinheiro, posses e valor próprio
Terceira	Gêmeos/Mercúrio	Comunicação, aprendizado
Quarta	Câncer/Lua	Raízes, família, lar
Quinta	Leão/Sol	Divertimento, criatividade, romance
Sexta	Virgem/Mercúrio	Saúde, trabalho, serviço
Sétima	Libra/Vênus	Relacionamentos, parcerias
Oitava	Escorpião/Plutão	Sexo, transformação, recursos partilhados
Nona	Sagitário/Júpiter	Viagem, educação superior, filosofia
Décima	Capricórnio/Saturno	*Status*, carreira
Décima primeira	Aquário/Urano	Amizades, aspirações
Décima segunda	Peixes/Netuno	Inconsciente, sonhos, intuição

Casas Significativas

Na astrologia do sexo, todas as casas são importantes — mas a Primeira, a Sétima e a Oitava têm um significado especial. A Primeira e a Sétima representam o equilíbrio entre o "eu" e o relacionamento. Os planetas e signos na cúspide dessas casas indicam como cada um de vocês vai provavelmente navegar nesse equilíbrio. A Oitava Casa, que representa o sexo e a transformação, é geralmente o local onde está o potencial para uma intimidade maior e mais profunda.

Sol, Lua, Vênus e Marte!

Cada um dos planetas da astrologia do sexo — Sol, Lua, Vênus e Marte — traz as energias dos planetas individuais para as experiências na casa:

- **Sol**: a casa do seu Sol é onde você brilha! É a área da vida em que você se sente mais compelido a se expressar.
- **Lua**: a casa da sua Lua representa sua base emocional. É a área da vida em que você se sente mais em casa e à vontade.
- **Vênus**: a casa da sua Vênus é onde você procura o prazer, o divertimento e o romance. Significa a área da vida que você mais ama experimentar.

- **Marte**: a casa do seu Marte é onde você é mais impulsionado. É a área da vida em que você se sente compelido a ir adiante e conquistar novas experiências de vida.

> **Relações celestiais**
>
> Seu mapa natal revela onde todos os planetas estavam no momento do seu nascimento. Ele nunca muda. Os movimentos atuais dos planetas e onde eles caem no seu mapa são chamados "trânsitos". Os planetas em trânsito, assim como a localização dos planetas do seu amante, estimulam as energias das casas nas quais caem.

Comparem os Mapas de Vocês

Ao comparar seu mapa astrológico com o de seu amante, repare onde os planetas de cada um de vocês caem nas casas do outro; desse modo vocês obterão muitas informações sobre os campos onde seu relacionamento se desenrola. As casas indicam as áreas da vida em que vocês provavelmente estimulam um ao outro. Ou vocês entrarão num acordo mútuo ou — dependendo dos signos e planetas — desafiarão um ao outro a explorar as experiências da casa, de um modo inteiramente novo!

Um *software* de astrologia é capaz de lhes fornecer as comparações entre seus mapas. Ou, sobreponham seus mapas e verifiquem se há correspondência entre os planetas de vocês nas diversas casas. Para mais informações acerca de como obter o seu mapa, veja o Apêndice B.

Examine suas Casas

Uma boa maneira de você compreender cada uma das casas é não apenas pelos seus signos regentes e planetas, mas também pelos seus elementos: Fogo, Ar, Água e Terra.

Casas, Elementos e Energias

Elemento das Casas	Energias
Fogo: 1ª, 5ª, 9ª	Dinâmica, expansiva, experimental
Ar: 3ª, 7ª, 11ª	Intelectual, inspiradora, voltada ao relacionamento
Água: 4ª, 8ª, 12ª	Emotiva, sensível, profunda, psíquica
Terra: 2ª, 6ª, 10ª	Prática, tangível, voltada à segurança

Ascendentes: A Persona Exterior

O Ascendente, ou signo em ascensão, governa nossa personalidade exterior, nossa aparência e nossos atributos físicos. Representa nossa autoimagem e como os outros nos veem. É como nos apresentamos para o mundo.

> **Alerta estelar!**
>
> O Ascendente muda de signo a cada duas horas. Para encontrar o grau exato do seu signo em ascensão, você precisa saber a hora exata do seu nascimento.

O Ascendente é o grau exato do signo do zodíaco que estava ascendendo no horizonte ocidental no momento do nosso nascimento. Como vimos antes, o Ascendente representa o início do nosso mapa astrológico. Ele prepara o terreno e é um indicador significativo da nossa atitude predominante e nossa abordagem à vida:

- **Carneiros ascendendo**: Áries no Ascendente prepara o terreno para uma abordagem corajosa, agressiva e impulsiva em relação à vida.
- **Touros ascendendo**: Touro no Ascendente prepara o terreno para uma abordagem conservadora, prática e determinada em relação à vida.
- **Gêmeos ascendendo**: Gêmeos no Ascendente prepara o terreno para uma atitude aberta, versátil e investigadora para com a vida.
- **Caranguejos ascendendo**: Câncer no Ascendente prepara o terreno para uma abordagem emotiva, prática e carinhosa em relação à vida.
- **Leões ascendendo**: Leão no Ascendente prepara o terreno para uma abordagem dramática, poderosa e muito expressiva para com a vida.
- **Virgens ascendendo**: Virgem no Ascendente prepara o terreno para uma atitude lógica, altamente específica e criteriosa em relação à vida.
- **Balanças ascendendo**: Libra no Ascendente prepara o terreno para uma abordagem refinada, justa e equilibrada em relação à vida.

> **Relações celestiais**
>
> Os signos em ascensão partilham as mesmas características físicas dos signos solares — mas, aqui, eles são mais aparentes porque seu Ascendente revela como você se apresenta ao mundo. Por exemplo, o ascendente Áries sempre tem uma constituição forte e musculosa — e uma cabeça grande! O ascendente Câncer, que é regido pela Lua, sempre tem um rosto expressivo, em forma de lua, que denuncia seus sentimentos e emoções profundos.

- **Escorpiões ascendendo**: Escorpião no Ascendente prepara o terreno para uma abordagem intensa, dramática e profunda para com a vida.
- **Arqueiros ascendendo**: Sagitário no Ascendente prepara o terreno para uma atitude expansiva, investigativa e extrovertida para com a vida.
- **Cabras ascendendo**: Capricórnio no Ascendente prepara o terreno para uma abordagem prática, ambiciosa e direta em relação à vida.

> **Alerta estelar!**
>
> Os Ascendentes em Escorpião podem ser muito misteriosos! São frequentemente autoprotetores e até mesmo evasivos quando se trata de compartilhar seus sentimentos mais profundos.

- **Aguadeiros ascendendo**: Aquário no Ascendente prepara o terreno para uma atitude intelectual, inspiradora, rebelde e geralmente excêntrica para com a vida.
- **Peixes ascendendo**: Peixes no Ascendente prepara o terreno para uma abordagem intuitiva, criativa e romântica em relação à vida.

> **Caro astrólogo do sexo...**
>
> "Meu parceiro e eu temos signos opostos no Ascendente: eu tenho Virgem e ele, Peixes. O que isso significa para o nosso relacionamento?"
>
> Signos opostos em ascensão são significativos na astrologia do sexo, pois regem a Sétima Casa do parceiro, a casa dos relacionamentos. Embora os signos opostos em ascensão indiquem que vocês abordam a própria vida de formas opostas, provavelmente descobrirão que um dá ao outro muito equilíbrio. É possível que vocês aprendam muito um com o outro, até mesmo como se dedicar a si mesmos — e aos seus relacionamentos.

Primeira Casa: Tudo sobre Você!

"Primeiro, eu!" É uma descrição adequada da Primeira Casa. Essa casa representa a autopercepção, o poder pessoal e o ego. Regida pelo corajoso, fogoso e expansivo Áries, ela mostra como você segue em frente na vida. É na Primeira Casa que somos compelidos a seguir nossos instintos básicos e colocá-los em ação.

A Primeira Casa representa os novos começos e o desejo de explorar novas oportunidades na vida. Essa casa tende a fazer aflorar o lado impulsivo e mais agressivo do signo e dos planetas envolvidos. Porém, não dá indicação alguma sobre se você vai insistir em seus desejos e se vai usufruí-los.

A correspondência entre os planetas de vocês na Primeira Casa indica uma sincronicidade mútua e importante, especialmente em torno de seus objetivos individuais na vida. Ao mesmo tempo, dependendo dos signos e dos planetas, seus planetas na Primeira Casa também podem competir entre si — especialmente no que se refere a quem terá suas necessidades atendidas em primeiro lugar no relacionamento de vocês!

Segunda Casa: Sinta-se Seguro

A Segunda Casa chama-se a "casa dos valores". Representa a renda, as posses e os recursos pessoais. Regida pelo prático e terreno Touro, essa casa descreve o modo pelo qual você se relaciona com a segurança. Num nível mais profundo, a Segunda Casa representa seu senso de valor próprio (ou, em outras palavras, como você se valoriza!).

Dependendo do signo e dos planetas, na Segunda Casa você verificará que: ou tem um talento natural para ganhar dinheiro; ou, possivelmente, o outro extremo — você se sente desafiado nessa área! De qualquer modo, os planetas da Segunda Casa gostam de se sentir à vontade e seguros em todos os aspectos da vida, e prezam as posses materiais.

> **Alerta estelar!**
>
> "Cadê o dinheiro!" A correspondência entre os planetas de vocês na Segunda Casa geralmente estimula as profundas necessidades mútuas de segurança, inclusive quem está encarregado das finanças no relacionamento.

A correspondência entre os planetas de vocês na Segunda Casa indica um desejo partilhado de segurança material e financeira. É provável que vocês se deem apoio nas suas necessidades mútuas de se sentir seguros. Porém, não limitem esse apoio a assuntos de dinheiro; isso também é verdadeiro quando se trata de valorizar as contribuições mútuas ao seu relacionamento.

Terceira Casa: Podemos Conversar?

Esta casa governa o funcionamento da mente. Regida por Gêmeos, representa nosso processo intelectual, nossas experiências de aprendizado e como comunicamos nosso conhecimento aos outros. Os planetas na Terceira Casa indicam um profundo amor ao aprendizado. Essa casa inclui uma ampla diversidade de interesses intelectuais, porém, dependendo dos signos e dos planetas, esses interesses podem se tornar dispersos e sem foco! Para os planetas na Terceira Casa costuma ser difícil se concentrar numa única direção ou expressão!

A correspondência entre os planetas de vocês na Terceira Casa indica uma sincronicidade intelectual — e o desejo mútuo de partilhar pensamentos, ideias e inspirações.

Vocês adoram falar, mas há o perigo de que um tente suplantar o outro com suas proezas intelectuais!

Quarta Casa: Suas Raízes

A Quarta Casa representa nossas raízes. Regida por Câncer, essa casa governa o lar e a família. Os planetas na Quarta Casa indicam uma ligação profunda com a família de origem e também com o clã ancestral mais amplo. Essa casa simboliza nossa base emocional e os alicerces da nossa segurança interior. A Quarta Casa reflete seu desejo de se sentir em casa e à vontade na sua vida — e com você mesmo. Também indica uma necessidade profunda de se sentir completamente conectado com aqueles que você mais ama.

A correspondência entre os planetas de vocês na Quarta Casa indica uma base emocional compartilhada. Esse é um relacionamento cômodo e geralmente muito carinhoso. Provavelmente, vocês descobrirão que um se relaciona com as necessidades emocionais mais profundas do outro.

> **Amantes cósmicos**
>
> O astro de cinema Marlon Brando tinha Sol e Lua em Áries, na Quarta Casa. Embora seus carismáticos Sol e Lua, em Áries, estivessem evidentes na sua abordagem impetuosa e pioneira à vida — pois estavam na Quarta Casa —, esse aventureiro extrovertido era temperado com um saudosismo do lar, da família e da segurança interior.

Quinta Casa: Expressa Você Mesmo

A Quinta Casa governa a nossa autoexpressão. Essa autoexpressão surge de diferentes formas, dependendo do signo e dos planetas na casa. Naturalmente regido pelo fogoso e dramático Leão, a Quinta Casa representa os nossos instintos criativos e o amor por excitamento, novos projetos e novos casos amorosos! É uma casa romântica e amante do divertimento. Porém, como a Quinta Casa representa a especulação e as apostas, também é o local em que você terá mais probabilidade de assumir grandes riscos românticos!

A correspondência entre os planetas de vocês na Quinta Casa indica uma ligação muito romântica! Porém, se vocês vão ter um relacionamento duradouro, dependerá de seus signos e planetas. Seja qual for seu potencial futuro, quando há correspondência entre seus planetas na Quinta Casa, vocês certamente terão muito divertimento, romance e excitação, enquanto o relacionamento durar!

Relações celestiais

Lembre-se, o signo na cúspide de cada casa determina suas experiências nessa casa. Por exemplo, se você tem o sério e batalhador Capricórnio na cúspide da Quinta Casa, isso indica que sua abordagem à criatividade e ao romance é mais prática. Se você tem a romântica Libra na cúspide da Quinta Casa, é mais provável aceitar totalmente os elementos mais criativos e românticos dessa casa.

Sexta Casa: Trabalho Rumo à Realização

A Sexta Casa representa a saúde, o trabalho e o serviço. Como esses elementos se reúnem? A ideia aqui é que se você não estiver feliz no seu trabalho ou serviço, este não contribuirá para sua saúde e bem-estar, como deveria! É nessa casa que procuramos aquele equilíbrio entre nosso corpo, nossa mente e nosso espírito que nos proporcionará uma experiência de vida mais satisfatória.

"Como posso ajudar?" descreve a Sexta Casa. Regida por Virgem, essa casa é bastante voltada para o serviço. Os planetas na Sexta Casa indicam que você possui um forte desejo de dar sua contribuição aos outros e ao mundo. A Sexta Casa é também muito consciente quanto à saúde — às vezes, em demasia! Os planetas nessa casa indicam que precisamos ficar atentos com a tendência de Virgem de sucumbir ao perfeccionismo e se tornar demasiado exigente quanto aos detalhes da vida — seja qual for a forma que eles assumam.

A correspondência entre os planetas de vocês na Sexta Casa indica que vocês gostam de tornar a vida um do outro melhor! Embora possam ser duros um com outro (e, sim, até mesmo muito críticos), têm um verdadeiro desejo de se apoiar mutuamente na realização de seus objetivos na vida.

Sétima Casa: Tudo sobre Nós!

A Sétima Casa governa os relacionamentos significativos, os empreendimentos conjuntos e as parcerias. Repare que aqui não mencionamos o amor!

Regida pela romântica Libra, apesar de a Sétima Casa ser a que impulsiona você a buscar um relacionamento satisfatório, é também a casa na qual você aprende sobre o equilíbrio e os processos internos do cotidiano dos seus relacionamentos.

Os planetas na Sétima Casa representam a eterna dança universal entre você e os outros. É nela que aprendemos quando nos doar e comprometer, e quando impulsionar o que queremos e precisamos. Enfim, a Sétima Casa representa o desejo de equilíbrio e harmonia em todos os nossos relacionamentos.

> 
>
> **Amantes cósmicos**
>
> *I got you, Babe!* não é somente o nome de uma canção popular de karaokê — também define o relacionamento de Cher e seu marido Sonny Bono. A taurina Cher tem Lua em Capricórnio na Sétima Casa, o que indica que é uma parceira leal e incentivadora... seja qual for o seu parceiro na ocasião.

A correspondência entre os planetas de vocês na Sétima Casa indica uma ligação significativa. Com frequência, vocês vão descobrir que são espelhos, refletindo os desejos mútuos de relacionamento. Juntos, vocês vão provavelmente descobrir que têm muito que aprender um com o outro — e estão bastante inspirados para tal!

> 
>
> **Caro astrólogo do sexo...**
>
> "Tenho vários planetas na minha Sétima Casa, incluindo Lua e Vênus. O que isso quer dizer?"
>
> Os planetas na sua Sétima Casa, especialmente a Lua (que simboliza suas emoções internas) e Vênus (que simboliza sua atitude diante do amor), indicam que você é bastante voltada para os relacionamentos! Sua Lua indica o desejo de uma ligação emocional profunda nos seus relacionamentos. Sua Vênus também diz que você quer muito romance! Lembre-se também de que os signos da Lua, de Vênus e da cúspide da sua Sétima Casa lhe dão mais informações sobre como você expressa suas necessidades no relacionamento.

Oitava Casa: Onde Entra o Sexo?

A Oitava Casa representa não somente o sexo, mas também a transformação e os recursos partilhados. Tradicionalmente, a Oitava Casa é a da morte e do renascimento, e simboliza a busca de um significado mais intenso e profundo na vida. Os planetas na Oitava Casa tendem a uma inclinação mística e espiritual. Você deseja examinar e compreender os grandes mistérios da vida!

Na Oitava Casa buscamos as experiências de transformação — que talvez incluam o sexo! Nessa casa, o desejo sexual tende a se tornar profundo, significativo e até incluir experiências sexuais espiritualmente iluminadoras!

A correspondência entre os planetas de vocês na Oitava Casa representa uma ligação significativa, profunda e até mesmo com o poder de transformar a vida. Ao mesmo tempo, seus planetas na Oitava Casa indicam que vocês sabem exatamente o que fazer para agradar um ao outro. Dependendo do signo e dos planetas, talvez vocês se envolvam em lutas de poder. De um jeito ou de outro, vão provavelmente transformar a vida um do outro!

Relações celestiais

Embora a Sétima Casa represente os relacionamentos, é na Oitava Casa que você determina a sua probabilidade de vir a se comprometer com os níveis posteriores e mais profundos do seu relacionamento!

Nona Casa: Entenda o Mundo

A Nona Casa, regida por Sagitário, representa a educação superior, as viagens ao exterior, a religião, a política, os assuntos legais, as publicações, a publicidade — e nossos parentes por afinidade! Uau! Essa é uma casa ativa, diversificada e expansiva. Regida por Sagitário, a Nona Casa é onde nos expandimos para uma perspectiva e compreensão maiores da nossa experiência no mundo.

Nossa Nona Casa representa o desenvolvimento da nossa mente mais elevada. Aqui, somos compelidos para o desejo de uma experiência de vida mais ampla, espiritual e aventureira. Os planetas na Nona Casa dizem: "Quero experimentar de tudo!"

A correspondência entre os planetas de vocês na Nona Casa representa um amor e interesse compartilhados em relação a diferentes culturas, políticas, religiões e espiritualidades. Juntos, vocês vão provavelmente inspirar um ao outro a expandir sua percepção consciente da vida e do mundo!

Relações celestiais

Você pode ter mais de um signo numa casa. As casas com dois ou mais signos são chamadas "casas interceptadas". Isso quer dizer que o signo na cúspide da casa estava em um grau posterior, de modo que também engloba o próximo signo astrológico (ou signos). No entanto, o signo na cúspide da casa é normalmente o mais significativo.

Décima Casa: Construa sua Reputação

A Décima Casa representa a profissão, a reputação e a imagem pública. Essa casa tem muito a ver com nossa identidade profissional. Regida por Capricórnio, é o lugar onde você é impulsionado ao sucesso profissional e a partilhar seus talentos com o mundo. É também a casa onde você exige ser respeitado!

A Décima Casa é a casa do trabalho árduo. Aqui, o sucesso é alcançado com dificuldade. Ainda mais — dependendo do signo e dos planetas envolvidos —, na Décima Casa, somos compelidos a permanecer firmes em nossas convicções e acionar nosso profundo desejo de sucesso profissional. Porém, planetas na Décima Casa também podem indicar uma ênfase excessiva no trabalho e na carreira!

Amantes cósmicos

O imperador Napoleão Bonaparte tinha Sol em Leão na Décima Casa, o que indica não só uma natureza extremamente impulsiva como um enorme ego! Embora esse seja um exemplo extremo, quando os planetas estão em desequilíbrio na Décima Casa, podem se tornar demasiadamente impulsivos e mesmo ditatoriais!

A correspondência entre os planetas de vocês na Décima Casa indica o desejo de examinar o equilíbrio entre sua vida doméstica e profissional. Quando em sincronia, essa correspondência entre os planetas na Décima Casa indica que vocês partilham e apoiam suas necessidades cotidianas mútuas.

Décima Primeira Casa: Faça Amizades!

A Décima Primeira Casa representa os amigos, a criatividade compartilhada e os esforços cooperativos. Regida por Aquário, ela também se relaciona com o que nos inspira. Na Décima Primeira Casa exploramos nossas esperanças e desejos quanto ao futuro. É nela que somos mais estimulados a realizar as nossas mais elevadas aspirações. Geralmente, essas aspirações dizem respeito a fazer diferença no mundo — à nossa própria e singular maneira!

Essa casa representa o desejo de buscar comunidades e amigos com quem possamos nos reunir e partilhar objetivos comuns. Às vezes, esses objetivos envolvem um propósito maior e humanitário, e, outras vezes, o objetivo é apenas comungar e se relacionar com os outros de uma maneira totalmente nova.

A correspondência entre os planetas de vocês na Décima Primeira Casa indica que vocês partilham os mesmos sonhos e aspirações. Apoiam-se mutuamente a fim de tornar seus sonhos realidade!

> **Caro astrólogo do sexo...**
>
> "Meu namorado tem seu Sol e seu Marte na minha Décima Primeira Casa. Esse é um bom sinal em nosso relacionamento?"
>
> Com certeza! Os planetas dele na sua Décima Primeira Casa indicam que vocês têm uma amizade fortemente alicerçada, a partir da qual explorar o seu relacionamento. Embora essa casa não seja muito romântica, vocês vão provavelmente inspirar e apoiar um ao outro na realização de suas maiores aspirações. Não se esqueça de verificar em que casas do mapa dele caem os seus planetas, para obter uma visão mais ampla do relacionamento de vocês!

Décima Segunda Casa: Seu "Eu" Oculto

A Décima Segunda Casa representa as partes privadas ou ocultas da vida. Ela governa as partes mais profundas do "eu", incluindo o inconsciente, os sonhos e as mais profundas intuições. Os planetas nesse reino aquático da Décima Segunda Casa têm geralmente dificuldade de se expressar. Regida pelo romântico e fantasioso Peixes, os planetas nessa casa também indicam os padrões do amor romântico não correspondido!

> **Alerta estelar!**
>
> A correspondência entre os planetas de vocês na Décima Segunda Casa indica que há assuntos kármicos não solucionados entre vocês! Dependendo dos signos e dos planetas envolvidos, ou vocês se inspiram mutuamente a seguir em frente e libertar-se de padrões antigos, ou se veem presos a antigas questões de relacionamento que os incomodaram no passado.

> **Amantes cósmicos**
>
> O príncipe Charles e a princesa Diana tinham algumas ligações muito reveladoras entre suas casas. O Sol de Diana, em Câncer, caía na Décima Segunda Casa de Charles, o que indica uma provável ligação kármica! A Lua dele, em Escorpião, une-se ao Marte dela, em Escorpião, na Décima Primeira Casa de Diana, o que indica o desejo partilhado de inspirar as massas para um bem maior, embora de modos bem diferentes!

Essa é a última casa do mapa astrológico e tem muito a ver com os negócios inacabados. No nível simbólico, esse é o lugar em que você se despe dos diferentes elementos da sua vida, de modo a estar livre para seguir adiante, rumo à Primeira Casa ou Ascendente (que representa os novos começos).

A Décima Segunda Casa está associada com as vidas passadas. Se você e seu amante têm planetas que se correspondem na Décima Segunda Casa, isso indica uma ligação muito profunda e até mesmo kármica ou de vida passada. Provavelmente, vocês vão sentir uma ligação instantânea e intuitiva ao se conhecerem, e essa ligação poderosa continuará durante todo o seu relacionamento!

O Mínimo que Você Precisa Saber

- Cada casa está relacionada a uma área específica da nossa vida.
- O Ascendente, ou signo em ascensão, é o signo na cúspide da Primeira Casa e inicia nosso mapa astrológico.
- Cada uma das casas tem um signo regente, que governa nossas experiências nessa casa.
- Quanto mais planetas há numa casa, mais ênfase é colocada sobre as nossas experiências nessa casa.
- A correspondência entre os planetas de vocês numa casa indica as áreas em que o relacionamento vai se desenvolver.
- As casas mais significativas, na astrologia do sexo, são a Primeira, a Sétima e a Oitava.

Parte 5
Almas Gêmeas: Compreenda sua Ligação Divina

Nesta parte vamos examinar um aspecto diferente da astrologia do sexo — as ligações de almas gêmeas. As almas gêmeas são relacionamentos significativos, com o poder de transformar vidas. Todavia, nem sempre isso significa que vocês estão destinados a ficar juntos para o resto da vida. Para compreender as ligações de almas gêmeas, é preciso verificar os Nodos Lunares. Esses pontos astrológicos representam os karmas e destinos individuais de vocês, assim como suas experiências mútuas de crescimento.

Capítulo 14

Nossos Olhares se Cruzaram na Multidão...

Neste Capítulo

- Os relacionamentos de almas gêmeas proporcionam profundas experiências de aprendizado
- Os Nodos Lunares indicam o karma passado e o destino futuro
- O Nodo Sul representa os dons herdados e as zonas de conforto nos relacionamentos
- O Nodo Norte representa o desejo de novas oportunidades de crescimento e de relacionamento
- Comparem os Nodos Lunares de vocês a fim de compreender o que estão destinados a experimentar juntos

Já aconteceu de você encontrar uma pessoa pela primeira vez e experimentar um sentimento de familiaridade ou reconhecimento instantâneo? Talvez a sensação de que você já conhecia essa pessoa? Bem, é muito possível que isso tenha ocorrido! Esse tipo de reação intuitiva e profunda indica frequentemente uma ligação de almas gêmeas. Será que a atração entre vocês é tão forte que queiram explorar juntos um relacionamento duradouro? Fiquem sintonizados!

Compreenda as Almas Gêmeas

As almas gêmeas são parceiros cósmicos que crescem e evoluem juntos, geralmente através de muitas existências. Os relacionamentos de almas gêmeas baseiam-se num acordo mútuo de se encontrar para cumprir, de algum modo, um compromisso. Você e sua alma gêmea se encontraram novamente — agora e nesta vida — porque ainda há um karma que precisa ser resolvido e lições importantes que um necessita aprender com o outro. A cola cósmica que mantém você e sua alma gêmea grudados é o desejo de explorarem juntos novos territórios ou abandonarem antigos padrões que talvez tenham repetido em outras existências.

Relações celestiais

O karma baseia-se na Lei Universal de Causa e Efeito. Seja nesta vida ou em vidas passadas, o karma é definido pelas escolhas que você faz e como elas vão impactar seu destino no presente e no futuro.

Vamos Derrubar os Mitos

A ideia de almas gêmeas traz geralmente à mente a imagem de um relacionamento cosmicamente perfeito. Num certo sentido, todos nós estamos procurando nossa alma gêmea e o profundo reconhecimento e inteireza que isso implica. O termo "almas gêmeas" carrega muitas expectativas e também alguma confusão e peso inerentes. A seção seguinte descreve alguns dos maiores mitos sobre as ligações de almas gêmeas.

Mito Um: Almas Gêmeas Ficam Juntas para Sempre

Às vezes, o acordo entre almas gêmeas resulta num relacionamento permanente, duradouro. Em outros casos, o compromisso se resolve mais rapidamente. No melhor sentido, a experiência entre você e sua alma gêmea — não importa quanto dure — liberta cada um de vocês para seguir em frente na vida, quer unidos quer separados.

Amantes cósmicos

No filme *Jerry Maguire*, Dorothy Boyd e Jerry Maguire passam por muitos desafios para ficarem juntos, no que pode ser descrito como um casamento de almas gêmeas. Não foi fácil, mas por meio de muitas tentativas e tribulações, finalmente eles se deram conta: "Você me completa!"

Mito Dois: Você só Tem uma Alma Gêmea

Não é assim! Você vai encontrar diferentes almas gêmeas durante sua vida, e por diferentes razões. Por exemplo, aos 20 anos, você talvez busque um relacionamento para ter segurança financeira ou emocional. Quando fica mais maduro, é provável que desenvolva a necessidade de uma intimidade diferente e mais profunda. Diferentes almas gêmeas vão aparecer ao longo da sua jornada. Suas almas gêmeas refletem o seu crescimento, suas necessidades de evoluir e seus desejos — e as escolhas que você faz.

Alerta estelar!

Algumas almas gêmeas oferecem uma à outra um catalisador que transforma suas vidas. Esse tipo de ligação de alma gêmea invoca geralmente uma crise espiritual e emocional — tanto no nível individual quanto no do casal. Embora essas ligações de alma gêmea sejam intensamente apaixonadas, costumam vir sob a forma de relações de curta duração. Esses relacionamentos tendem a se consumir rapidamente, sendo raro durarem.

Mito Três: Temos uma Relação mais Profunda e Sensitiva

Então isso significa que ela deve funcionar, certo? As almas gêmeas se conectam através do psiquismo ou sexto sentido; às vezes, com a impressão de que podem ler a mente uma da outra! Porém, o "tempo" psíquico nem sempre se traduz em tempo da Terra ou do mundo real. Você pode sentir uma ligação profunda e intuitiva com alguém, e talvez essa ligação se baseie em experiências que vocês partilharam em existências passadas — daí a sensação de *déjà-vu*. Infelizmente, uma ligação sensitiva não indica necessariamente que vocês estão destinados a ficar juntos, particularmente no longo prazo.

Mito Quatro: Almas Gêmeas Sempre se Tornam Amantes

Em geral, as almas gêmeas chegam até nós como amantes potenciais e parceiros num relacionamento, mas as ligações de almas gêmeas podem adquirir muitas formas. Talvez você descubra uma alma gêmea naquele querido amigo, professor ou mentor, ou então naquele irmão, tio ou membro da família favorito.

Mito Cinco: Ligações de Almas Gêmeas São Fáceis

Alguns relacionamentos de almas gêmeas são mais fáceis que outros! Contudo, até mesmo com as almas gêmeas mais compatíveis, sempre haverá desafios. Afinal de contas, sua alma gêmea está aqui para ajudar você a crescer e evoluir! A ideia de um futuro abençoado e "feliz para sempre" entre almas gêmeas é apenas isto — um mito ou um conto de fadas!

Caro astrólogo do sexo...

"Sinto que meu melhor amigo é minha alma gêmea. Sempre parecemos estar em sincronia e dividimos tudo, desde gostos e desgostos mútuos até antecedentes familiares comuns. Honestamente, não sei o que eu faria sem ele! No entanto, como sou mulher e ele homem, às vezes penso se deveríamos nos envolver num relacionamento amoroso. Mas não há atração sexual entre nós. O que devemos fazer?"

Não é incomum ter uma relação de alma gêmea com o melhor amigo. Contudo, isso não significa necessariamente que vocês se envolverão romanticamente ou numa parceria compromissada. Se estivessem destinados a ter um relacionamento romântico, vocês sentiriam uma atração sexual mútua. Não confunda a situação — ao contrário, desfrute da sincronicidade cósmica e do apoio mútuo. Vocês são afortunados por ter se encontrado na vida!

Os Nodos Lunares: Compreenda seu Destino

Examinar seus Nodos Lunares vai ajudar você a compreender melhor suas ligações de almas gêmeas. Os Nodos Lunares não são planetas, mas antes pontos astrológicos que representam nosso karma passado e nosso destino futuro. Indicam o acúmulo das experiências de vidas passadas, assim como a direção na qual estamos trabalhando nesta vida. Representam as forças e desafios que você traz consigo, as lições que sua alma deve aprender, e seus dons inerentes e seu destino latente.

Quer você já tenha um relacionamento de longa data ou esteja considerando um novo, comparar seus Nodos Lunares com os do seu parceiro vai ajudar vocês a compreenderem o que ambos estão buscando nos relacionamentos e na jornada da vida. Se você não está se relacionando com alguém, os seus Nodos Lunares vão ajudá-lo a entender os seus padrões de relacionamento e que tipo de parceiro de alma você está buscando.

Os Nodos Norte e Sul baseiam-se nas polaridades, ou no eixo nodal, entre os doze signos do zodíaco: Áries/Libra, Touro/Escorpião, e assim por diante, ao longo de todos os signos. Finalmente, com os Nodos Lunares há a necessidade de incorporar as energias e potenciais de ambos os signos para encontrar um maior equilíbrio na vida.

As lições dos nossos Nodos Norte e Sul se relacionam com os signos do zodíaco e também com a localização deles nas casas astrológicas. A localização dos Nodos Lunares dentro das diferentes casas corresponde às nossas experiências naquela casa; representam a área da vida em que nossas lições da alma se desenrolarão. Por exemplo, os nodos em Áries/Libra também correspondem aos nodos na Primeira e Sétima Casas de um mapa astrológico; os nodos em Touro/Escorpião correspondem aos nodos na Segunda e na Oitava Casas, e assim por diante.

Nodos Lunares Norte e Sul

Signos/Casas	Polaridades/Pontos de Equilíbrio
Áries/Libra	Independência *versus* relacionamento
Primeira e sétima casas	
Touro/Escorpião	Segurança material *versus* segurança espiritual
Segunda e oitava casas	
Gêmeos/Sagitário	Aprendizado *versus* sabedoria
Terceira e nona casas	
Câncer/Capricórnio	Família *versus* carreira
Quarta e décima casas	
Leão/Aquário	Expressão criativa *versus* maior humanitarismo
Quinta e décima primeira casas	
Virgem/Peixes	Intelecto *versus* intuição
Sexta e décima segunda casas	

Nodos Sul: O Passado e o Karma

Seu Nodo Sul representa os talentos e habilidades que você cultivou ao longo de muitas existências. Simboliza os aspectos da sua vida que você já dominou e com os quais fica mais à vontade. De fato, seu Nodo Sul reflete as zonas de conforto das quais você tem mais dificuldade de se afastar! Seu Nodo Sul reflete seus dons inerentes. No melhor sentido, é a sabedoria que você possui e partilha com os outros. Nos relacionamentos, seu Nodo Sul representa os ciclos repetitivos que você está abandonando e dos quais está buscando se libertar.

Caro astrólogo do sexo...

"Fui recentemente a uma festa e, quando estava prestes a ir embora, reparei num rapaz e ele reparou em mim — e uau! Senti uma atração imediata entre nós. Mas ele foi embora, e eu também — deveria ter buscado alguma pista sobre ele?"

Parece que esse rapaz deixou uma impressão forte em você! Se você se sentir inclinada a buscar alguma pista sobre ele, vá em frente! Mas, o mais provável é você descobrir que se vocês estiverem destinados a investir mais nessa ligação, o destino — ou a sincronicidade divina — vai intervir. E você terá a oportunidade de encontrar novamente essa alma gêmea em potencial.

Nodos Norte: O Destino Futuro

O seu Nodo Norte inclui os talentos do seu Nodo Sul, com o desejo de você transformar esses dons em novas experiências de crescimento e de vida. O seu Nodo Norte representa os aspectos de você mesmo e os da sua jornada de vida que ainda não foram explorados. Essas são as qualidades que você ainda não dominou! No Nodo Norte, somos compelidos a crescer e explorar além das nossas zonas de conforto. Ele também indica o tipo de parceiro de alma que você está buscando para ajudá-lo a explorar novos tipos de crescimento em seu relacionamento.

Áries / Libra

A polaridade Áries/Libra está na qualidade cardinal. A influência cardinal representa um desejo de crescimento e um ímpeto para explorar novas oportunidades na vida. Também indica uma necessidade de você se concentrar no desenvolvimento das suas necessidades individuais, em equilíbrio com seus relacionamentos.

Nodo Sul em Áries / Nodo Norte em Libra
Nodo Sul na primeira casa / Nodo Norte na sétima casa

Relações celestiais

Você não precisa acreditar em vidas passadas para compreender seus Nodos Lunares ou suas ligações de almas gêmeas. As lições também podem ser utilizadas! Uma maneira útil de olhar seus Nodos Lunares é imaginar que são metáforas cósmicas e exemplos dos seus dons e desafios inatos.

Este eixo nodal representa os indivíduos que são extremamente independentes e costumavam seguir sozinhos. A polaridade Áries/Libra descreve os pioneiros e inovadores, que são competitivos e correm riscos. Eles gostam de vencer! Também gostam de fazer as coisas ao seu próprio modo: seu lema é "Faça como eu quero ou caia fora!". Nos relacionamentos, essa polaridade busca uma alma gêmea esquiva — talvez alguém que o ajude a ser um pouco mais diplomático! Esse eixo nodal pode ficar enredado na excitação inicial da caçada e da novidade! É ótimo para iniciar relacionamentos, mas tem problemas em levá-los adiante.

Forças: inspirador, passional, corajoso.
Fraquezas: dominador, impaciente, sem consideração, com medo de ser vulnerável.
Lição da alma: aprender a pôr os outros em primeiro lugar, cooperar e aceitar ajuda dos outros.

Nodo Sul em Libra / Nodo Norte em Áries
Nodo Sul na sétima casa / Nodo Norte na primeira casa

Esta combinação é encontrada em indivíduos que são muito voltados para os relacionamentos e que costumam adiar a satisfação de suas necessidades em prol dos outros. Em vidas passadas, essas pessoas precisaram ser cuidadas e eram demasiadamente dependentes do apoio dos outros. Nesta vida, esses indivíduos precisam aprender a ter "seu próprio tempo", de modo a desenvolver sua individualidade e seu propósito na vida. Estão aprendendo a ser mais independentes e não depender da aprovação dos outros.

Nos relacionamentos, esse eixo nodal é frequentemente infantil ao expressar suas emoções ou suas profundas necessidades sexuais.

Forças: generoso, incentivador, cooperativo, otimista.
Fraquezas: indeciso, sem autoestima e propósito na vida.
Lição da alma: aprender a ser mais autoconfiante, audacioso e assertivo.

Touro / Escorpião

O eixo nodal Touro/Escorpião está na qualidade fixa, o que indica uma atitude teimosa perante a vida! Essa polaridade confia frequentemente na segurança financeira e material, em vez de descobrir dentro de si a segurança pessoal. Embora resistam a mudanças, esses indivíduos querem um tipo de crescimento e transformação que os ajude a alcançar um significado mais profundo na vida.

Nodo Sul em Touro / Nodo Norte em Escorpião
Nodo Sul na segunda casa / Nodo Norte na oitava casa

Este eixo nodal representa os indivíduos que confiam no conforto e têm um medo profundo de explorar o desconhecido e as novas experiências. Em vidas passadas, é possível ter havido sempre um excesso de dependência quanto às posses materiais. Em geral, esses indivíduos ficam muito impressionados com o dinheiro, que pode estar atrelado tanto à sua autoestima quanto ao seu próprio valor. Nesta existência, há a necessidade de reverem seu senso de valores e explorar seus recursos internos. Esses indivíduos estão aprendendo a desenvolver seus talentos e habilidades, e dar sua contribuição ao mundo.

> **Alerta estelar!**
>
> Os Nodos Lunares em polaridades fixas gostam de fazer as coisas do seu próprio jeito! Costumam ser resistentes a mudanças e geralmente emperram em antigos padrões de relacionamento.

Forças: prático, compromissado, confiável, persistente.
Fraquezas: preguiçoso, materialista, confia no que é familiar.
Lição da alma: abdicar dos desejos materiais em prol de uma perspectiva maior; aprender que o dinheiro não traz felicidade.

Nodo Sul em Escorpião / Nodo Norte em Touro
Nodo Sul na oitava casa / Nodo Norte na segunda casa

Esta polaridade representa os indivíduos que estão divididos entre o desejo de crescimento e o conforto do que já é conhecido. Estão perpetuamente cavando mais fundo a fim de descobrir um significado maior na vida. Pelo fato de terem experimentado grandes ou extremas dificuldades em vidas passadas, podem ser direcionados para as crises — muitas vezes se preparando para o próximo desastre ou acontecimento indesejável. Nesta vida, estão aprendendo a se deixar levar e confiar nas perspectivas espirituais mais amplas: acreditar que, de um jeito ou de outro, nós estamos sempre sendo cuidados! Essa polaridade está aqui para aprender a apreciar e valorizar as coisas, as pessoas e as atividades que lhes trazem alegria e felicidade.

Forças: eficiente, intuitivo, tenaz, forte nas crises.
Fraquezas: vingativo, ciumento, ressentido.
Lição da alma: aprender a confiar, relaxar e desfrutar os muitos altos e baixos da vida.

Amantes cósmicos

A leonina Jacqueline Kennedy Onassis tinha Nodo Sul em Escorpião e Nodo Norte em Touro. Seu Nodo Sul em Escorpião indicava uma abordagem de sobrevivente em relação à vida. Seu Nodo Norte em Touro refletia um desejo de segurança — para si e para seus filhos — e uma tendência a buscar as coisas mais refinadas na vida.

Gêmeos / Sagitário

Os Nodos Lunares de Gêmeos/Sagitário estão na qualidade mutável. Aqui, a qualidade mutável representa um desejo de evoluir a partir de circunstâncias passadas e incorporar, na vida, uma perspectiva espiritual mais diversa. Ao mesmo tempo, esse eixo nodal se distrai facilmente e tem dificuldade em se concentrar num caminho ou relacionamento!

Nodo Sul em Gêmeos / Nodo Norte em Sagitário
Nodo Sul na terceira casa / Nodo Norte na nona casa

Com este eixo nodal, há uma constante necessidade de saber e descobrir mais. A lógica e a razão tendem a dominar, e há uma dependência excessiva do intelecto. Esses indivíduos desejam uma abordagem mais espiritual à vida e costumam atrair parceiros que vão, simultaneamente, expandir e desafiar suas crenças espirituais. Aqui, há uma necessidade de desenvolver a própria sabedoria interior, em vez de confiar sempre nos fatos. Nos relacionamentos, tendem a desafiar os outros com sua esquiva emocional e sua necessidade constante de mudanças e de gratificações instantâneas.

Forças: versátil, expressivo, aberto a novas experiências.
Fraquezas: inconsistente, impaciente, indireto.
Lição da alma: ver o todo, em vez de mergulhar completamente nos detalhes da vida cotidiana.

Nodo Sul em Sagitário / Nodo Norte em Gêmeos
Nodo Sul na nona casa / Nodo Norte na terceira casa

Os indivíduos na polaridade Sagitário/Gêmeos são aventureiros e adoram viajar e explorar outras culturas. São filósofos por natureza e estão direcionados para um ponto de vista mais expansivo e espiritual da vida. Ao mesmo tempo, os indivíduos nessa polaridade são raramente pessoas sociáveis, e gostam da liberdade de explorar diferentes perspectivas espirituais e religiosas. Nesta vida, estão aprendendo a ter mais diversidade na sua abordagem. Nos relacionamentos, costumam desafiar os outros com suas fortes crenças e opiniões abruptas.

Forças: honesto, otimista, aventureiro.
Fraquezas: rude, sem consideração, sem tato, instável.
Lição da alma: investigar as coisas mais significativas na sua vida, enquanto permanece aberto às necessidades e opiniões dos outros.

Amantes cósmicos

O capricorniano David Bowie tem Nodo Sul em Sagitário e Nodo Norte em Gêmeos. Seus Nodos Lunares representam um desejo de crescimento espiritual, enquanto também refletem sua versatilidade e um amor diletante por expressões criativas diferentes: música, teatro e moda!

Caro astrólogo do sexo...

"Minha esposa e eu temos Nodos Norte e Sul em oposição. O Nodo Norte dela está em Sagitário e o Nodo Sul, em Gêmeos. Meu Nodo Norte está em Gêmeos e o Nodo Sul, em Sagitário. Isso tem algum significado especial?"

Certamente! Os Nodos Lunares opostos indicam uma profunda ligação e um grande desejo de aprenderem um com o outro e crescerem juntos. Seus Nodos Lunares opostos são como os dois lados de uma mesma moeda cósmica. Embora vocês estejam abordando a vida e o seu relacionamento a partir de perspectivas opostas, a intenção e o propósito espiritual de vocês se originam do mesmo lugar!

Câncer / Capricórnio

Assim como Áries/Libra, este eixo nodal é da qualidade cardinal. A polaridade, aqui, reflete o desejo de encontrar um equilíbrio entre as exigências do trabalho e as exigências do coração e do lar. Enfim, há uma necessidade de encontrar um sentido de valor próprio que não se baseie exclusivamente em nenhum dos dois!

Nodo Sul em Câncer / Nodo Norte em Capricórnio
Nodo Sul na quarta casa / Nodo Norte na décima casa

Com esta polaridade, há uma dependência exagerada na segurança emocional. Em vidas passadas, esses indivíduos talvez tenham sacrificado suas aspirações para cuidar da família e do lar. Essa polaridade costuma ter uma grande diversidade de talentos, incluindo negócios, imóveis e empreendimentos criativos, e vai longe para obter o reconhecimento por suas habilidades na carreira. Nos relacionamentos, esses indivíduos são extremamente protetores — às vezes, em seu próprio detrimento!

Forças: simpático, diligente, provedor.
Fraquezas: demasiadamente emotivo, argumentativo, voltado para a segurança.
Lição da alma: oferecer seus dons individuais ao mundo — sem culpa por decepcionar os outros.

Nodo Sul em Capricórnio / Nodo Norte em Câncer
Nodo Sul na décima casa / Nodo Norte na quarta casa

Este eixo nodal representa os indivíduos que têm a necessidade de desenvolver seu senso interior de segurança emocional. São extremamente voltados para a carreira e tendem a colocar muita ênfase na realização de seus objetivos e em alcançar sucesso na vida. Em existências passadas, esses indivíduos associaram suas carreiras com suas identidades pessoais. Confiam nas "regras" e jogam como manda o figurino. Nesta vida, sentem o desejo de desenvolver suas bases emocionais e abandonar a necessidade de estar sempre certos. Estão aprendendo a confiar emocionalmente em si mesmos — e nos outros.

Forças: eficiente, paciente, perseverante.
Fraquezas: autocentrado, pessimista, dominador.
Lição da alma: equilibrar as aspirações da carreira com um anseio mais profundo pelo lar e pela família.

Relações celestiais

Nas ligações de almas gêmeas há muitas vezes uma sincronicidade partilhada e até mesmo estranha. Vocês vivenciam os mesmos tipos de experiência ao mesmo tempo!

Leão / Aquário

Assim como em Touro/Escorpião, os Nodos Lunares de Leão/Aquário estão na qualidade fixa. Aqui, a qualidade fixa reflete os fortes desejos de desenvolver a própria individualidade e produzir um dramático impacto no mundo.

Nodo Sul em Leão / Nodo Norte em Aquário
Nodo Sul na quinta casa / Nodo Norte na décima primeira casa

Este eixo nodal é extremamente criativo e cheio de um desejo de colocar sua marca singular no mundo! Esses indivíduos são impulsionados pela necessidade de se expressar sem restrições. Porém, suas necessidades podem estar baseadas no ego e no serviço em causa própria. Nesta vida, estão aprendendo a elevar seus desejos individuais e devotar-se à vitória do bem maior, assim como ao seu próprio bem. Em existências passadas, precisaram depender de amigos para levar adiante suas aspirações; agora têm de caminhar por si mesmos. Nos relacionamentos, estão aprendendo a abandonar sua necessidade de aprovação e equilibrar suas necessidades com o desejo de apoiar os outros.

Forças: positivo, ambicioso, generoso, animado.
Fraquezas: autocentrado, controlador, obsessivo, excessivamente dramático.
Lição da alma: equilibrar as necessidades do seu ego com seu desejo de dar uma contribuição ao mundo.

Nodo Sul em Aquário / Nodo Norte em Leão
Nodo Sul na décima primeira casa / Nodo Norte na quinta casa

Esta polaridade representa os indivíduos que têm evitado os refletores. Em vidas passadas, esconderam-se por trás das necessidades e aspirações de outros. Uma descrição precisa seria “o poder por trás do trono”. Nesta existência, estão aprendendo a desenvolver e expressar suas próprias aspirações. Humanitários por natureza, no passado devem ter sido revolucionários que dobraram ou quebraram as regras — em nome de um propósito ou objetivo maior, na maioria das vezes. Aqui, precisam desenvolver sua individualidade, enquanto, ao mesmo tempo, respeitam os caminhos dos outros. Nos relacionamentos, o mesmo se aplica!

Forças: inventivo, original, incentivador.
Fraquezas: rebelde, desapegado, demasiadamente excêntrico, confia demais no apoio dos outros.
Lição da alma: agir segundo seu desejo de mudar o mundo, mas lembrando-se de respeitar as suas necessidades individuais.

Caro astrólogo do sexo...

"Estou me encontrando com um homem que tem Nodo Sul em Aquário e Nodo Norte em Leão. Eu sou leonina, com Nodo Sul em Gêmeos e Nodo Norte em Sagitário. Formamos um bom par?"

Sim, formam! Seu Sol em Leão se alinha bem com o Nodo Norte dele, em Leão, indicando um desejo mútuo de explorar novas experiências. Seu Nodo Sul em Gêmeos é também muito compatível com o Nodo Sul dele, no companheiro signo de Ar, Aquário. Vocês têm muito em comum e uma forte base para trabalhar juntos!

Virgem / Peixes

A polaridade Virgem/Peixes, assim como Gêmeos/Sagitário, está na qualidade mutável — aqui, representando uma atitude mutável para com a vida. Essa polaridade tende a se basear no medo quando explora as novas oportunidades na vida, e pode ficar emperrada no passado.

Nodo Sul em Virgem / Nodo Norte em Peixes
Nodo Sul na sexta casa / Nodo Norte na décima segunda casa

Este eixo nodal busca superar os pensamentos limitados e negativos a fim de se abrir para uma perspectiva mais ampla e mais intuitiva. Em vidas passadas, houve talvez uma excessiva dependência da mente: "Aquilo que não vejo nem toco, não é real!" Esses indivíduos encontram felicidade ao servir. Porém, preci-

Relações celestiais

Quando você procura seus Nodos Lunares no seu mapa astrológico ou numa efeméride, geralmente vê que só o Nodo Norte está indicado. Por quê? O Nodo Norte é considerado o aspecto mais "elevado" dos dois. Seu Nodo Sul, que é exatamente oposto ao Nodo Norte, em signo e grau, reflete o acúmulo das experiências da sua alma. Por exemplo, se você tem Nodo Norte a 15 graus de Leão, seu Nodo Sul estará a 15 graus de Aquário.

sam ser cuidadosos para não se perder nas suas muitas obrigações, a ponto de sacrificarem a si mesmos. Esses indivíduos têm muitas vezes dons no campo da cura ou dos cuidados com a saúde, mas precisam tomar cuidado para não se preocuparem excessivamente com a própria saúde.

Forças: analítico, útil, incentivador.
Fraquezas: crítico, intolerante, julgador, medroso.
Lição da alma: equilibrar seu intelecto com uma perspectiva intuitiva mais ampla.

Nodo Sul em Peixes / Nodo Norte em Virgem
Nodo Sul na décima segunda casa / Nodo Norte na sexta casa

Este eixo nodal é encontrado em indivíduos que, em vidas passadas, isolaram-se da humanidade. Talvez isso tenha acontecido por causa de uma exclusão forçada em locais tais como mosteiros, prisões e instituições de saúde mental. Como resultado, eles costumam sentir medo de revelar aos outros seu verdadeiro "eu" interior. Esses indivíduos são intuitivos e criativos por natureza, mas tendem a fugir para seus mundos interiores, de imaginação e fantasia. Aqui, estão aprendendo a equilibrar seus dons intuitivos com uma abordagem mais racional, criteriosa e analítica em relação à vida. Nos relacionamentos, são geralmente reservados ou esperam que os outros tomem conta deles.

Forças: compassivo, intuitivo, imaginativo, espiritual.
Fraquezas: inconsistente, indeciso, demasiadamente sensível e sentimental.
Lição da alma: aprender a se sentir seguro e sair em busca de seus sonhos no mundo.

Amantes cósmicos

A rainha adolescente Maria Antonieta, uma escorpiana, tinha Nodo Sul em Peixes e Nodo Norte em Virgem. Seu Nodo Sul em Peixes indicava uma visão inocente do mundo real e um amor pela fantasia. No entanto, conforme foi forçada a ingressar no cruel mundo da realeza francesa, seu Nodo Norte em Virgem — que representa um ambiente minucioso, voltado para as regras — assumiu o controle. Além disso, seu amor pisciano pelo escapismo manteve-a distraída por um curto período de tempo.

O Mínimo que Você Precisa Saber

- Nossas almas gêmeas nos ajudam a examinar nosso karma passado e nosso destino potencial.
- Algumas ligações de almas gêmeas criam relacionamentos duradouros, enquanto outras são mais transitórias.
- Há muitas concepções errôneas sobre as almas gêmeas.
- As almas gêmeas se conectam num nível psíquico ou intuitivo.
- Nossos Nodos Lunares nos ajudam a compreender nossas lições da alma e propósitos na vida.
- Comparar seus Nodos Lunares vai ajudar vocês a compreenderem as possíveis experiências de vida, pelas quais passarão juntos.

Capítulo 15

Ligações de Almas Gêmeas: O Destino Desvendado

Neste Capítulo:

- As relações de Nodos Lunares ajudam vocês a compreenderem seus destinos potenciais
- A correspondência entre os Nodos Norte e Sul de vocês indica onde sua ligação de almas gêmeas se desenvolverá
- Se você tem planetas próximos ao Nodo Sul do seu amante, e vice-versa, isso indica um karma passado
- Se você tem planetas próximos ao Nodo Norte do seu amante, e vice-versa, isso indica o desejo de explorar novas experiências juntos

Examinar as relações entre os seus Nodos Lunares lhes dará percepções quanto ao destino em potencial de vocês juntos. A correspondência entre os seus planetas e Nodos Lunares, e as casas onde eles caem, indica o que vocês estão aprendendo um com o outro nesta vida!

Correspondência entre os Nodos Sul e Norte de Vocês

Os Nodos Sul e Norte baseiam-se nas polaridades entre os signos astrológicos: Áries/Libra, Touro/Escorpião, e assim por diante. Isso também se aplica às casas nas quais eles caem. Se o seu Nodo Sul está na Primeira Casa do mapa do seu amante, então seu Nodo Norte cai na casa oposta, a Sétima Casa dele (e vice-versa). Os Nodos Lunares, nas casas um do outro, representam lições da alma que vocês estão aprendendo juntos nesta vida e as áreas da vida nas quais o relacionamento tem mais a lhes ensinar.

Primeiro, verifique a localização dos seus próprios Nodos Norte e Sul para ter uma noção do que você precisa aprender nesta vida, particularmente no que diz respeito ao crescimento de sua alma. Lembre-se, o Nodo Sul representa as áreas da vida que você já dominou. O Nodo Norte representa as áreas da vida nas quais você almeja novas experiências e o crescimento da alma.

Nodo Sul em Áries/Nodo Norte em Libra: Demasiadamente autoconfiante, com necessidade de aprender a receber ajuda dos outros. Você não precisa seguir sozinho!

Nodo Norte em Áries/Nodo Sul em Libra: Demasiadamente dependente dos relacionamentos, para satisfazer suas necessidades. Esta existência destina-se a ensinar que você pode caminhar para a frente e afirmar a si próprio!

Nodo Sul em Touro/Nodo Norte em Escorpião: A necessidade de sentir-se à vontade e seguro — geralmente a ponto de impedir o crescimento e a possibilidade de novas oportunidades.

Nodo Norte em Touro/Nodo Sul em Escorpião: O desejo de explorar formas de segurança novas e mais espirituais; aprender a confiar no quadro mais amplo.

Nodo Sul em Gêmeos/Nodo Norte em Sagitário: Uma abordagem dispersa para com a vida e os relacionamentos; aprendendo a se comprometer.

Nodo Norte em Gêmeos/Nodo Sul em Sagitário: Uma necessidade de abandonar crenças dogmáticas e explorar diferentes opções na vida; uma necessidade de ser mais flexível.

Nodo Sul em Câncer/Nodo Norte em Capricórnio: Uma excessiva dependência do que é familiar, especialmente no que se refere ao lar e à família; uma necessidade de explorar as oportunidades de carreira.

Nodo Norte em Câncer/Nodo Sul em Capricórnio: Uma excessiva dependência da carreira e das aspirações mundanas; uma necessidade de permitir a si próprio ser emocionalmente vulnerável, e permitir que outros nutram você.

Nodo Sul em Leão/Nodo Norte em Aquário: Uma necessidade de se expandir além dos desejos baseados no ego e equilibrá-los com um bem maior; aprendendo a apreciar os dons dos outros.

Nodo Norte em Leão/Nodo Sul em Aquário: Uma necessidade de se concentrar mais em si mesmo e explorar as próprias aspirações criativas. É o momento de você expressar os seus dons.

Nodo Sul em Virgem/Nodo Norte em Peixes: Uma abordagem intelectual e analítica à vida (em geral, excessiva); uma necessidade de explorar sua intuição e imaginação.

Nodo Norte em Virgem/Nodo Sul em Peixes: Uma abordagem imaginativa e fantasiosa à vida, e geralmente bastante intuitiva; aprender a fundamentar suas intuições na realidade.

Agora verifique em quais casas caem os Nodos Sul e Norte do seu amante. Para mais informações, veja o Capítulo 14 onde há uma descrição completa do significado de cada casa. A seguir, um breve resumo das polaridades.

Amantes cósmicos

A aquariana Oprah Winfrey tem o Nodo Norte em Capricórnio e o Nodo Sul em Câncer. Seu namorado de longa data, Stedman Graham, um pisciano, tem o Nodo Norte em Peixes e o Nodo Sul em Virgem. Embora seus Sóis não tenham muito em comum, seus Nodos Lunares em signos de Terra e Água são muito compatíveis no longo prazo. Com casamento ou não, essa relação foi construída para durar.

Primeira e Sétima Casas

A Primeira Casa é a do "eu"; a Sétima Casa é a dos outros. Essa polaridade de casas representa o equilíbrio entre você mesmo e os outros em seus relacionamentos.

Caro astrólogo do sexo...

"O Nodo Sul em Touro e o Nodo Norte em Escorpião da minha namorada caem na minha Primeira e Sétima Casas. O que isso quer dizer?"

Os Nodos Lunares de sua namorada em sua Primeira e Sétima Casas indicam que, dentro desse relacionamento, vocês estão aprendendo muito um com o outro sobre o equilíbrio entre as suas necessidades e as dela. Pelo fato de os Nodos dela estarem em Touro e Escorpião, na relação de vocês há uma ênfase adicional no dinheiro, nos valores pessoais e na segurança. Não deixe de verificar em que casas os seus Nodos Lunares caem no mapa dela, para uma configuração mais completa das lições da alma que você precisa aprender.

Segunda e Oitava Casas

A Segunda Casa é a do dinheiro e da segurança; a Oitava é a casa do sexo e da transformação. Essa polaridade de casas representa como você vai se relacionar com os valores mais profundos, a intimidade sexual e as experiências transformadoras.

Terceira e Nona Casas

A Terceira Casa é a da comunicação e da mente; a Nona Casa é a da filosofia e dos assuntos mundanos. Essa polaridade de casas representa como você vai se relacionar com as necessidades intelectuais e o desejo de uma abordagem mais aventureira e mundana à vida.

A correspondência entre os Nodos Lunares de vocês na Terceira e Nona Casas indica geralmente a necessidade de muita liberdade e independência no seu relacionamento.

Quarta e Décima Casas

A Quarta Casa representa a segurança emocional, o lar e a família — enquanto a Décima Casa representa a segurança externa e os desejos profissionais. Essa polaridade de casas representa o equilíbrio entre o lar e família e as aspirações profissionais.

Caro astrólogo do sexo...

"Meu Nodo Sul, em Leão, e Nodo Norte, em Aquário, caem na Quarta e Décima Casas do mapa do meu marido. Isso indica que estamos aprendendo um com o outro?"

Seus Nodos Lunares na Quarta e Décima Casas do mapa do seu marido mostram que vocês dois estão explorando o equilíbrio entre suas necessidades emocionais e familiares, assim como a necessidade de satisfação profissional. Quando combinados em Leão e Aquário, indica que vocês são criativos e têm um desejo de deixar sua própria marca no mundo. Nesse caso, o equilíbrio é a chave! Vocês estão aprendendo como se apoiar mutuamente em seus desejos mais profundos.

Quinta e Décima Primeira Casas

A Quinta Casa representa a criatividade e a autoexpressão; a Décima Primeira Casa representa os amigos e as aspirações. Nessa polaridade de casas aprendemos o equilíbrio entre nossas necessidades individuais de criatividade e o desejo de apoiar as aspirações do parceiro.

A correspondência entre os Nodos Lunares de vocês na Quinta e Décima Primeira Casas sugere que foram amigos em outra vida! Nesta vida, vocês compartilham o desejo de explorar, juntos, a criatividade e as aspirações.

Sexta e Décima Segunda Casas

A Sexta Casa é a da saúde, do trabalho e do serviço; a Décima Segunda Casa é a do inconsciente, da intuição e do passado. Essa polaridade de casas indica como você se relaciona com a totalidade: corpo, mente e espírito.

Os Nodos Lunares e os Planetas

O Sol, a Lua, Vênus e Marte são os planetas que indicam as necessidades e desejos de relacionamento, amor e sexo. Quando um desses planetas se comunica com os Nodos Sul ou Norte do parceiro, isso significa uma ligação muito forte de almas gêmeas — para o melhor ou para o pior!

Quando a localização do Sol, da Lua, da Vênus ou do Marte de um de vocês está próxima ao Nodo Norte do outro, isso indica que vocês estão aqui para ajudar um ao outro a explorar novas experiências que refletem o crescimento de suas almas. Essas relações são positivas e afirmadoras da vida. Quando um ou mais desses planetas está próximo ao Nodo Sul do parceiro, isso indica um dreno emocional. Esse tipo de relação significa que há lições a serem aprendidas ou algum tipo de karma a ser resolvido no relacionamento.

> **Alerta estelar!**
>
> O Nodo Sul representa o passado e o karma. Quando os planetas de um dos parceiros estão próximos ao Nodo Sul do outro, costuma haver um sentimento de "a gente já não fez isso antes?".

(Para maiores informações sobre como encontrar os Nodos Sul e Norte, veja o Apêndice B.)

O Sol e os Nodos Sul e Norte

O signo solar representa a sua energia vital. É a sua verdadeira essência, a base de seus instintos e um indicador de como você se expressa. Quando o Sol de um de vocês está próximo ao Nodo Sul ou Norte do outro, geralmente há uma sensação de intensa familiaridade — e a ligação entre vocês costuma ser dramática e muito passional! Há muita curiosidade recíproca e vocês estão cheios de desejo de compreender os objetivos de vida um do outro.

Sol em Áries/Nodo Sul: Vocês estão aprendendo como resolver antigos conflitos que talvez os tenham retido no passado.

Sol em Áries/Nodo Norte: Vocês inspiram um ao outro a explorar completamente as novas oportunidades na vida — juntos e separadamente.

Sol em Touro/Nodo Sul: Vocês estão confortáveis... talvez confortáveis demais? Há uma tendência a ficar emperrados em antigos padrões de relacionamento.

Sol em Touro/Nodo Norte: Vocês possuem um desejo mútuo de explorar a segurança, numa profundidade nova e antes desconhecida.

Sol em Gêmeos/Nodo Sul: O relacionamento de vocês é altamente estimulante, contudo sentem uma inquietação por novas oportunidades.

Sol em Gêmeos/Nodo Norte: Existe um desejo de explorar novas experiências juntos — especialmente em torno de suas buscas intelectuais.

Sol em Câncer/Nodo Sul: Vocês estão emocionalmente sintonizados, contudo têm pouca liberdade para quebrar os antigos padrões de relacionamento.

Sol em Câncer/Nodo Norte: Vocês têm desejo de chegar a conhecer um ao outro num nível mais profundo, emocional e mais íntimo.

Sol em Leão/Nodo Sul: O relacionamento de vocês é passional e dramático! Mas, aqui, há personalidades fortes, o que pode resultar em grandes embates de ego.

Sol em Leão/Nodo Norte: Vocês torcem para que cada um satisfaça suas aspirações criativas no mundo.

Sol em Virgem/Nodo Sul: Vocês estão se mantendo a salvo. Precisam dar um arranco e se disporem a encontrar novas experiências de vida.

Relações celestiais

As relações entre o Sol e o Nodo Norte tendem a inspirar e apoiar vocês quanto às suas necessidades e desejos mútuos.

Sol em Virgem/Nodo Norte: Vocês têm o desejo de se ajudar mutuamente a descobrir seus objetivos na vida.

Sol em Libra/Nodo Sul: Vocês já viveram muitas vidas juntos, contudo as suas necessidades ainda têm de ser satisfeitas.

Sol em Libra/Nodo Norte: Vocês têm um desejo muito forte e instintivo de explorar seu relacionamento e partilhar novas experiências!

Sol em Escorpião/Nodo Sul: Vocês viveram juntos muitas vidas, baseadas na luta pela sobrevivência. Ambos estão procurando experiências mais fáceis nesta vida.

Sol em Escorpião/Nodo Norte: Juntos, vocês apoiam um ao outro na exploração de novos níveis de confiança no relacionamento.

Sol em Sagitário/Nodo Sul: Vocês viveram muitas vidas explorando o mundo juntos, mas sem foco nem comprometimento.

Sol em Sagitário/Nodo Norte: Vocês dão liberdade um ao outro para explorar todos os seus interesses e compromissos.

Sol em Capricórnio/Nodo Sul: Quem está no comando? Essa relação estimula a necessidade que vocês têm de estar no controle do relacionamento.

Sol em Capricórnio/Nodo Norte: Vocês dão apoio um ao outro para realizar as aspirações de carreira.

Sol em Aquário/Nodo Sul: Vocês são rebeldes que gostam de sua liberdade — o que não pressagia um relacionamento profundo.

Sol em Aquário/Nodo Norte: Vocês dão um ao outro espaço para crescer e respirar. Também estão em sincronia quanto aos seus estilos de vida excêntricos.

Sol em Peixes/Nodo Sul: Vocês têm uma forte familiaridade — em especial, emocionalmente — contudo têm a tendência a ficar emperrados no passado.

Amantes cósmicos

Os parceiros de longa data Susan Sarandon e Tim Robbins, ambos librianos, têm uma relação significativa de Sol e Nodo Norte. O Sol dele, em Libra, conecta-se com o Sol e o Nodo Norte dela, em Libra, indicando um relacionamento de almas gêmeas cosmicamente em sincronia interna, com um desejo de explorar juntos novas experiências de vida.

Sol em Peixes/Nodo Norte: Vocês têm o desejo de apoiar um ao outro na exploração de seus desejos e necessidades românticas e criativas.

Você se lembra dos aspectos — conjunções, oposições, trígonos, sextis, quadraturas e quincunces?

Quanto mais perto um planeta estiver de um Nodo Lunar, maior será a ligação. A conjunção — entre 0 e 5 graus — é o aspecto mais significativo. Para mais informações sobre os aspectos, veja o Capítulo 12.

A Lua e os Nodos Sul e Norte

A Lua representa as emoções, sentimentos e intuições profundos. É também o planeta que mais determina a compatibilidade emocional cotidiana e a intimidade emocional mais profunda entre parceiros. Quando a Lua de um de vocês está próxima ao Nodo Sul ou Norte do outro, isso indica uma ligação profundamente emocional — que traz, em geral, a sensação de um reconhecimento instantâneo!

Lua em Áries/Nodo Sul: Vocês têm o desejo de socorrer um ao outro. Mas quem está socorrendo quem? Dois heróis emotivos pode ser demais.

Lua em Áries/Nodo Norte: Vocês são emocionalmente corajosos e inspiradores! Ajudam-se na busca do que querem na vida.

Lua em Touro/Nodo Sul: O relacionamento de vocês é emocionalmente confortável — e muito preguiçoso! Vocês têm tendência a empacar em padrões antigos e seguros.

Lua em Touro/Nodo Norte: Vocês se sentem com sincronia emocional suficiente para se expandir além de suas antigas zonas de conforto.

Lua em Gêmeos/Nodo Sul: Vocês são emocionalmente volúveis. Já dançaram antes essa dança do relacionamento, sem que qualquer um dos dois obtivesse o que queria.

Lua em Gêmeos/Nodo Norte: Vocês dão um ao outro espaço para explorar seus diferentes interesses e suas necessidades emocionais.

Relações celestiais

Sua Lua de Água — em Câncer, Escorpião ou Peixes — combinando com o Nodo Lunar do seu amante, significa que vocês são particularmente sensíveis às necessidades emocionais recíprocas. Essas relações representam uma familiaridade mútua profunda e, até mesmo, sensitiva!

Lua em Câncer/Nodo Sul: Vocês são emocionalmente compatíveis, mas dependem profundamente um do outro quanto à segurança emocional.

Lua em Câncer/Nodo Norte: Ambos têm o desejo de explorar uma ligação emocional duradoura.

Lua em Leão/Nodo Sul: O relacionamento de vocês tem muito drama emocional. Em demasia? Muito provavelmente!

Lua em Leão/Nodo Norte: O relacionamento de vocês é emocionalmente passional e satisfatório. Apoiam-se mutuamente em seus desejos criativos.

Lua em Virgem/Nodo Sul: A familiaridade emocional não equivale à satisfação emocional! Talvez vocês se conheçam bem demais para permitir o crescimento da alma.

Lua em Virgem/Nodo Norte: Vocês têm o desejo de um ajudar o outro a se sentir emocionalmente salvo e seguro na vida.

Lua em Libra/Nodo Sul: "Já passei por isso!" É hora de experimentar novos relacionamentos.

Lua em Libra/Nodo Norte: Vocês estão emocionalmente atraídos um pelo outro, com desejo de explorar juntos os seus destinos!

Lua em Escorpião/Nodo Sul: Vocês têm uma relação profunda, mas, nesta vida, talvez um esteja impedindo o outro de ter novas experiências de crescimento. Esse pode ser um obstáculo difícil de ser superado.

Lua em Escorpião/Nodo Norte: Vocês estão explorando juntos novos níveis de confiança emocional, o que é muito bom para suas almas e para seu crescimento kármico!

Lua em Sagitário/Nodo Sul: Vocês são ótimos amigos e amantes, mas o compromisso emocional sempre foi a grande questão.

Lua em Sagitário/Nodo Norte: Vocês são emocionalmente aventureiros. E dão um ao outro espaço para explorar as suas diferentes necessidades.

Lua em Capricórnio/Nodo Sul: Vocês têm a tendência de competir emocionalmente e até mesmo atropelar os desejos um do outro.

Lua em Capricórnio/Nodo Norte: Vocês têm o desejo mútuo de explorar o equilíbrio entre suas profundas necessidades emocionais e as necessidades profissionais.

> **! Alerta estelar!**
>
> As relações da Lua e do Nodo Sul indicam que vocês se fundem emocionalmente e têm dificuldade de buscar novas experiências na vida.

Lua em Aquário/Nodo Sul: Ambos adoram a liberdade, ainda que, no passado, talvez tenham abandonado um ao outro durante momentos de grande necessidade emocional.

Lua em Aquário/Nodo Norte: Vocês têm o desejo de dar liberdade um ao outro para explorar suas maiores aspirações, no entanto também se apoiam emocionalmente.

Lua em Peixes/Nodo Sul: Vocês conseguem ler a mente um do outro, mas, como estão muito unidos psíquica e emocionalmente, isso não permite muito crescimento.

Lua em Peixes/Nodo Norte: Vocês se incentivam emocionalmente em seus sonhos, desejos e fantasias criativas.

Caro astrólogo do sexo...

"Estou terminando um namoro de quatro anos. Ele tem a Lua em Peixes, a 2 graus do meu Nodo Sul, em Peixes. Embora eu saiba que está na hora de nos separarmos, estou com muita dificuldade de me desapegar. Alguma sugestão?"

A Lua em Peixes dele em seu Nodo Sul indica que vocês estiveram juntos em várias vidas passadas. Essa história kármica deixou em ambos um profundo anseio de permanecerem juntos. No entanto, seu sentimento de que é hora de se separarem está correto. Se ficarem juntos, vocês estarão evitando explorar outros relacionamentos que satisfariam suas almas quanto à necessidade de crescimento. Sei que é difícil, mas vocês se sentirão muito mais felizes e, enfim, mais satisfeitos em outros relacionamentos.

Vênus e os Nodos Sul e Norte

Vênus é o planeta do amor, da beleza e do romance. Representa nossas atitudes para com o amor e os relacionamentos. Por ser um planeta tão benevolente, quando a Vênus de um de vocês coincide com o Nodo Sul ou Norte do outro, isso tende a trazer à tona o melhor de cada parceiro! As relações de Vênus e os Nodos Lunares são românticas, passionais e muito amorosas.

Vênus em Áries/Nodo Sul: Vocês são romanticamente festivos e felizes. Adoram a companhia um do outro.

Vênus em Áries/Nodo Norte: Vocês ficam profundamente curiosos quanto à paixão fogosa e recíproca.

Vênus em Touro/Nodo Sul: O relacionamento de vocês é uma festa romântica e sensual, mas também tem a tendência de se tornar estagnado. Pode se desgastar rapidamente.

Vênus em Touro/Nodo Norte: Vocês adoram ficar juntos, explorando os prazeres sensuais e também o prazer emocional desse relacionamento.

Vênus em Gêmeos/Nodo Sul: Seu relacionamento é estimulante e muito divertido! Vocês adoram provocar um ao outro e se descobrirem.

Vênus em Gêmeos/Nodo Norte: Vocês têm o desejo de explorar juntos muitas experiências diferentes, em especial no âmbito social.

Vênus em Câncer/Nodo Sul: Vocês pensam de modo semelhante quanto às necessidades emocionais e de relacionamento.

Vênus em Câncer/Nodo Norte: Vamos construir nosso ninho! Vocês querem formar juntos um lar e uma família amorosa.

Vênus em Leão/Nodo Sul: O relacionamento de vocês é calorosamente passional e também profundamente romântico! Cada um adora tornar o outro feliz.

> **Relações celestiais**
>
> A Vênus de um de vocês no Nodo Sul do outro sugere que foram amantes em vidas passadas. A Vênus de um no Nodo Norte do outro indica um provável desejo de se tornarem amantes nesta vida!

Vênus em Leão/Nodo Norte: Juntos, vocês adoram brincar de jogos românticos, e explorar e criar uma grande paixão.

Vênus em Virgem/Nodo Sul: Vocês proporcionam um ao outro a rede protetora que ambos precisam para explorar plenamente seus desejos românticos e de relacionamento.

Vênus em Virgem/Nodo Norte: Vocês se sentem inspirados o suficiente para romper as zonas de conforto de um relacionamento antigo — o que não é pouca coisa!

Vênus em Libra/Nodo Sul: Numa palavra: romântico! Vocês se conhecem numa mostra de arte ou na festa de um amigo comum — e o resto é história!

Vênus em Libra/Nodo Norte: Vocês estão em sincronia quando se trata de relacionamento, romance e estética mais refinada.

Vênus em Escorpião/Nodo Sul: A ligação de vocês é passional e intensa. Realmente, vocês se compreendem num nível profundo.

> **Amantes cósmicos**
>
> O canceriano Kevin Bacon e sua esposa Kyra Sedgwick, uma leonina, têm relações significativas de Vênus com o Nodo Norte. A Vênus dela, em Libra, está próxima ao Nodo Norte de Kevin, em Libra; a Vênus dele, em Gêmeos, está próxima ao Nodo Norte de Kyra, em Gêmeos — indicando que eles têm um relacionamento muito romântico e sexualmente excitante!

Vênus em Escorpião/Nodo Norte: Vocês ajudam um ao outro a abandonar os velhos medos nos relacionamentos a fim de descobrir um nível de paixão inteiramente novo.

Vênus em Sagitário/Nodo Sul: Vocês captam totalmente as necessidades mútuas de liberdade e aventura. Divirtam-se!

Vênus em Sagitário/Nodo Norte: Vocês apreciam os modos mundanos um do outro. Essa é uma relação divertida e romanticamente aventureira.

Vênus em Capricórnio/Nodo Sul: Vocês compreendem de modo inato o que cada um gostaria de obter do relacionamento.

Vênus em Capricórnio/Nodo Norte: Vocês trazem à tona o melhor de cada um, especialmente no que se refere à necessidade mútua de se sentir no controle.

Vênus em Aquário/Nodo Sul: Vocês estão familiarizados com a liberdade sexual, no entanto cada um revela também o lado romântico e ilusório do outro.

Vênus em Aquário/Nodo Norte: Vocês apoiam bastante as buscas intelectuais um do outro. O relacionamento apresenta uma ótima camaradagem na vida e no amor.

Vênus em Peixes/Nodo Sul: "Oi, querido... a gente já não se conhece?" A resposta é sim! Vocês estão numa sincronia muito romântica.

Vênus em Peixes/Nodo Norte: Juntos, vocês adoram explorar suas fantasias românticas e de relacionamento.

Marte e os Nodos Sul e Norte

Marte é o planeta da ação. Representa nossa energia vital motriz e nossas necessidades e desejos sexuais básicos. Quando o Marte de um de vocês está próximo ao Nodo Sul ou Norte do outro, isso indica uma relação sexual muito forte! Ao mesmo tempo, esse planeta também tende a fazer com que um de vocês traga à tona a natureza competitiva do outro — às vezes, isso é bom; outras, nem tanto.

Marte em Áries/Nodo Sul: Vocês são sexualmente competitivos! Desafiam-se mutuamente quanto às necessidades de quem vem em primeiro lugar.

Marte em Áries/Nodo Norte: Vocês são sexualmente ardentes e aventureiros! Um inspira o outro a buscar o que quer.

Marte em Touro/Nodo Sul: Sexualmente, vocês não conseguem o suficiente um do outro — e podem se cansar de dar constantes cabeçadas.

Marte em Touro/Nodo Norte: Vocês ficam intrigados quanto à força, confiabilidade e resistência sexual do parceiro!

Marte em Gêmeos/Nodo Sul: Vocês são incansáveis no quesito novas oportunidades sexuais. Aconteceu, está feito — agora, sigam adiante!

Marte em Gêmeos/Nodo Norte: Vocês têm o desejo de explorar juntos muitas experiências diferentes, em especial as sexuais.

Marte em Câncer/Nodo Sul: Vocês são emocionalmente competitivos. Disputam quem é o chefe nesse relacionamento.

Marte em Câncer/Nodo Norte: Um empurra o outro — mas no bom sentido! Vocês querem as mesmas coisas, especialmente no que se refere à segurança no relacionamento.

Marte em Leão/Nodo Sul: Vocês têm uma ligação sexual passional, no entanto competem para ver quem vem em primeiro lugar nesse relacionamento.

> **Alerta estelar!**
>
> Quando o Marte de um de vocês está num signo de Fogo — Áries, Leão ou Sagitário — e coincide com o Nodo Norte ou Sul do outro, é provável que haja grande competitividade nessa relação!

Marte em Leão/Nodo Norte: Sexualmente passionais, vocês se encorajam mutuamente quanto às aspirações criativas.

Marte em Virgem/Nodo Sul: Vocês são bastante sexuais, mas têm a tendência de se criticar agressivamente.

Marte em Virgem/Nodo Norte: Esta é uma ligação altamente sexual. Ademais, vocês apoiam os desejos de relacionamento um do outro.

Marte em Libra/Nodo Sul: Vocês competem intelectualmente para saber quem está certo. E essa é uma característica da famosa diplomacia de Libra!

Marte em Libra/Nodo Norte: Vocês têm um relacionamento muito estimulante. E gostam de debates calorosos entre si, mas estão geralmente na mesma tônica.

Marte em Escorpião/Nodo Sul: Aqui há uma ligação sexual calorosa — mas, infelizmente, há também calorosas lutas de poder!

Marte em Escorpião/Nodo Norte: Aqui há uma poderosa atração sexual. Juntos, vocês exploram todas as suas fantasias e desejos sexuais.

Marte em Sagitário/Nodo Sul: O relacionamento de vocês é sexualmente divertido, mas costuma não ser duradouro. Vocês são *bon vivants* sexuais — e ambos apreciam a própria liberdade.

Marte em Sagitário/Nodo Norte: Vocês são sexualmente aventureiros e se divertem muito juntos. Provavelmente, vão ter muitas aventuras!

Marte em Capricórnio/Nodo Sul: Quem está no controle? O relacionamento de vocês é sexualmente ardente, mas, no final das contas, há grandes questões relativas a quem está controlando.

Caro astrólogo do sexo...

"O Sol e o Marte da minha namorada estão próximos ao meu Nodo Norte, em Sagitário. O que isso significa para nós, como casal?"

Definitivamente, vocês têm uma forte ligação de alma — sexualmente estimulante e muita diversão! Ao mesmo tempo, os fogosos Sol e Marte dela, encontrando-se com seu Nodo Norte em Sagitário, indica que haverá momentos em que vocês se desafiarão quanto às necessidades de quem vem em primeiro lugar. Nesta vida, vocês estão aprendendo sobre o compromisso — especialmente no que se refere ao seu relacionamento. No entanto, juntos, vocês vão provavelmente dar espaço um ao outro e a liberdade que cada um precisa para explorar esse relacionamento de uma maneira que satisfaça aos dois.

Marte em Capricórnio/Nodo Norte: Vocês dão um significado inteiramente novo ao sexo ardente! Podem competir, talvez, mas geralmente querem as mesmas coisas.

Marte em Aquário/Nodo Sul: Vocês são camaradas de arma. No entanto, ambos são independentes em demasia para ir muito adiante sexualmente.

Marte em Aquário/Nodo Norte: Vocês têm o desejo de dar um ao outro espaço para explorar seus desejos na vida — e o sexo também não é nada mau!

Marte em Peixes/Nodo Sul: Cuidado com o karma! Vocês ficam atolados em antigos padrões de relacionamento e lutam por resultados.

Marte em Peixes/Nodo Norte: Sensuais, sensuais, sensuais! Vocês impulsionam um ao outro a realizar suas fantasias.

O Mínimo que Você Precisa Saber

- As relações de seus Nodos Norte e Sul representam as lições da alma que vocês estão aprendendo juntos.
- As casas do seu mapa em que caem os Nodos Lunares do seu amante, e vice-versa, indicam as áreas em que vocês aprendem mais um com o outro.
- O Sol de um de vocês, próximo ao Nodo Lunar do outro, indica uma ligação intensamente familiar.
- A Lua de um de vocês, próxima ao Nodo Lunar do outro, indica uma ligação emocional profunda.
- A Vênus de um de vocês, próxima ao Nodo Lunar do outro, indica uma ligação amorosa e romântica.
- O Marte de um de vocês, próximo ao Nodo Lunar do outro, indica uma ligação competitiva.

Capítulo 16

Este é o Relacionamento dos seus Sonhos?

Neste Capítulo:

- As almas gêmeas trazem à tona nossas necessidades e desejos mais profundos
- As almas gêmeas proporcionam as maiores oportunidades de crescimento
- Avalie se ele ou ela é o relacionamento dos seus sonhos
- Histórias que ilustram várias experiências de almas gêmeas

Os relacionamentos de almas gêmeas são intensos, com certeza! Por um lado, são intensos por necessidade: uma ligação de almas gêmeas significa que vocês vieram juntos a esta vida para aprender, um com o outro, importantes lições da alma. Por outro lado, a intensidade nem sempre é fácil de lidar, por mais excitados que vocês fiquem ao se encontrar novamente!

Como você percebe e compreende se esse é o relacionamento dos seus sonhos e se está destinado a durar?

Almas Gêmeas ou Beco sem Saída?

Em geral, os relacionamentos de almas gêmeas ou inspiram vocês a seguir adiante e explorar juntos novas dimensões na vida, ou então trazem à superfície os aspectos da vida em que vocês ficam atolados (e ambos se descobrem repetindo experiências passadas). Embora o karma sempre esteja envolvido nos casos de almas gêmeas, há também a escolha e o livre-arbítrio. Em última análise, cabe a você decidir se sua alma gêmea enaltece sua vida e favorece sua alma e o crescimento do relacionamento, ou não!

Lista de Verificação de Almas Gêmeas

Para descobrir se vocês têm uma ligação de almas gêmeas, ou é um beco sem saída, revisem a lista a seguir e sejam tão honestos quanto possível!

As seguintes ligações de almas gêmeas são *positivas*:

- Vocês se sentem impulsionados a explorar a ligação juntos.
- Vocês aprendem muito um com o outro e trocam percepções sobre suas vidas.
- Vocês gostam de passar o tempo juntos.
- Sua ligação se desenvolve de maneira sincrônica e harmoniosa.
- Vocês se inspiram mutuamente a crescer.
- Vocês se desafiam mutuamente, de maneira amorosa e positiva.
- Quando vocês se olham nos olhos, há uma profunda sensação de reconhecimento — do amante e de si próprio.

As seguintes ligações de almas gêmeas são *negativas*:

- Ele(Ela) faz com que você se sinta emocionalmente fora de controle.
- Você sente que está tão atolado que não consegue sair.
- O crescimento mútuo acontece normalmente por meio das crises.
- Vocês se desafiam constantemente, por meio de brigas e discussões.

Alerta estelar!

Geralmente, a maneira pela qual você se liga com sua alma gêmea é por meio de uma forte atração sexual que os impulsiona a explorar mais essa relação. Essa atração sexual, infelizmente, nem sempre indica que vocês são compatíveis quanto ao crescimento de suas almas!

- Intuitivamente, você sabe que ele(ela) não é a pessoa certa para você — não importa quão forte seja a atração.
- O sexo é ótimo e até passional, mas vocês têm pouca coisa em comum.
- Você se vê constantemente obcecado com sua alma gêmea, sem tranquilidade ou resolução.

Se vocês reconheceram mais de um desses indicadores negativos, talvez seja bom considerar que seu relacionamento provavelmente não vai durar. Vejam bem, não que não possa durar — mas, sim, que não deva durar.

Deixe a Intuição Ser seu Guia

As almas gêmeas se conectam muito mais por meio de energias intuitivas e anímicas do que por meio de energias intelectuais e lógicas. Frequentemente, a intuição se apresenta na forma de uma sensação interna de conhecimento: você não sabe como nem por quê, mas sabe! A intuição envolve aprender a ouvir sua voz interior. Parte do crescimento inerente a uma experiência de almas gêmeas é vocês aprenderem a ser mais atentos e confiantes em seu poderoso senso intuitivo!

Caro astrólogo do sexo...

"Como posso saber realmente se alguém é minha alma gêmea? A razão da pergunta é que estou me encontrando com um homem maravilhoso, e embora a gente se entenda muito bem, alguns dos meus amigos dizem que ele não é a pessoa certa para mim. Ele tem 50 anos e nunca se casou, e eu, com 32, sou quase vinte anos mais nova do que ele, e com um casamento fracassado nas costas! No entanto, tenho a sensação de que ele é a minha alma gêmea. E mais, ele é gentil, generoso, me apoia bastante e temos uma relação sexual ótima."

Confie nos seus sentimentos! Obviamente, esse homem trata você bem e parece sincero no relacionamento. Amor verdadeiro não tem nada a ver com idade! Embora não haja garantias, essa parece uma ligação de almas gêmeas muito positiva para vocês dois. Diga aos seus amigos para não julgarem o livro pela capa!

O que o Amor Tem a Ver com isso?

O denominador comum nas relações saudáveis de almas gêmeas é um sentimento de amor incondicional. É o poderoso alicerce do amor incondicional que permite ao casal crescer, evoluir e, até mesmo, desafiar um ao outro! Embora haja momentos em que vocês se enlouqueçam mutuamente, a aceitação e o amor sempre estarão presentes.

Percorrendo o Lado Sombrio

As almas gêmeas trazem à tona nossos desejos e necessidades mais profundos. Em alguns casos estimulam o lado mais obscuro de nós mesmos. O seu lado sombrio representa as partes de você que não estão resolvidas, que estão em profundo conflito e geralmente baseadas no medo. São suas partes ocultas, as que você tem mais medo de revelar — para os outros e talvez até para si mesmo. Num relacionamento saudável de almas gêmeas, os lados sombrios de vocês podem emergir — mas, com carinho e amor mútuo, vocês terão a oportunidade de elaborar alguns dos seus medos mais profundos.

Entretanto, numa relação não saudável de almas gêmeas, seus medos não resolvidos podem levar a uma obsessão ou a um sentimento de falta de controle, e trará muitas vezes à tona novas tendências ao vício. Porém, até mesmo nessas circunstâncias difíceis, sua ligação de almas gêmeas ainda pode lhes proporcionar uma oportunidade de crescimento e de evolução — não importa quão doloroso seja o processo.

Amantes cósmicos

Voltando ao apogeu de Hollywood, o casal máximo era Elizabeth Taylor e Richard Burton. A diva Elizabeth é pisciana e Richard Burton era de Escorpião — o que se reflete em seu relacionamento bastante passional e dramático! A Lua em Virgem de Burton está próxima ao Nodo Sul de Elizabeth, em Virgem, fato que também indica uma ligação de almas gêmeas emocionalmente exaustiva, que pode ter se repetido em outras existências.

Histórias de Almas Gêmeas: Lições Aprendidas

O que se segue são alguns exemplos das dificuldades, recompensas e perigos de lidar com as ligações de almas gêmeas. Estas histórias foram coletadas na minha prática de aconselhamento espiritual, astrológico e de relacionamento. Quero agradecer de coração a cada uma dessas pessoas que, voluntária e generosamente, compartilhou suas experiências. Talvez você veja um pouco de si mesmo numa destas histórias.

A História de Kate e Michael

Kate, uma virginiana, e Michael, um libriano, mantêm um relacionamento há três anos. Ambos no início da casa dos 30 anos e ambos com carreiras de sucesso no campo da alta tecnologia. Ambos extremamente ambiciosos e imensamente satisfeitos com os desafios e as oportunidades financeiras que suas carreiras oferecem.

	Kate	Michael
Sóis	Virgem	Libra
Ascendentes	Leão	Aquário
Luas	Leão	Sagitário
Vênus	Libra	Escorpião
Martes	Gêmeos	Sagitário
Nodos Sul	Libra	Touro
Nodos Norte	Áries	Escorpião

Superficialmente, Kate e Michael parecem ser o casal perfeito. Muitos dos seus amigos têm notado como eles estão bem afinados, dizendo efusivamente que os dois "estão destinados a permanecer juntos". Kate e Michael têm muito em comum: têm suas Luas em signos de Fogo — Kate em Leão e Michael em Sagitário —, o que indica que são indivíduos passionais, com fortes impulsos sexuais. Além do mais, seus Ascendentes em signos opostos, Leão e Aquário, dão um belo equilíbrio ao relacionamento.

Os Sóis de Kate e Michael, em Virgem e Libra, mostram que ambos são perfeccionistas. Têm uma tendência a implicar um com o outro, embora isso geralmente se refira a coisas pequenas e de pouca importância. Na vida diária parecem estar muito felizes juntos.

Os Martes de Kate e Michael estão em elementos opostos, Fogo e Água, mostrando que eles são bastante independentes. Portanto foi uma grande surpresa para Michael quando Kate anunciou certo dia que queria se casar! Com certeza, Kate e Michael já haviam brincado com a ideia de estreitar os laços — mas nenhum parecia muito interessado em casamento. Kate revelou que, realmente, vinha pensando em casamento há algum tempo, mas estava relutante em mencionar isso a Michael porque sabia, em seu coração, que ele não estava pronto. No entanto, Kate — uma virginiana, com Vênus em Libra — ansiava pela segurança e estabilidade que o compromisso do casamento oferece. Estava pronta para elevar seu relacionamento a outro patamar.

Assim que Michael se refez do choque, percebeu que, embora ele e Kate tivessem muito em comum, passavam pouco tempo conversando a respeito de suas necessidades emocionais ou do que queriam de seu relacionamento. A Vênus de Michael, em Escorpião, mostra que ele não é lá muito bom em comunicar suas emoções e que tem alguns problemas quanto a confiar com profundidade. Embora seja libriano, sua Lua em Sagitário e seu Ascendente em Aquário mostram que ele é muito independente. E quando se trata de relacionamentos, provavelmente resiste ao compromisso.

Também as Vênus e os Martes de Kate e Michael formam um sextil astrológico, mostrando que, embora sexualmente sintonizados, eles precisam cuidar para não deixar seu relacionamento sexual se tornar tedioso. Quando foram honestos consigo mesmos, deram-se conta de que ambos colocavam bastante esforço nas carreiras, mas não na vida sexual! De fato, o relacionamento sexual tinha se tornado rotina.

Os Nodos Sul e Norte de Michael caem na Quarta e Décima Casas do mapa de Kate, em Escorpião e Touro respectivamente, indicando que ele ajudava Kate a aprender a equilibrar sua necessidade de segurança, e desejo de constituir um lar e família, com suas aspirações profissionais.

Relações celestiais

Lembre-se, os signos dos Nodos Sul e Norte de vocês, e as casas onde eles caem no mapa do parceiro, indicam as lições da alma que vocês estão ensinando um ao outro.

Os Nodos Sul e Norte de Kate caem na Terceira e Nona Casas do mapa de Michael, em Áries e Libra respectivamente, indicando que ambos são comunicadores veementes. Tendem a viver no calor do momento, sem muita visão ou atenção quanto ao quadro mais amplo. Isso é algo que estão aprendendo a mudar. Kate está ensinando Michael a comprometer a si mesmo e está se dando um tempo para explorar os grandes propósitos da vida, fora da arena do trabalho.

Depois de muita pesquisa da alma — e alguns aconselhamentos de casal —, Kate e Michael concordaram com uma solução que funcionou para ambos: viver juntos. Agora estão dedicando mais tempo a conversar sobre suas necessidades emocionais e sexuais. Também estão aprendendo a respeitar as necessidades mútuas de relacionamento; e, mais importante, não considerar como certa a excessiva ênfase no trabalho. Recentemente, Kate e Michael se inscreveram em oficinas de fim de semana de tantra-yoga, que tem adicionado um novo sabor e uma nova intimidade à vida sexual deles.

A capacidade de Kate e Michael de chegar a um acordo, enquanto continuam desafiando os limites e desejos um do outro, é um excelente exemplo do relacionamento positivo de almas gêmeas, que ensina as duas pessoas a crescer e evoluir.

A História de Susan

O desejo mais profundo de Susan era encontrar sua alma gêmea. Susan tem Sol em Câncer e Lua em Virgem, o que indica que é carinhosa e adora ajudar os outros. E, na verdade, sua profissão é de enfermeira. Embora sua carreira como enfermeira já estivesse bastante satisfatória, ela queria se unir a um parceiro amoroso, com quem pudesse compartilhar seu desejo de constituir uma família.

Caro astrólogo do sexo...

"Sou casado e estou feliz com minha esposa há seis anos, e não tenho dúvidas de que ela é minha única e verdadeira alma gêmea. Porém, raramente estamos em sincronia quando se trata das finanças. Ela adora gastar e eu gosto de poupar! Isso pode ser porque nossos Nodos Lunares se correspondem na Segunda e Oitava Casas?"

Boa pergunta! Essa localização de Nodos Lunares significa que vocês estão aprendendo muito um com o outro sobre o dinheiro, as finanças e seus valores mais profundos. Embora você seja o poupador — e sua esposa seja a "gastadora" —, tenha em mente que ela também tem algo útil para lhe ensinar no que se refere a valor. A chave é tentar descobrir o equilíbrio certo entre as necessidades financeiras de vocês.

	Susan	Sr. X
Sóis	Câncer	Leão
Ascendentes	Touro	Desconhecido
Luas	Virgem	Áries
Vênus	Leão	Câncer
Martes	Peixes	Touro
Nodos Sul	Capricórnio	Gêmeos
Nodos Norte	Câncer	Sagitário

Aos 35 anos de idade, o relógio biológico de Susan estava avançando. Muitos dos seus amigos sugeriram que ela entrasse em um *site* de namoro para encontrar um parceiro. Ela tentou vários *websites* de relacionamento, mas depois de alguns encontros desencorajadores com homens com que não sentira ligação alguma, ou muito pouca, começou a imaginar se conseguiria encontrar sua alma gêmea algum dia!

Susan também trabalhava muito. Como indicam seu Nodo Sul, em Capricórnio, e seu Nodo Norte, em Câncer, Susan estava muito voltada para a carreira, apesar do seu grande desejo de ter um relacionamento. Ela fazia muitas horas extras no trabalho e tinha pouco tempo para si mesma — quanto mais para um relacionamento! Além da Lua em Virgem, Susan tem Marte em Peixes — ambos com a capacidade de se sacrificar em excesso. O Marte em Peixes faz com que ela sonhe com fantasias românticas, mas a verdade era que Susan não tinha espaço em sua vida para um parceiro. No entanto, ela dizia a si mesma que as coisas mudariam quando encontrasse o homem certo!

Certo dia, Susan conheceu um homem. Vamos chamá-lo de Sr. X. Ela estava fazendo seu lanche no parque perto do hospital quando viu de relance um homem muito atraente, sentado num banco em frente ao dela. Susan descobriu-se olhando ousadamente para ele — e ele também olhava para ela!

Caro astrólogo do sexo...

"Socorro! Estou namorando um sujeito há seis meses e, no início, a Terra girou... os sinos tocaram... e tudo o mais! Desde o momento em que nos encontramos senti que esse homem era minha alma gêmea. No entanto, conforme passamos mais tempo juntos, ele está se tornando um tanto abusivo — não fisicamente, mas emocionalmente. Fico pensando se existe algum karma entre nós que eu tenha de suportar e resolver?"

Ah, minha cara... Lembre-se, qualquer que seja a ligação kármica entre vocês, sempre há o livre-arbítrio e a escolha envolvidos na história! Obviamente, essa é uma ligação muito negativa — de almas gêmeas, ou seja lá do que for! Embora a Terra tenha girado inicialmente para vocês, o abuso não leva ao crescimento. Não há razão para ficar com um homem que não a respeita. Caia fora imediatamente!

O Sr. X aproximou-se e se apresentou. Ele trabalhava como corretor de imóveis num edifício próximo ao hospital onde Susan trabalhava. Eles imediatamente se entenderam bem e acabaram conversando durante todo o horário de almoço dela. Trocaram números de telefone e combinaram marcar um encontro de verdade.

No início, Susan ficou logo empolgada com a companhia do Sr. X. Como leonino, ele era divertido, excitante e muito romântico — uma boa combinação para a Vênus

Relações celestiais

Um homem sábio disse certa vez: "Se os corações de vocês não estão no mesmo lugar, não importa o que pensem ou queiram se tornar, os chamados de suas almas pensam e agem de modo diferente".

em Leão de Susan. O Sr. X convidou-a para um jantar chique, regado a vinhos finos — de acordo com sua Lua em Áries —, e parecia ser sensível às necessidades emocionais de Susan (típico de uma Vênus em Câncer). Susan passou muitas noites fantasiando sobre as românticas possibilidades de ficarem juntos. O Sr. X disse que queria conhecê-la melhor antes de consumarem um relacionamento físico. "Que galante", Susan pensou. "Acho que encontrei minha alma gêmea!"

Dois meses se passaram rápido. Susan começou a sentir que algo estava muito errado no seu relacionamento com o Sr. X. Os encontros, embora divertidos e românticos, eram sempre durante a semana e no mesmo restaurante. Por mais que houvesse resistência por parte do Sr. X, Susan estava mais do que pronta a dar o próximo passo e explorar esse relacionamento sexual. Ela chegou a imaginar que ele estaria envolvido com mais alguém.

Finalmente, Susan confrontou o Sr. X. Ele confessou que, na verdade, era casado — embora estivesse em processo de separação da esposa, com quem tinha três filhos. Disse que se sentia mais ligado a Susan do que a qualquer outra mulher que conhecera e queria continuar a vê-la. Porém, não podia fazer nenhuma promessa ou assumir nenhum compromisso. Susan ficou arrasada.

Quando ela reviu seus mapas astrológicos, descobriu muitas incompatibilidades astrológicas. Seus Sóis — o dela em Câncer e o dele em Leão — não tinham muito em comum. Nem suas Luas: a de Susan em Virgem e a do Sr. X em Áries. Além do mais, os Nodos Sul e Norte do Sr. X — em Gêmeos e Sagitário, respectivamente — não estavam em sintonia com os Nodos Sul e Norte dela — em Câncer e Capricórnio, respectivamente. Por fim, Susan se deu conta de que ela e o Sr. X queriam coisas bem diferentes tanto na vida quanto num relacionamento. Ela queria um lar, família e segurança; ele queria muita liberdade.

Depois de muita reflexão, Susan terminou o relacionamento com o Sr. X. Decidiu que merecia muito mais em uma relação. O que aprendeu dessa experiência foi que precisava dedicar mais tempo para cuidar de si própria em vez de ficar sempre cuidando dos outros ou procurando sua alma gêmea. Pelo fato de prestar atenção às próprias neces-

Alerta estelar!

Eis uma verdade universal: as energias semelhantes se atraem. Então, se você está imaginando por que se sente atraído por determinado parceiro, reflita sobre a situação e veja o que está elaborando — e o que está evidenciando!

sidades, Susan está aprendendo a abrir o coração para si mesma (e, finalmente, para os outros). Continua procurando sua alma gêmea, mas com uma base bem mais sólida quanto às próprias necessidades emocionais e de relacionamento.

A História de Brenda e Rob

Quando Brenda e Rob se encontraram pela primeira vez, sentiam-se infelizes em seus respectivos casamentos. E a última coisa que passava por suas mentes era encontrar uma aguardada alma gêmea. Porém o destino pensou de outra maneira! Ambos trabalhavam na indústria de entretenimento — Rob, como escritor e produtor de TV, e Brenda, como atriz — e se encontraram ao trabalhar no livro de Brenda, sobre sua história como sobrevivente do câncer. Rob também era um sobrevivente do câncer.

	Brenda	Rob
Sóis	Aquário	Áries
Ascendentes	Gêmeos	Capricórnio
Luas	Peixes	Câncer
Vênus	Aquário	Aquário
Martes	Libra	Libra
Nodos Sul	Libra	Libra
Nodos Norte	Áries	Áries

A primeira reação de Rob ao encontrar Brenda não foi positiva. Ele tinha uma longa carreira em Hollywood e já esgotara sua cota de louras fúteis e ambiciosas. Brenda — uma loura alta, bonita e glamorosa — acendeu vários sinais de alerta em Rob. No entanto, ela era diferente de qualquer outra mulher que ele já conhecera. Não era apenas bonita, mas ativa, forte e passional em relação à vida.

A reação de Brenda a Rob foi bastante diferente. "No momento em que olhei nos olhos de Rob, senti um reconhecimento instantâneo", ela recorda. No entanto, Brenda estava em processo de separação de seu marido e saboreando sua independência recém-conquistada. Não ti-

Relações celestiais

O primeiro reconhecimento de almas gêmeas vem geralmente através de uma primeira troca profunda de olhares. Como se diz — os olhos são os espelhos da alma!

nha interesse num relacionamento romântico com Rob – e, afinal, ambos ainda eram casados.

No processo de elaboração do livro de Brenda, Rob e ela descobriram que tinham muito em comum. Ambos estavam num momento crucial de suas vidas; suas idades estavam próximas; e buscavam uma nova abordagem para a vida, os relacionamentos e a carreira. Partilhavam a mesma abordagem espiritual da vida e de suas trajetórias de cura.

Como se pode ver pelos aspectos astrológicos deles, Brenda e Rob têm muito em comum. A Lua em Peixes de Brenda e a Lua em Câncer de Rob — ambos signos de Água — mostram que o casal tem uma forte compatibilidade emocional e uma grande sincronia quanto às necessidades diárias de seus estilos de vida. Além do mais, ambos têm Vênus em Libra e Marte em Gêmeos — o que mostra uma ligação fortemente intelectual e sexualmente estimulante!

Depois de algum tempo e muito vaivém de discussões sobre o que um esperava e queria do outro, Brenda e Rob concluíram as respectivas ações de divórcio, deixaram Los Angeles e se mudaram para Seattle. Que dizer de passos tão grandes e ameaçadores para ambos! Mas eles sentiam um desejo muito forte de explorar suas vidas juntos.

Brenda agora diz que um dos aspectos do relacionamento com Rob que a alegra, em particular, é que ele a trata "como uma menina" — no melhor sentido! O Sol em Áries de Rob faz com que ele adore ser um sujeito forte, mas sua Lua em Câncer reflete um lado carinhoso. E sua Vênus em Libra mostra que ele aprecia a beleza e celebra os mais sutis detalhes do romance — o que é muito importante para a Vênus em Libra de Brenda.

Talvez o mais revelador sobre essa relação seja que eles têm seus Nodos Lunares no mesmo signo, o que indica que as lições da alma são as mesmas. Os Nodos Sul em Libra indicam que, em vidas passadas, estiveram muito voltados a relacionamentos, algumas vezes em detrimento das próprias necessidades. Os Nodos Norte em Áries mostram que estão aprendendo a ser mais independentes e autoconfiantes. Então, qual é o resultado nesta existência? Brenda e Rob se apoiam mutuamente, mas também dão liberdade um ao outro para explorar suas necessidades individuais.

Os Nodos Sul e Norte de Brenda caem na Segunda e Oitava Casas do mapa de Rob, e o Nodo Norte dela, em Áries, está próximo ao Nodo Norte e o Sol de Rob. Isso mostra que Brenda inspira Rob a rever os próprios valores e o relacionamento com o dinheiro e a segurança — a Segunda Casa. Essa polaridade também indica o desejo mútuo de Rob e Brenda por crescimento espiritual e transformação — a Oitava Casa.

O Nodo Sul em Libra de Rob e seu Nodo Norte em Áries caem na Sexta e Décima Segunda Casas do mapa de Brenda. O Sol e o Nodo Norte dele também se juntam ao Nodo Norte dela, o que é uma localização muito estimulante e orientada para o crescimento. A polaridade de Nodos Lunares na Sexta e Décima Segunda Casas indica que Brenda está aprendendo muitas coisas em seu relacionamento com Rob, relacionadas a como equilibrar sua necessidade de se doar aos outros — em geral, demasiadamente — com a necessidade de explorar as próprias necessidades e desejos intuitivos e inconscientes (Décima Segunda Casa).

> **Relações celestiais**
>
> Brenda e Rob fizeram uma leitura de suas vidas passadas, que revelou que eles tiveram numerosas vidas como amantes. Assim como no caso de Brenda e Rob, um Nodo Sul em Libra ou uma ligação de Vênus com Nodo Sul sugere que vocês já foram amantes!

Rob e Brenda estão casados há sete anos e produzem um programa nacional de rádio que trata de conscientização. Embora experimentem juntos os altos e baixos das suas jornadas de vida, jamais duvidaram do amor que sentem um pelo outro — a marca das verdadeiras almas gêmeas!

> **Alerta estelar!**
>
> O Marte de Rob está próximo ao Nodo Sul de Brenda, o que indica que ambos são extremamente ambiciosos — talvez até demais. Quando você tem seu Marte próximo a um dos Nodos Lunares (Sul ou Norte) do seu parceiro, pode haver um aspecto competitivo no relacionamento de vocês.

O Mínimo que Você Precisa Saber

- Ligações de almas gêmeas são, por necessidade, intensas!
- A sua alma gêmea trará à tona os seus desejos e necessidades mais profundos.
- Você pode sentir uma atração sexual por sua alma gêmea, mas esses fogos de artifício nem sempre significam que essa ligação está destinada a durar.
- O fator mais importante numa ligação de almas gêmeas é o amor incondicional.

- Nossa Lista de Verificação de Almas Gêmeas ajuda você a reconhecer se o seu amante é sua alma gêmea ou um beco sem saída.
- Nossas histórias de almas gêmeas ajudam você a compreender as próprias ligações de almas gêmeas.

Apêndice A

Glossário

Almas gêmeas Uma alma gêmea é um parceiro cósmico com quem você fez um acordo de voltar a se reunir a fim de vivenciarem o crescimento e as lições anímicas nesta vida.

Ascendente Seu Ascendente (também conhecido como signo em ascensão) é o signo do zodíaco que estava se elevando no horizonte no exato momento do seu nascimento. Seu Ascendente inicia seu mapa astrológico e descreve o modo pelo qual você se apresenta ao mundo.

Aspectos Os aspectos são o número de graus entre os signos. Na astrologia do sexo, indicam o grau de ardor sexual entre você e seu amante.

Astrologia O estudo científico das estrelas e planetas, e como eles afetam o comportamento humano e nossa jornada na vida.

Astrologia do relacionamento Um ramo da astrologia que se concentra especificamente na compatibilidade entre os signos astrológicos.

Astrologia do sexo De natureza semelhante à astrologia do relacionamento, a astrologia do sexo focaliza a compatibilidade romântica e sexual entre os signos do zodíaco.

Casas Cada casa no seu mapa natal representa uma diferente área da sua vida. Na astrologia do sexo, as doze casas astrológicas representam os campos de interação nos quais seu relacionamento provavelmente se desenvolve.

Casas interceptadas Uma casa interceptada ocorre quando o signo na cúspide da casa está num grau avançado e inclui o próximo signo (ou signos) do zodíaco.

Conjunção De 0 a 5 graus entre os signos; um dos aspectos mais intensos, sexual e emocionalmente.

Cúspides A cúspide é o signo do zodíaco que inicia e define a experiência de uma casa astrológica.

Destino Seu maior propósito na vida. Seu destino ideal está refletido no seu Nodo Norte.

Efeméride Um registro diário das estrelas e planetas nos signos do zodíaco.

Eixo Nodal O eixo nodal é a polaridade entre os signos astrológicos, na medida em que relaciona os Nodos Lunares Sul e Norte (*veja* Polaridades).

Elementos Os quatro elementos são Fogo, Ar, Água e Terra. Os elementos representam as energias sexuais primárias, nas quais cada signo astrológico está fundamentado.

Energias As energias são masculinas e femininas. A energia masculina representa as partes expansivas e agressivas da natureza humana, enquanto a energia feminina representa os aspectos receptivos e afetuosos da natureza humana.

Fado A ideia de um caminho de vida predeterminado, ou destino.

Fases da Lua Há quatro principais fases da Lua: Lua Nova, Quarto Crescente, Lua Cheia e Quarto Minguante. Cada fase da Lua dura aproximadamente uma semana e molda o ânimo sexual e emocional para esse período.

Intuição Uma sensação de conhecimento interior e profundo.

Karma A Lei Universal de Causa e Efeito: você colhe o que semeia. Seu karma está representado no seu Nodo Sul.

Lado sombrio Nosso lado sombrio representa geralmente as partes ocultas de nós mesmos que não estão resolvidas, apresentam profundos conflitos e estão geralmente baseadas no medo.

Livre-arbítrio Destino ou fado é aquilo que você não pode mudar. Livre-arbítrio é o exercício da escolha e tem uma ampla influência na modelagem do seu destino.

Lua A Lua influencia os sentimentos, as emoções e as profundas intuições. Seu signo lunar determina como você se relaciona no nível emocional mais íntimo e profundo.

Lua Cheia A fase da Lua durante a qual os sentimentos e instintos estão mais intensos. Tipicamente, a fase da Lua Cheia representa um desejo de maior satisfação sexual e profunda intimidade nos relacionamentos importantes.

Lua Nova A Lua Nova é uma fase de alta energia, em que os desejos se fortalecem. É também um momento impulsivo, e o ânimo é sexualmente agressivo, com pouca importância para as consequências.

Luas crescentes As luas crescentes são a Lua Nova e o Quarto Crescente. As fases lunares crescentes são períodos de novos começos e do desejo de explorar novas possibilidades de vida e de relacionamentos.

Luas minguantes As luas minguantes são a Lua Cheia e o Quarto Minguante. Essas fases lunares são reflexivas, e as energias sexuais se tornam mais introvertidas.

Mandala astrológica A mandala astrológica universal mostra as casas e seus regentes naturais. Nossa mandala astrológica pessoal está baseada no nosso Ascendente e mostra os signos regentes para cada uma das casas.

Mapa de nascimento O mapa de nascimento (também chamado "mapa natal") mostra os planetas em seus signos e casas no momento do nosso nascimento. Ele nunca muda e é um diagrama da nossa jornada na vida.

Marte O planeta Marte representa a natureza masculina. É a nossa força motriz na vida, representando nossos desejos e necessidades sexuais básicas.

Nodo Norte O Nodo Norte representa os desejos da alma relacionados a novas experiências de vida e de relacionamentos, os quais vão ajudar você a crescer e evoluir.

Nodo Sul O Nodo Sul representa o passado e o karma. Representa o que você já dominou e os talentos que traz para esta existência.

Nodos Lunares Há dois Nodos Lunares: o Nodo Sul e o Nodo Norte. Os Nodos Lunares são pontos astrológicos que indicam as lições da alma que você deve aprender nesta existência.

Oposição São 180 graus entre os signos. As oposições são os aspectos sexualmente mais estimulantes de todos.

Orbe Uma orbe, ou orbe de influência, indica a proximidade entre dois signos ou planetas. Quanto menor a orbe, maior é o grau de influência.

Planetas da astrologia do sexo Os planetas da astrologia do sexo são o Sol/Ascendente, Lua, Vênus e Marte. Esses planetas são os que têm mais a ver com nossas necessidades e desejos sexuais, emocionais, românticos e relacionais.

Planetas regentes Cada signo do zodíaco tem um planeta regente. Áries é regido por Marte, Touro é regido por Vênus, e assim por diante. O regente planetário ajuda a definir a expressão de cada signo astrológico.

Polaridades Muitos aspectos da astrologia estão baseados nas polaridades, ou signos opostos do zodíaco (por exemplo: Áries/Libra, Touro/Escorpião, e assim por diante). As polaridades representam o ponto de equilíbrio astrológico entre os signos.

Quadraturas São 90 graus entre os signos. Este aspecto é bastante desafiador nos relacionamentos.

Qualidade cardinal A qualidade cardinal é ativa, agressiva e impulsora. Os signos cardinais são Áries, Câncer, Libra e Capricórnio.

Qualidade fixa A qualidade fixa é determinada, resiliente e intensa. Os signos fixos são Touro, Leão, Escorpião e Aquário.

Qualidade mutável A qualidade mutável é flexível e orientada tanto para a exploração quanto para o crescimento. Os signos mutáveis são Gêmeos, Virgem, Sagitário e Peixes.

Qualidades Há três qualidades: fixo, cardinal e mutável. Cada qualidade tem sua própria personalidade e expressão sexual. As qualidades são também conhecidas como "modalidades".

Quarto Crescente Esta fase da Lua é um período sexualmente ativo em que o ânimo lunar é o de conquistar, atingir objetivos e realizar coisas.

Quarto Minguante Esta fase da Lua reflete a necessidade de completar coisas. É o período de nos aninharmos, e o ânimo lunar é sexualmente introvertido e cauteloso.

Quincunce O aspecto com 150 graus entre os signos; geralmente, fora de sincronia e altamente difícil nos relacionamentos.

Sextil São 60 graus entre os signos. Na astrologia do sexo, os sextis são compatíveis, mas podem se tornar sexualmente tediosos.

Signo em ascensão *Veja* Ascendente.

Signos Na astrologia do sexo, os doze signos do zodíaco se tornam os doze amantes do zodíaco — cada um com suas próprias necessidades e desejos sexuais.

Signos de Água Os signos de Água são Câncer, Escorpião e Peixes. As pessoas de signos de Água são intuitivas, orientadas pelos sentimentos e compassivas.

Signos de Ar Os signos de Ar são Gêmeos, Libra e Aquário. As pessoas de signos de Ar são comunicativas e intelectuais, que adoram o abstrato.

Signos de Fogo Os signos de Fogo são Áries, Leão e Sagitário. As pessoas de signos de Fogo são expansivas, apaixonadas e criativas.

Signos de Terra Os signos de Terra são Touro, Virgem e Capricórnio. As pessoas de signos de Terra são realistas, conservadoras e muito sensuais.

Sincronicidade A ideia de que todos os seres estão energeticamente interconectados e que experiências na vida não acontecem por acaso ou por coincidência — mas, ao contrário, são parte de um fluxo universal maior e mais harmonioso.

Sol O Sol representa nossa força vital. É a nossa essência verdadeira, a base de nossos instintos e o modo pelo qual nos expressamos para o mundo.

Trânsitos O movimento dos planetas através dos signos do zodíaco.

Trígonos São 120 graus entre os signos. Este é um aspecto muito harmonioso, tanto sexual quanto emocionalmente.

Vênus O planeta Vênus representa nossa natureza feminina. Sua Vênus indica como você vai se relacionar com o amor, a beleza e os aspectos mais românticos de um relacionamento sexual e amoroso.

Vidas passadas A ideia de vidas passadas está fundamentada na crença de que a alma é eterna e escolhe reencarnar através de uma série de existências, a fim de aprender diferentes lições de vida.

***Websites* de astrologia** Há numerosos *websites* de astrologia que podem ajudar você a estudar sua astrologia, obter seu mapa astrológico, encontrar a posição atual dos planetas, comparar seu mapa com o do seu amante ou obter uma leitura astrológica pessoal *online*.

Zodíaco O zodíaco representa a Terra à medida que ela gira em torno do Sol e passa através de cada um dos doze signos astrológicos.

Zonas erógenas As partes do corpo sexualmente sensíveis. Cada signo do zodíaco está associado a uma zona erógena particular.

Apêndice B

Guia de Recursos Astrológicos

Livros de astrologia, *websites* e *softwares*... Ah! Se você quiser mergulhar fundo na sua astrologia do sexo, os recursos a seguir são alguns dos meus favoritos.

Livros

Os seguintes livros — alguns novos e outros antigos favoritos — oferecem a você mais informações sobre os diferentes componentes da astrologia que ajudam bastante no estudo de sua astrologia do sexo:

Antepara, Robin. *Aspects: A New Approach to Understanding the Planetary Relationships in Your Chart*. Woodbury, MI: Llewellyn Publications, 2006.

Birkbeck, Lyn. *The Instant Astrologer: A Revolutionary New Book and Software Package for the Astrological Seeker*. Nova York: O Books, 2003.

Gerwick-Brodeur, Madeline e Lisa Lenard. *The Complete Idiot's Guide to Astrology*. Indianápolis: Alpha Books, 2007.

Goodman, Linda. *Love Signs*. Nova York: First Harper Perennial, 1978.

Green, Liz. *Relating: An Astrological Guide to Living with Others on a Small Planet*. York Beach, ME: Samuel Weiser Inc., 1978.

Lofthus, Myrna. *A Spiritual Approach to Astrology*. Sebastopol, CA: CRCS Publications, 1983.

Macgregor, Trish. *Soul Mate Astrology*. Gloucester, MA: Fair Winds Press, 2004.

Paul, Haydn. *The Astrological Moon*. York Beach, ME: Samuel Weiser Inc., 1998.

Ronngren, Diane. *Lunar Nodes: Keys to Emotions and Life Experience*. Reno, NV: ETC Publishing, 2005.

Sasportas, Howard. *The Twelve Houses: An Introduction to the Houses in Astrological Interpretation*. Hammersmith, Londres: The Aquarian Press, 1985. [*As Doze Casas*, publicado pela Editora Pensamento, São Paulo, 1988.]

Recursos online

Há mais de um milhão de *websites* dedicados à astrologia! Para ajudar você a encontrar um que seja adequado às suas necessidades de astrologia do sexo, incluímos alguns dos melhores e mais úteis.

Para obter seu mapa de nascimento, você pode entrar em "mapa natal astrologia" no seu local de busca favorito. Encontrará *websites* que oferecem serviços gratuitos e outros que cobram uma taxa. Para obter seu mapa natal, você precisa saber o dia, o local e a hora exata do seu nascimento. (Porém, há muitos serviços oferecidos por esses *websites* que não requerem um mapa de nascimento completo.)

Eis alguns *websites* em inglês de astrologia que oferecem gratuitamente seu mapa astrológico:

- **www.astro.com** O melhor dos melhores quando se trata de obter gratuitamente um mapa de nascimento. Simples e fácil de usar, este site também oferece, mediante uma taxa, interpretações aprofundadas do seu mapa, feitas por alguns dos melhores astrólogos.
- **www.alabe.com** Outro ótimo *website*, também fornece gratuitamente um mapa de nascimento. Oferece também um repertório variado de informações astrológicas, incluindo viagem, estilo de vida, romance, carreira, karma e vidas passadas. Esse *website* também dá informações sobre como obter *softwares* de astrologia.

Depois de aproveitar as amostras grátis, talvez você queira investir em uma interpretação aprofundada do seu mapa. A taxa depende da amplitude e tipo de interpretação, mas normalmente varia entre 10 e 65 dólares.

A seguir alguns dos outros *websites*:

- **www.astrology.com** O filão principal de todos os *websites* de astrologia! Astrology.com oferece de tudo, desde horóscopos diários, horóscopos românticos e boletins astrológicos diários até perfis de celebridades e aulas de astrologia. Também inclui muitas amostras grátis divertidas!
- **www.astrologyzone.com** Outro *website* popular, que oferece informação astrológica interessante e aprofundada, inclusive formação de pares por signo e descoberta do par ideal. Esse site também oferece um repertório variado de recursos astrológicos interessantes e úteis.
- **www.cafeastrology.com** Definitivamente, um dos favoritos. O *website* é interessante e gratuito, e tem muita profundidade e traz bastante explicações,

inclusive uma seção sobre a astrologia das almas gêmeas, com muita informação valiosa sobre a compreensão das ligações de almas gêmeas.

- **www.astrologymatch.com** Mediante uma taxa, Pamela Fottrell, astróloga de relacionamento, fornece relatórios de compatibilidade de parcerias amorosas, inclusive uma avaliação do seu amor astrológico e atualizações astrológicas do seu relacionamento!
- **www.astrodatabank.com** A mais abrangente lista, na Internet, de datas de nascimento de celebridades e pessoas famosas! A maioria dos amantes cósmicos que incluí neste livro pode ser encontrada neste grande banco de dados de informações astrológicas. A loja de *softwares* de astrologia também oferece pechinchas especiais dos programas de *software* mais recentes.
- **www.ephemeris.com** Você encontra as efemérides diárias neste *website*, inclusive as diferentes fases da Lua. Ou você pode inserir as informações sobre seu nascimento a fim de encontrar uma efeméride para um dia e hora específicos. (Veja no Apêndice C como ler uma efeméride neste *website*.)

Apêndice C

Compreenda as Efemérides

Você pode acessar uma efeméride *online* (uma lista diária das estrelas e planetas) em www.ephemeris.com.

Aparecerá uma efeméride para o dia, incluindo todos os planetas e seus signos e graus atuais. No topo da lista, você vai ver "Phase of Moon" ["Fases da Lua"] e encontrará o signo da Lua na lista abaixo da palavra "Moon" ["Lua"].

Para uma lista dos signos e planetas para um determinado dia e hora, será solicitado que você forneça o ano, mês e dia, e também a hora, minuto e segundo. (Uma vez que é improvável que você saiba o segundo exato, pode deixar esse espaço em branco, pois mesmo assim o computador da efeméride calculará os signos e os graus.)

Você também verá lacunas em "Longitude e Latitude", que indicam a localização ou lugar de nascimento. Você encontra a longitude e a latitude no site www.astro.com/atlas; mas pode deixar essas lacunas em branco e ainda assim obter suas posições geocêntricas (uma lista dos planetas para aquele dia).

A seguir, um exemplo do que você vai encontrar. Esta é uma lista dos planetas para 10 de outubro de 1981, em Seattle, estado de Washington.

Data/hora: 1981.10.10 13L00L00 UTC
(GMT – Delta T), JD = 2444888.041667
Hora sideral: 14:10:16, Delta T = 52.0 segundos
Posições geocêntricas

Fase da Lua: 0.389 (0.000 = Nova; 0.250 = Quarto Crescente; 0.500 = Cheia; 0.750 = Quarto Minguante)

Planeta	Longitude	Latitude	Asc.correto	Declinação
Sol	17 Lib 08'02"	- 0°00'00"	13:03:10	- 6°43'49"
Lua	07 Pei 03'51"	- 3°08'52"	22:39:54	- 11°50'21"
Nodo Lunar	28 Can 23'22"R	0°00'00"	08:02:00	20°29'05"
Apogeu	23 Esc 34'52"R	4°33'11"	15:29:28	- 14°15'24"
Mercúrio	02 Esc 45'45"R	- 3°14'55"	13:57:37	- 15°28'52"
Vênus	01 Sag 44'07"	- 2°21'36"	15:56:27	- 22°49'15"
Marte	23 Leo 45'57"	1°21'12"	09:46:12	14°52'36"
Júpiter	19 Lib 57'30"	1°05'11"	13:15:22	- 6°47'51"
Saturno	13 Lib 22'09"	2°12'53"	12:52:39	- 3°14'11"
Urano	27 Esc 52'46"	0°10'53"	15:42:39	- 19°30'43"
Netuno	22 Sag 27'31"	1°17'14"	17:27:28	- 21°56'27"
Plutão	23 Lib 58'57"	16°33'18"	13:53:03	6°06'35"
Quíron	21 Tou 56'58"R	- 2°36'05"	03:20:25	15°44'28"
Quaoar	13 Esc 49'11"	4°35'54"	14:51:03	- 11°35'42"
Sedna	06 Tou 53'00"R	- 11°30'02"	02:33:11	2°55'31"
Sag A/GalCtr*	26 Sag 35'26"	- 5°36'21"	18:44:29	- 29°00'02"

Estão em destaque os planetas da astrologia do sexo, Sol, Lua, Vênus e Marte, e o Nodo Lunar. Você vai querer dar atenção à primeira coluna, próxima a dos planetas, intitulada "Longitude", que fornece o signo e o grau exato para cada planeta.

Os Nodos Lunares são indicados em "Nodo Lunar". O que está listado é o Nodo Norte. O Nodo Sul não aparece, pois é exatamente oposto em signo e grau. Por exemplo, se o Nodo Lunar (ou Nodo Norte) está a 28° de Câncer, o Nodo Sul estará a 28° de Capricórnio.

* Ponto do centro da galáxia. (N. da T.)

Apêndice D

Teste de Astrologia do Sexo

Agora que você estudou as diferentes facetas da astrologia do sexo, eis sua chance de testar seus conhecimentos! Responda ao questionário a seguir para verificar quanto já aprendeu e descobrir o que realmente quer no amor e nos relacionamentos — e o que é necessário para uma vida sexual fantástica!

Este é um questionário de múltipla escolha — sem respostas por escrito! Use seus conhecimentos de astrologia do sexo e escolha: a, b, c ou d. Para tornar as coisas mais interessantes, algumas questões têm mais de uma resposta correta. Divirta-se!

1. Depois de uma transa prazerosa, seu amante imediatamente começa a arrumar a cama e ajeitar o quarto! É provável que ele(ela) tenha planetas em:

   a) Leão

   b) Virgem

   c) Aquário

   d) Peixes

2. Sua ideia de uma noite romântica é ficar em casa com seu amante, alugar um DVD e se divertir com pipoca de micro-ondas (ou, melhor ainda, sorvetes!) e muito chamego. Você está procurando por um amante com planetas em:

   a) Câncer

   b) Áries

   c) Escorpião

   d) Capricórnio

3. Vocês estão em sincronia quanto ao prazer e aos desejos românticos. É provável que vocês sejam compatíveis em seus:

   a) Nodos Lunares

   b) Martes

c) Vênus

d) Sóis

4. A frase “Penso, logo existo” se aplica a:

a) signos de Terra

b) signos de Água

c) signos de Fogo

d) signos de Ar

5. Você gosta de massagens sensuais, compartilhar banhos de espuma e conduzir seu relacionamento lenta e agradavelmente. Por outro lado, seu amante prefere muita excitação e quer seguir em frente rapidamente. Quais são os dois elementos que definem o relacionamento de vocês?

a) Fogo e Água

b) Ar e Água

c) Terra e Fogo

d) Fogo e Ar

6. Seu Ascendente, ou signo em ascensão, baseia-se em:

a) seus Nodos Lunares

b) o horário exato do seu nascimento

c) o dia e a hora em que você prefere fazer sexo

d) o relacionamento com seu amante

7. Você gosta de carros velozes, excitação e ousadia no amor. Seu signo ideal é:

a) Capricórnio

b) Câncer

c) Libra

d) Áries

8. Sua ideia de preliminares é muito romance e um jantar caro, regado a vinhos finos! Você está procurando por um amante com Vênus em:

a) Sagitário

b) Câncer

c) Libra

d) Aquário

9. Você quer um amante que goste de diversão, que lhe dê muita independência e que, possivelmente, queira explorar o mundo com você. Portanto você está procurando alguém com planetas em (dica: Brad Pitt é desse signo!):

   a) Libra

   b) Câncer

   c) Peixes

   d) Sagitário

10. Seu desejo mais profundo é encontrar um amante que arranque todas as suas roupas e faça um amor apaixonado com você em lugares bastante inadequados! Então você está procurando por um Marte em:

   a) signo de Fogo

   b) signo de Ar

   c) signo de Água

   d) signo de Terra

11. Quando a Lua está transitando no signo de Sagitário, é um bom momento para:

   a) ficar em casa, nos seus chinelos felpudos

   b) sair para se divertir

   c) ter uma séria discussão com seu amante sobre compromisso

   d) comungar com sua família

12. Os seus filmes favoritos e/ou os de seu amante são românticos e lacrimosos, como *Amigas para Sempre*, *Afinado no Amor* ou *Casablanca*. É mais que provável que vocês tenham planetas em:

   a) Áries e Sagitário

   b) Câncer e Peixes

   c) Touro e Capricórnio

   d) Virgem e Gêmeos

13. Astrologia do sexo é o estudo dos signos do zodíaco e como eles se relacionam com:

   a) jardinagem

   b) amor e sexo

   c) a descarga de endorfinas

   d) a carreira

14. Você quer um sexo realmente não convencional no quarto de dormir. Portanto está à procura de um amante com planetas em:

a) Touro

b) Libra

c) Aquário

d) Gêmeos

15. Você e seu amante parecem frequentemente proceder de duas diferentes perspectivas, embora espelhem seus desejos mais profundos de relacionamento. Sem dúvida, fazer sexo depois de fazer as pazes é muito ardente. Um aspecto entre os planetas de vocês provavelmente é:

a) uma conjunção

b) um sextil

c) um quincunce

d) uma oposição

16. Seu parceiro é extremamente dramático, gosta de exibir as próprias proezas sexuais e adora joias e bijuterias chamativas. É bastante provável que ele(ela) tenha planetas em:

a) Touro

b) Áries

c) Câncer

d) Leão

17. Você está furioso com seu amante e sucumbe à sua raiva interior, usando a escova de dente dele para limpar a pia — e não conta nada! Pode ser que você tenha seu Marte em:

a) Peixes

b) Libra

c) Escorpião

d) Sagitário

18. Karma é:

a) um grande impedimento

b) algo do qual você precisa sentir culpa

c) causa e efeito

d) está representado em seu Nodo Sul

19. Você está se sentindo bastante disposto a explorar as possibilidades de um novo amor e um novo relacionamento. A fase da Lua provavelmente é:

a) Nova

b) Quarto Crescente

c) Cheia

d) Quarto Minguante

20. Este signo do zodíaco tem predileção por cor verde e esmeraldas:

a) Câncer

b) Libra

c) Gêmeos

d) Touro

21. Você se sente em grande sincronia com seu amante no que diz respeito a necessidades emocionais e de profunda intimidade. É provável que tenham compatíveis:

a) Luas

b) Sóis

c) Martes

d) Nodos Lunares

22. Você e seu amante tendem a discutir — muito — sobre finanças. Isso pode ser porque vocês têm planetas em comum nas:

a) Primeiras Casas

b) Terceiras Casas

c) Segundas Casas

d) Sextas Casas

23. O amante que você fantasia tem um lado sombrio e misterioso, ao estilo James Bond ou Trinity (a mocinha da trilogia *Matrix*). Um pouco de couro não machuca, certo! Portanto você está buscando alguém com planetas em:

a) Virgem

b) Sagitário

c) Escorpião

d) Câncer

24. Ele(ela) se preocupa demais com seus hábitos alimentares e de compras, e lhe entrega uma lista do que deve fazer depois de uns poucos encontros. É provável que seu amante tenha planetas em:

a) Áries

b) Touro

c) Gêmeos

d) Câncer

25. Você está se sentindo espontâneo e com ânimo para sexo — sem restrições! Seu amante ideal para o momento é de:

a) Câncer

b) Áries

c) Virgem

d) Gêmeos

26. Os dois planetas que definem melhor suas necessidades sexuais e de relacionamento são:

a) Sol e Ascendente

b) Sol e Lua

c) Nodos Norte e Sul

d) Vênus e Marte

27. Uma relação de Nodo Sul com seu amante indica:

a) um karma passado, em que estiveram juntos

b) como vocês se relacionam no amor e no romance

c) um destino futuro, em que estarão juntos

d) uma experiência de relacionamento fácil

28. Combine os parceiros ideais com os signos do zodíaco:

a) apaixonado e independente	a) Câncer, Peixes
b) carinhoso e protetor	b) Áries, Sagitário
c) estável e confiável	c) Libra, Gêmeos
d) intelectual e bem informado	d) Touro, Capricórnio

29. Vocês aprendem muito um com o outro no que diz respeito à criatividade e satisfação de suas mais elevadas aspirações. Pode ser que tenham planetas em comum nas:

a) Primeira e Sétima Casas

b) Quarta e Décima Casas

c) Segunda e Oitava Casas

d) Terceira e Décima Primeira Casas

30. O signo de sua Vênus representa como você se relaciona com:

a) a intimidade emocional

b) a sua sogra

c) o amor e o romance

d) as necessidades sexuais básicas

31. Vocês são sexualmente curiosos e incansáveis em relação a novas experiências na vida e nos seus relacionamentos. Provavelmente, partilham o signo de Sol com:

a) os virginianos Adam Sandler e Sophia Loren

b) os geminianos Angelina Jolie e Johnny Depp

c) os escorpianos Demi Moore e Leonardo DiCaprio

d) os cancerianos Meryl Streep e Tom Hanks

32. Os signos mais evidentemente sexuais do zodíaco pertencem aos elementos:

a) Ar e Água

b) Fogo e Terra

c) Ar e Fogo

d) Água e Terra

33. Você vive o momento e quer um amante que seja espontâneo como você. Portanto está procurando por um:

a) capricorniano

b) taurino

c) canceriano

d) ariano

34. Você sabe que é hora de ir embora, mas está com grande dificuldade de terminar com seu amante. Pode ser que vocês tenham uma forte:

a) relação de Sol

b) relação de Nodo Norte

c) relação de Nodo Sul

d) relação de Vênus e Marte

35. Um grande estímulo para você é um amante que lhe dê muito espaço e liberdade. Você está procurando alguém com planetas em:

a) Virgem, Libra, Câncer

b) Peixes, Capricórnio, Leão

c) Áries, Sagitário, Aquário

d) Touro, Leão, Escorpião

36. Você já pegou o bonde da alta tecnologia para expressar suas necessidades sexuais? Em outras palavras, viciou-se em *cybersex*, em encontros *online* ou em correios de voz sensuais e espontâneos. Se positivo, provavelmente você tem planetas em:

a) Libra e/ou Leão

b) Touro e/ou Câncer

c) Peixes e/ou Áries

d) Aquário e/ou Gêmeos

37. É Lua Cheia e você está se sentindo emocionalmente intenso. O melhor é:

a) ficar na sua e comungar com suas necessidades mais profundas

b) tentar algo sexualmente aventureiro

c) abordar seu chefe quanto àquela promoção com a qual sempre sonhou

d) Feeeeeesta!

38. "Nossos olhares se cruzaram na multidão" se aplica a:

a) relações dos signos solares

b) ligações de almas gêmeas

c) relações de Vênus e Marte

d) relações dos signos lunares

39. Você enxerga sua vida a partir de uma perspectiva amplamente espiritual, abrangente e intuitiva. Sua melhor parceria para o amor seria:

a) Libra

b) Capricórnio

c) Câncer

d) Sagitário

40. Você gosta muito de natureza e ar livre — mas agradece muito se for num *resort*! Seu amante ideal é do signo de:

a) Áries

b) Touro

c) Gêmeos

d) Sagitário

41. Vocês tendem a competir um com o outro quanto às necessidades de quem vem em primeiro lugar. É provável que estejam fora de sincronia com relação a:

a) Sóis

b) Luas

c) Vênus

d) Martes

42. Você deseja segurança e compromisso de longo prazo no seu relacionamento. Seu amante ideal deve ter planetas em:

a) Touro

b) Áries

c) Libra

d) Gêmeos

43. Juntos, vocês estão aprendendo como equilibrar suas necessidades no lar, na família e na carreira. É provável que tenham seus Nodos Lunares em:

a) Segunda e Oitava Casas / Touro e Escorpião

b) Terceira e Nona Casas / Gêmeos e Sagitário

c) Quarta e Décima Casas / Câncer e Capricórnio

d) Sexta e Décima Segunda Casas / Virgem e Peixes

44. Você está planejando uma noite romântica com seu amante, onde possam vivenciar as fantasias sexuais mútuas. O signo lunar que funcionaria melhor é:

a) Peixes

b) Leão

c) Aquário

d) Capricórnio

45. "Quero parar o mundo e ficar com você!" sugere:

a) dois signos de Fogo juntos

b) dois signos de Água juntos

c) dois signos de Terra juntos

d) dois signos de Ar juntos

46. Relacionamentos entre os signos fixos de Touro, Leão, Escorpião e Aquário podem significar:

a) um relacionamento fácil

b) muitas lutas de poder

c) codependência

d) um romance abençoado

47. Você quer apimentar sua vida amorosa e sexual com seu amante. Portanto deve prestar atenção a suas:

a) relações de Vênus e Marte

b) relações da Lua

c) relações do Sol

d) relações do Nodo Sul

48. Ligações de almas gêmeas oferecem a oportunidade de:

a) ficar à vontade e relaxar

b) vivenciar crescimento e aprendizado

c) ter um caso amoroso sem apego

d) casar-se e viver feliz para sempre

49. Seu amante fica completamente à vontade na própria pele e pode até mesmo gostar de circular sem roupas! Provavelmente tem planetas no signo de:

a) Virgem

b) Libra

c) Touro

d) Aquário

50. Combine o signo do zodíaco com o estímulo sexual:

a) *lingerie* sensual	a) Virgem
b) creme *chantilly*	b) Libra
c) pornografia	c) Câncer
d) boa higiene	d) Leão

51. Intuição é:

a) a última fragrância lançada por Jennifer Lopez

b) o que você encontra através de um serviço telefônico de aconselhamento amoroso esotérico

c) ser capaz de ler a mente do amante

d) um profundo senso de conhecimento

52. Fidelidade sexual é importante para você. Então está procurando um amante cuja Lua esteja num:

a) signo de Fogo

b) signo de Terra

c) signo de Ar

d) signo de Água

53. Sincronicidade indica:

a) uma circunstância feliz

b) ter a mesma agenda de trabalho

c) uma possível ligação de almas gêmeas

d) muito sexo juntos

54. O signo do seu Sol representa:

a) suas necessidades emocionais mais profundas

b) como você se relaciona com o amor e o romance

c) seu FPS (fator de proteção solar) apropriado

d) como você expressa sua verdadeira essência

55. Combine cada signo com as respectivas zonas erógenas:

a) Áries	a) quadris e coxas
b) Peixes	b) cabeça e face
c) Libra	c) pescoço e costas
d) Sagitário	d) pés

56. Embora, de início, o sexo seja ardente, vocês desafiam constantemente um ao outro e brigam como loucos. É provável que tenham os seguintes aspectos entre seus planetas:

a) trígono

b) quadratura

c) quincunce

d) sextil

57. Combine a experiência de fazer amor com seu provável elemento:

a) devagar e sensual	a) signos de Fogo
b) passional e vigorosa	b) signos de Ar
c) divertida, intelectual e desapegada	c) signos de Água
d) emocionalmente intensa	d) signos de Terra

58. Seu amante gosta de falar antes, durante e depois do sexo, o que pode ser altamente estimulante — ou não! Provavelmente, ele(ela) tem planetas em:

a) Gêmeos

b) Touro

c) Áries

d) Capricórnio

59. Você se encontra com alguém pela primeira vez e... uau! Sente uma relação imediata. É provável que esteja experimentando:

a) uma ligação de almas gêmeas

b) uma pessoa extremamente ardente

c) uma necessidade de fazer sexo

d) tipos corporais semelhantes

60. Você está planejando uma festa fabulosa para seus amigos a fim de celebrar sua recente promoção. O signo em que a Lua deve estar transitando para ajudar a festa a ser um grande sucesso é:

a) Escorpião ou Peixes

b) Libra ou Leão

c) Câncer ou Escorpião

d) Aquário ou Capricórnio

61. O conto de fadas *Cinderela* está geralmente associado com qual signo do zodíaco?

a) Capricórnio

b) Libra

c) Leão

d) Peixes

62. Mesmo no primeiro encontro, vocês parecem trazer à tona apenas as naturezas competitivas de um e de outro. Pode ser que tenham:

a) relações do Sol e o Nodo Norte

b) relações de Marte e o Nodo Sul

c) relações de Vênus e o Nodo Sul

d) relações da Lua e o Nodo Norte

63. Você se orgulha da sua reputação, e sua carreira é algo muito importante. Está procurando um parceiro que apoie suas aspirações profissionais e que também

combine com sua natureza altamente sexual. Muito provavelmente você deve ter planetas em:

a) Libra

b) Áries

c) Capricórnio

d) Peixes

64. Combine os signos com a sua experiência de encontro ideal:

a) um show artístico e um jantar romântico

b) dane-se o jantar... vamos transar!

c) encontro de família

d) uma convenção de ficção científica ou de fãs de *Star Trek*

a) Aquário

b) Câncer

c) Áries

d) Libra

65. Você prefere o tipo silencioso e forte. Seu amante ideal é George Clooney ou Michele Pfeiffer. Você está buscando alguém com planetas em:

a) Libra

b) Áries

c) Touro

d) Gêmeos

66. Os signos cardinais do zodíaco são:

a) Touro, Leão, Escorpião e Aquário

b) Áries, Câncer, Libra e Capricórnio

c) Gêmeos, Virgem, Sagitário e Peixes

d) Os Três Patetas

67. As casas mais significativas em astrologia do sexo são:

a) Terceira, Nona e Oitava

b) Segunda, Oitava e Nona

c) Primeira, Sétima e Oitava

d) Quarta, Décima e Terceira

68. O aspecto mais difícil nos relacionamentos é:

a) uma conjunção

b) um quincunce

c) um sextil

d) um trígono

69. Os signos do zodíaco mais sensuais são:

a) signos de Ar

b) signos de Água

c) signos de Terra

d) signos de Fogo

70. A qualidade astrológica mais teimosa e que tem mais necessidade de se sentir no controle é:

a) cardinal

b) fixa

c) flexível

d) mutável

71. A citação "Você me enfeitiçou de corpo e alma" provém de um dos seguintes amantes cujos astros se cruzaram e têm fortes nuanças de Escorpião:

a) Romeu e Julieta

b) Elizabeth Bennet e Senhor Darcy

c) Bridget Jones e Mark Darcy

d) Jerry Maguire e Dorothy Boyd

Respostas

1) b

2) a

3) c

4) d

5) c

6) b

7) d

8) c

9) d
10) a
11) b
12) b
13) b
14) c e d
15) d
16) d
17) c
18) c e d
19) a
20) d
21) a
22) c
23) c
24) d
25) b e d
26) d
27) a
28) a-b, b-a, c-d e d-c
29) d
30) c
31) b
32) b
33) d
34) c
35) c
36) d
37) a
38) b
39) d
40) b

41) d

42) a

43) a

44) a

45) b

46) b

47) a

48) b

49) c

50) a-d, b-c, c-b e d-a

51) d

52) b e d

53) d

54) d

55) a-b, b-d, c-c e d-a

56) b

57) a-d, b-a, c-b e d-c

58) a

59) a

60) b

61) d

62) b

63) c

64) a-d, b-c, c-b e c-a

65) c

66) b

67) c

68) b

69) c

70) b

71) b

Se você acertou 60 respostas ou mais, parabéns! Está sabendo muito sobre astrologia do sexo e o que realmente quer e precisa em sua vida amorosa e sexual!

Se acertou de 30 a 60 respostas, bom trabalho! Definitivamente, está no caminho certo para a compreensão da sua astrologia do sexo. Talvez você queira rever as questões erradas a fim de descobrir mais sobre o que quer nos seus relacionamentos.

Se acertou menos de 30 respostas, não se desespere! Esse questionário é bastante minucioso. Para se sair melhor na sua astrologia do sexo, reveja os capítulos deste livro e poderá se tornar o seu próprio astrólogo do sexo em pouco tempo!